校本行为干预案例研究

学校心理老师的有效解决之道

[美] 迈克尔·I. 阿克塞尔罗德 Michael I. Axelrod
梅丽莎·库隆－查芬 Melissa Coolong-Chaffin　主编
蕾妮·O. 霍金斯 Renee O. Hawkins
杜亚松　张薇　等译

SCHOOL-BASED BEHAVIORAL INTERVENTION
CASE STUDIES

Effective Problem Solving for School Psychologists

华东师范大学出版社
·上海·

图书在版编目(CIP)数据

校本行为干预案例研究:学校心理老师的有效解决之道/(美)迈克尔·阿克塞尔罗德等著;杜亚松等译. 上海:华东师范大学出版社,2025. —ISBN 978 - 7 - 5760 - 5794 - 2

Ⅰ.G444

中国国家版本馆 CIP 数据核字第 2025XV3867 号

校本行为干预案例研究

学校心理老师的有效解决之道

主　编　[美]迈克尔·I.阿克塞尔罗德(Michael I. Axelrod)
　　　　梅丽莎·库隆-查芬(Melissa Coolong-Chaffin)
　　　　蕾妮·O.霍金斯(Renee O. Hawkins)
译　者　杜亚松　张　薇　等
特约审校　董水林　胡　巧
责任编辑　彭呈军
责任校对　王丽平
装帧设计　刘怡霖

出版发行　华东师范大学出版社
社　　址　上海市中山北路 3663 号　邮编 200062
网　　址　www.ecnupress.com.cn
电　　话　021 - 60821666　行政传真 021 - 62572105
客服电话　021 - 62865537　门市(邮购)电话 021 - 62869887
地　　址　上海市中山北路 3663 号华东师范大学校内先锋路口
网　　店　http://hdsdcbs.tmall.com

印 刷 者　上海商务联西印刷有限公司
开　　本　787 毫米×1092 毫米　1/16
印　　张　20.5
字　　数　360 千字
版　　次　2025 年 4 月第 1 版
印　　次　2025 年 4 月第 1 次
书　　号　ISBN 978 - 7 - 5760 - 5794 - 2
定　　价　86.00 元

出版人　王　焰

(如发现本版图书有印订质量问题,请寄回本社客服中心调换或电话 021 - 62865537 联系)

本书献给各地的学校心理老师,感谢他们为学生和教师提供的宝贵支持。

致我的父母比尔(Bill)和玛丽·帕特·阿克塞尔罗德(Mary Pat Axelrod)。

——迈克尔·阿克塞尔罗德

致我的父母弗兰克·库隆和珍妮·库隆(Frank and Janie Coolong),以及戴夫·查芬和威尔·查芬(Dave and Will Chaffin)。

——梅丽莎·库隆-查芬

致我的孩子杰克(Jack)、卢克(Luke)和泰勒(Tyler)。

——蕾妮·霍金斯

School-Based Behavioral Intervention Case Studies: Effective Problem Solving for School Psychologists, 1st edition authored by Michael I. Axelrod; Melissa Coolong-Chaffin; Renee O. Hawkins/ISBN:9780367260699

Copyright © 2021 Taylor & Francis

All Rights Reserved. Authorized translation from the English language edition published by Routledge, a member of the Taylor & Francis Group, LLC.

East China Normal University Press Ltd. is authorized to publish and distribute exclusively the Chinese (Simplified Characters) language edition. This edition is authorized for sale throughout Mainland of China. No part of the publication may be reproduced or distributed by any means, or stored in a database or retrieval system, without the prior written permission of the publisher.

Copies of this book sold without a Taylor & Francis sticker on the cover are unauthorized and illegal.
本书贴有 Taylor & Francis 公司防伪标签，无标签者不得销售。

上海市版权局著作权合同登记　图字:09-2023-0742 号

译者序

心理问题越来越多地影响着人们的日常生活、行为规范和生活质量,这是一个不争的事实,各种各样生活事件或诸多不顺困扰每一个人,抱怨情绪、焦躁不安、过高期望后的失望、事业受阻、工作没有着落、收入骤减、睡眠问题等无一不在蚕食着人们的身体和心灵。

中小学生是一个特殊的群体,他们的心理问题自然而然地也会凸显出来。解决中小学生心理问题的主要资源在家里当属家长,在学校当属老师。家长能够提供一般的心理支持当属不易,并不是每一个家长都能够正确而恰当地帮助到自己的孩子。老师则不一样,尤其是每个学校的心理辅导老师,在保障中小学生心理健康的过程中起到了独一无二的作用。

由迈克尔·阿克塞尔罗德、梅丽莎·库隆-查芳和蕾妮·霍金斯三位专家领衔撰写的《校本行为干预案例研究:学校心理老师的有效解决之道》一书,将行为治疗学基本理论转化为学校心理老师易于上手、在学校切实可行的实践利器,供学校心理学家、心理辅导老师和其他教育专业人士在进行心理辅导培训、个案干预实践、特殊个案研究和个案追踪研究等具体工作中借鉴和使用。

本书的可贵之处在于:(1)本书中所列举的个案均来自作者在教学和心理干预中的真实案例;(2)通篇通过使用循证干预的方法对每一个不一样的个案进行详细的研判,从给出行为干预方案开始,对目标行为进行大量描述,进行科学的数据收集,然后进行分析讨论,最后达到解决学生心理问题的目的,同时确保社会可接受性和治疗完整性的提示。

《校本行为干预案例研究:学校心理老师的有效解决之道》遵循美国各地开始流行

的实施多层次的支持系统(MTSS)理念作为解决学生的学习和行为需求的方式。该系统崇尚数据驱动,遵循根据需求提供资源的原则,得到了教育界领导和组织的广泛支持。积极行为干预和支持是MTSS的原则应用,以支持学校学习、行为和社交技能的发展。

由于该书具有了以上的特点和理念,我们决定对该书进行翻译,将合适的理念和方法引进,以飨读者。

参与《校本行为干预案例研究:学校心理老师的有效解决之道》的译者均为活跃在教学一线的心理老师,既有理论知识又有实践经验,这从翻译的文字中也可以看出。他们还是第二届上海市教委杜亚松心理工作室的学员,他们分别是:张薇,华东师范大学第四附属中学;董芷含,上海市闵行区七宝第三中学;陈红,上海市蒙山中学;周丹妮,上海市罗山中学;陈秋妍,华东师范大学第二附属中学;李薇薇,上海电影艺术学院;罗丹,华东师范大学附属天山中学;李彩霞,上海市复旦中学;马月芝,上海市怒江中学;施成恩,上海市杨浦区世界小学;肖君政,上海应用技术大学。感谢他们的辛勤付出!

本书得以顺利翻译和出版,承蒙华东师范大学出版社教育心理分社彭呈军社长的大力支持和帮助,在此表示衷心的感谢!

杜亚松　张　薇

附:翻译分工与译者单位

第一章　董芷含(上海市闵行区七宝第三中学)

第二章　董芷含(上海市闵行区七宝第三中学)

第三章　陈红(上海市蒙山中学)

第四章　陈红(上海市蒙山中学)

第五章　周丹妮(上海市罗山中学)

第六章　周丹妮(上海市罗山中学)

第七章　陈秋妍(华东师范大学第二附属中学)

第八章　陈秋妍(华东师范大学第二附属中学)

第九章　李薇薇(上海电影艺术学院)

第十章　李薇薇(上海电影艺术学院)

第十一章　罗丹(华东师范大学附属天山中学)

第十二章　罗丹(华东师范大学附属天山中学)

第十三章　李彩霞(上海市复旦中学)

第十四章　李彩霞(上海市复旦中学)

第十五章　马月芝(上海市怒江中学)

第十六章　马月芝(上海市怒江中学)

第十七章　施成恩(上海市杨浦区世界小学)

第十八章　施成恩(上海市杨浦区世界小学)

第十九章　肖君政(上海应用技术大学)

第二十章　肖君政(上海应用技术大学)

第二十一章　肖君政(上海应用技术大学)

目　录

撰稿人　　　　　　　　　　　　　　　　　　　　　　1

致谢　　　　　　　　　　　　　　　　　　　　　　　5

第一章　前言　　　　　　　　　　　　　　　　　　　1

第二章　差别强化　　　　　　　　　　　　　　　　　14

第三章　代币法　　　　　　　　　　　　　　　　　　30

第四章　暂停　　　　　　　　　　　　　　　　　　　48

第五章　普雷马克原则和可视化时间表　　　　　　　　61

第六章　视频示范　　　　　　　　　　　　　　　　　74

第七章　行为技能训练和积极实践　　　　　　　　　　89

第八章　行为动量　　　　　　　　　　　　　　　　　105

第九章　响应努力和矫枉过正　　　　　　　　　　　　　121

第十章　响应成本抽奖和神秘激励因素　　　　　　　　133

第十一章　自我管理　　　　　　　　　　　　　　　　151

第十二章　认知行为疗法　　　　　　　　　　　　　　165

第十三章　暴露疗法　　　　　　　　　　　　　　　　186

第十四章　行为疗法　　　　　　　　　　　　　　　　200

第十五章　好行为游戏　　　　　　　　　　　　　　　212

第十六章　及时转换游戏　　　　　　　　　　　　　　226

第十七章　积极同伴报告　　　　　　　　　　　　　　238

第十八章　彩色轮　　　　　　　　　　　　　　　　　256

第十九章　签到签退和行为报告卡　　　　　　　　　　270

第二十章　社交故事　　　　　　　　　　　　　　　　281

第二十一章　功能分析　　　　　　　　　　　　　　　295

图目录

图 2.1	从教师及教职员工功能评估检查表中收集的信息	17
图 2.2	西尔维娅的 DBR 数据	19
图 3.1	在行为干预计划中的干预	35
图 3.2	教授替换行为的步骤	35
图 3.3	实施代币法的步骤	36
图 3.4	在基线和干预期间不符合阅读的情况	38
图 3.5	在基线和干预期间用于身体攻击的每日冲突事件报告情况	38
图 4.1	攻击行为的每日频率	54
图 4.2	每周得到的积分	54
图 5.1	数据采集	65
图 5.2	各学科成绩的基线数据	66
图 5.3	保真度清单	68
图 5.4	在基线和干预周期里,全部课程书面作业完成率的平均评估	70
图 6.1	社会效度和依从度	80
图 6.2	在 VSM 干预前、干预中和干预后,主动参与社交的百分比以及无效和有问题行为的频率	82
图 7.1	通过行为技能培训教授的行为和技能	92
图 7.2	任务行为和破坏性行为的进度监控图	100
图 7.3	基于数据的决策网格的保真度数据	101
图 8.1	凯西遵从低概率指令的百分比	112

图 8.2	遵从低概率指令的百分比的目标实现图	114
图 9.1	一小时内攻击行为事件	128
图 9.2	在一小时内卡片使用比例	128
图 10.1	任务外言语	140
图 10.2	任务内言语	140
图 10.3	作业完成情况	142
图 11.1	学习参与行为在基线、自我管理和强化条件下的自我管理中的时间百分比	158
图 11.2	课堂作业的完成率	159
图 12.1	全勤和部分出勤的在校天数	178
图 12.2	每周平均在校时间	179
图 12.3	认知行为疗法治疗的主观痛苦单位评级	180
图 13.1	基线期和干预期安娜每周上学的天数	192
图 13.2	基线期和干预期安娜每周在校时长（小时）	193
图 13.3	基线期和干预期安娜每周试图离开学校的次数	193
图 14.1	基线期和干预期平均每周情绪评分、日均活动次数和日常积极言语	207
图 15.1	通过计划活动检查和直接行为评分评估在基线阶段和干预阶段的课堂学习行为	215
图 15.2	好行为游戏保真度数据	219
图 16.1	基线（BL）和干预（TTG 或及时转换游戏）阶段的转换时间（秒）	233
图 17.1	积极同伴报告对梅根（与同伴比较）在小组活动中社交参与水平的影响	246
图 17.2	积极同伴报告对梅根（与同伴比较）在课间休息的社交参与水平的影响	246
图 17.3	小组活动中实施 PPR 可观察到的积极的同伴互动时间百分比	247
图 18.1	无 CWS 和 CWS 阶段不适当噪声的间隔百分比	262
图 18.2	无 CWS 和 CWS 阶段过渡时间间隔的百分比	263
图 19.1	蒂莫西连续上学期间在 BRC 上获得分数的百分比	275
图 20.1	在选定的教学活动中参与的分钟时间（学业参与时间）	290
图 21.1	科迪的功能分析结果	301
图 21.2	科迪治疗评估期间每分钟的反应	303

表目录

表2.1　斯诺先生的IRP-15结果　20
表2.2　西尔维娅CIRP结果　21
表4.1　直接观察雷蒙娜问题行为的ABC数据　50
表4.2　雷蒙娜家校问题行为记录表　52
表4.3　直接观察雷蒙娜问题行为的频率表　52
表5.1　A-B-C观察数据　64
表5.2　基线数据　65
表5.3　基线和干预数据：完成书面作业百分比的平均评估　69
表7.1　比利破坏性行为和任务行为的目标陈述　96
表7.2　破坏性行为(频率)和任务行为(持续时间)的基线数据　96
表7.3　干预目标行为和技能　97
表7.4　行为技能训练和积极实践的干预保真度数据　98
表8.1　在课堂观察期间收集的A-B-C数据汇总表　107
表8.2　凯西遵守高概率指令的百分比　108
表8.3　目标达成量表　110
表8.4　3∶1情况下的行为动量程序检查表　111
表8.5　按条件而升级行为的频率　113
表9.1　A-B-C班级观察数据　125
表9.2　社交有效性：干预评级量表-15　129
表10.1　A-B-C观察数据　137

表 11.1	自我管理表	156
表 12.1	第一次认知行为疗法治疗中卡拉的焦虑等级分级	170
表 12.2	治疗联盟和结果问卷评分	177
表 14.1	青少年 BA 干预的共同要素	201
表 14.2	日志	205
表 14.3	PROMIS 得分及条目	208
表 16.1	及时转换游戏程序检查表	232
表 18.1	CWS 每种颜色的使用规则和情况	260
表 20.1	遵循指令的社交故事(每个项目符号对应一个页面)	288
表 20.2	费利佩各阶段遵循指令和不当行为的平均比率	289
表 21.1	科迪的 A-B-C 观察结果	299

撰稿人

凯瑟琳·阿斯皮兰蒂 博士
Kathleen Aspiranti, Ph.D.
美国肯塔基大学
University of Kentucky, USA

迈克尔·阿克塞尔罗德 博士
Michael I. Axelrod, Ph.D.
美国威斯康星大学欧克莱尔分校
University of Wisconsin-Eau Claire, USA

斯科特·贝利尼 博士
Scott Bellini, Ph.D.
美国印第安纳大学伯明顿分校
Indiana University-Bloomington, USA

艾莉森·布朗 文学士
Allison M. Brown, B.A.
美国中央密歇根大学
Central Michigan University, USA

艾米·坎贝尔 博士
Amy Campbell, Ph.D.
美国大峡谷州立大学
Grand Valley State University, USA

吉娜·科菲 博士
Gina Coffee, Ph.D.
美国丹佛学区
Denver Public Schools, USA

泰·柯林斯 博士
Tai A. Collins, Ph.D.
美国辛辛那提大学
University of Cincinnati, USA

克莱顿·库克 博士
Clayton R. Cook, Ph.D.
美国明尼苏达大学双城分校
University of Minnesota-Twin Cities, USA

梅丽莎·库隆-查芬 博士
Melissa Coolong-Chaffin, Ph.D.
美国威斯康星大学欧克莱尔分校
University of Wisconsin-Eau Claire, USA

埃文·达特 博士
Evan H. Dart, Ph.D.
美国南佛罗里达大学
University of South Florida, USA

卡拉·狄龙 教育学硕士

Cara Dillon, M.Ed.
美国辛辛那提大学
University of Cincinnati, USA
丹尼尔·德雷文 博士
Daniel D. Drevon, Ph.D.
美国中央密歇根大学
Central Michigan University, USA
布林恩·德雷斯 教育学硕士
Bryn Endres, M.Ed.
美国辛辛那提大学
University of Cincinnati, USA
布列塔尼·埃文斯 教育学硕士
Brittany Evans, M.S.Ed.
美国杜肯大学
Duquesne University, USA
肖恩·吉特勒 教育学硕士
Shawn N. Girtler, M.S.
美国明尼苏达大学
University of Minnesota, USA
米亚·格雷夫斯 博士
Myia Graves, Ph.D.
美国东南路易斯安那大学
Southeastern Louisiana University, USA
迈克尔·汉德威克 博士
Michael Handwerk, Ph.D.
美国溪木行为医疗保健中心
Streamwood Behavioral Healthcare, USA
朱迪斯·哈里森 博士
Judith R. Harrison, Ph.D.
美国新泽西州立罗格斯大学
Rutgers, The State University of New Jersey, USA
蕾妮霍·金斯 博士
Renee O. Hawkins, Ph.D.
美国辛辛那提大学
University of Cincinnati, USA
托德·海顿 博士
Todd Haydon, Ph.D.
美国辛辛那提大学
University of Cincinnati, USA
奥利维亚·赫克 文学学士
Olivia Heck, B.A.
美国印第安纳大学伯明顿分校
Indiana University-Bloomington, USA
拉切尔·海特 理学士
Rachael Hite, B.S.
美国南佛罗里达大学
University of South Florida, USA
迈克尔·希克森 博士
Michael D. Hixson, Ph.D.
美国中央密歇根大学
Central Michigan University, USA
凯里·乔丹 博士
Cary Jordan, Ph.D.
美国亚利桑那大学
University of Arizona, USA
阿拉娜·肯尼迪 教育学硕士
Alana M. Kennedy, Ed.S.
美国辛辛那提大学
University of Cincinnati, USA
克里斯蒂娜-克莱因 公共卫生硕士
Christina Klein, MPH.

美国辛辛那提大学
University of Cincinnati, USA
凯瑟琳·拉克 博士
Catherine R. Lark, Ph.D.
美国杰斐逊神经行为研究组
Jefferson Neurobehavioral Group, USA
安娜·朗 博士
Anna C.J. Long, Ph.D.
美国路易斯安那州立大学
Louisiana State University, USA
杰西明·马纳克 理学士
Jessamine Manack, B.S.
美国亚利桑那州立大学
Arizona State University, USA
乔尔丁·马丁 文学士
Jordyn Martin, B.A.
美国南佛罗里达大学
University of South Florida, USA
雷切尔·马修斯 教育学硕士
Rachel E. Mathews, Ed.S.
美国肯特州立大学
Kent State University, USA
伊丽莎白·麦卡勒姆 博士
Elizabeth McCallum, Ph.D.
美国杜肯大学
Duquesne University, USA
克里斯特利·麦吉特 文学士
Christley McGirt, B.A.
美国南佛罗里达大学
University of South Florida, USA
费斯·米勒 博士

Faith G. Miller, Ph.D.
美国明尼苏达大学双城分校
University of Minnesota-Twin Cities, USA
迈克尔·穆勒 博士
Michael M. Mueller, Ph.D.
美国南方行为研究小组
Southern Behavioral Group, USA
亚历山大·马尔德鲁 文学硕士
Alexandria C. Muldrew, M.A.
美国明尼苏达大学双城分校
University of Minnesota-Twin Cities, USA
杰西·蒙森 硕士
Jessie A.G. Munson, M.S.
美国路易斯安那州立大学
Louisiana State University, USA
劳拉·纳博斯 博士
Laura Nabors, Ph.D.
美国辛辛那提大学
University of Cincinnati, USA
克里斯蒂娜·内德登里普 博士
Christine E. Neddenriep, Ph.D.
美国威斯康星大学白水分校
University of Wisconsin-Whitewater, USA
克里斯塔·纽曼 教育学硕士
Christa L. Newman, M.Ed.
美国辛辛那提大学
University of Cincinnati, USA
阿贾穆·恩科西 博士

Ajamu Nkosi, Ph.D.
美国南方行为研究小组
Southern Behavioral Group, USA

劳伦·普恩特 教育学硕士
Lauren E. Puente, M.Ed.
美国格兰姆斯县特殊教育合作机构
Grimes County Special Education Cooperative, USA

基思·雷德利 博士
Keith C. Radley, Ph.D.
美国犹他大学
University of Utah, USA

苏珊·拉坦 博士
Susan Rattan, Ph.D.
美国杜肯大学
Duquesne University, USA

亚历山大·里格尼 教育学硕士
Alexander M. Rigney, M.Ed.
美国中央密歇根大学
Central Michigan University, USA

弗兰克·桑索斯蒂 博士
Frank J. Sansosti, Ph.D.
美国肯特州立大学
Kent State University, USA

阿拉·施密特 博士
Ara J. Schmitt, Ph.D.
美国杜肯大学
Duquesne University, USA

塔莉娅·舒曼 文学学士
Talia Shuman, B.A.
美国南佛罗里达大学
University of South Florida, USA

丹尼斯·苏亚雷斯 博士
Denise A. Soares, Ph.D.
美国密西西比大学
University of Mississippi, USA

蒂娜·斯坦顿·查普曼 博士
Tina Stanton-Chapman, Ph.D.
美国辛辛那提大学
University of Cincinnati, USA

迈克尔·苏尔科夫斯基 博士
Michael L. Sulkowski, Ph.D.
美国亚利桑那大学
University of Arizona, USA

朱莉娅·维拉利尔 教育学硕士
Julia N. Villarreal, M.Ed.
美国辛辛那提大学
University of Cincinnati, USA

莎莉·惠特洛克 文学硕士
Sally Whitelock, M.A.
美国丹佛学区
Denver Public Schools, USA、

马赫里·赖廷顿 博士
Mahri Wrightington, Ph.D.
美国PD怪兽有限责任公司
PD Monster, LLC, USA

致 谢

与其他任何专业图书一样,《校本行为干预案例研究:学校心理老师的有效解决之道》是许多人辛勤工作的结晶,在此向他们表示感谢。我们要感谢泰勒·弗朗西斯出版集团(Routledge/Taylor & Francis)的丹尼尔·施瓦茨(Daniel Schwartz)和奥利维亚·鲍尔斯(Olivia Powers)。我们还要感谢我们的同事,特别是玛丽·贝丝·图辛(Mary Beth Tusing)博士(华盛顿大学欧克莱尔分校)和泰·柯林斯(Tai A. Collins)博士(辛辛那提大学),感谢他们多年来分享知识、提供指导和友谊。我们还要感谢托尼·沃尔布莱希特(Toni Volbrecht)在我们完成本书的过程中承担了额外的责任,感谢麦凯拉·克莱门特(Michaela Clement)为支持我们的工作所付出的大量时间。最后,如果没有多年来与我们共事的无数教育工作者、学生和家庭的激励,这项工作是不可能完成的。

第一章　前言

美国各地的学校都在实施的多层次的支持系统(MTSS, Multi-Tiered Systems of Support)是解决所有学生的学习和行为需求的一种方式。这些系统得到了许多教育领导和组织的广泛支持(如 Batsche 等, 2005; 特殊儿童理事会, 2008; 美国国家学校心理学家协会, 2009)。这些系统的目的是使用一个数据驱动的过程, 根据学生的需求有效地提供资源。这一过程的设计是有效的, 因为能更加精确地为有需要的学生提供帮助(例如, 小组教学、个体化干预); 该过程的设计是有效的, 因为它依赖于理论和实践经验支持(例如, 高质量的核心教学、可靠和有效的评估程序、循证干预措施)。

积极行为干预和支持(Positive Behavioral Interventions and Supports, PBIS)是 MTSS 原则的应用, 以支持学校学习、行为和社交技能的发展。实施 PBIS 与改善学生和学校的结果有关, 例如提高学习成绩和社交情绪能力, 减少欺凌行为, 减少纪律处分(即移送办公室、停学和开除), 以及改善对学校风气和安全的看法(Noltemeyer, Palmer, James, & Wiechman, 2019)。PBIS 包含一个三层模型, 其中协调一致的学校系统收集相关成果数据, 为普及所有学生的实践提供信息(即第 1 层); 为那些行为表明需要更多支持的学生(即第 2 层)提供有针对性的措施; 对于那些对较低层次的支持没有做出充分反应, 因此需要个性化干预的学生(即第 3 层), 提供强化措施。成功实施强化服务的建议包括进行基于功能的评估, 提供学校和家庭环境的全方位支持, 并仔细考虑文化和环境的适应性。

在 PBIS 框架内制定成功的干预和支持过程中, 有一种方法可以借鉴应用行为分析的传统。应用行为分析使用学习理论的原则来指导干预措施的选择、实施和评估, 这些干预措施旨在影响具有社会意义的行为(Baer, Wolf, & Risley, 1968)。干预的目标行为可能是社会性的或学术性的。在制定有效的行为干预措施时, 一个重要的考虑因素是将干预措施与学生行为的功能相匹配。这一过程的基本前提是：学生（事实上所有生物）的行为都是有原因的，行为之所以持续，是因为通过经验建立了强化条件。行为通常通过以下方式加强：通过获得社会关注，获得喜欢的有形物品或活动，避免或逃避需求或情境，以及在某些情况下的感官刺激。有效的行为干预试图通过了解这些维持问题行为的变量，来增加期望的行为或减少不期望的行为。考虑到这一点，教育工作者可以设计干预措施，让学生通过适当而非不适当的行为，来接触令人愉快的事情或避免/逃避令人不愉快的事物。然后，学生们就有能力在不造成伤害或破坏关系的情况下满足自己的愿望和需求。

根据行为对学生所起作用的假设，干预措施可能会侧重于行为发生前的刺激或条件（即前因），或行为发生后的刺激或条件（即后果）。前因变量包括需求类型（如材料的难度、活动持续时间、社会伙伴）、行为建模、提示（如身体、语言、动作）、教学进度、教学或社会群体的规模及组成，以及反应的机会。后果包括错误纠正，对学业或行为表现的激励、表扬或认可，获得或移除有形物品或所期望的活动，以及移除刺激。重要的是，所有上述变量都可以被教育者操纵来改变学生的行为。可以制定包括多个变量的一揽子干预措施，并评估这些措施对学生个人表现的影响。关于指导这种方法的行为原则的更详细信息，读者可以参考其他资料（Alberto & Troutman, 2013; Cooper, Heron, & Heward, 2007）。

也许显而易见，但常常被忽视的事实是，确定和执行有效的干预措施不是在封闭环境进行的。

生态理论假定，由于儿童是在各种相互关联的系统（如家庭、同伴群体、教室、学校、社区、文化）中发展的，仔细考虑这些环境和它们之间的相互作用对于理解问题和制定解决方案至关重要（Bronfenbrenner, 1977）。有效的干预措施是能够按照预期正确实施的干预措施，因此，对所涉及的信念、价值观、知识、动机、技能和资源等变量的理解至关重要。所以，通过与主要利益攸关方合作制定干预措施至关重要。在美国，白人和少数族裔儿童之间的成绩差距是一个长期存在的、有据可查的问题。我们很容易得出这样的结论：不同群体成员经历的不同结果表明存在不同的学习需求，因此需要不同的干预策略。然而，同样地，试图通过治疗互动来开发基于能力的干预措施，却没能产生更好的结果（Burns 等, 2016），研究也没有表明根据学生的文化背景来匹配干预措施是有效的（Kane & Boan, 2005）。幸运的是，许多策略对于不同背景的学习者普遍有效，而参与协作解决问题是确保干预措施适合具体情况的有效方法。

一、有效行为干预计划的基本要素

之所以选择本文中的干预措施,是因为它们在改善行为方面的有效性有据可查。学校心理老师和其他负责解决学生问题行为的人员(如教师、行政人员)都必须确定拥有强有力的经验支持的干预措施。然而,要成功实施校本干预措施,需要的不仅仅是确定被标记为"循证"的做法。学校支持干预工作的氛围、服务提供过程(如 MTSS)以及人力和物力资源的可用性等广泛因素都会影响干预计划的有效性。更具体地说,干预计划的重要特征会在很大程度上影响其成功与否。

通过仔细考虑数据产生的系统解决问题,制定全面的干预计划。基于数据的问题解决的最佳实践依赖于与科学方法一致的范式(Christ & Aranas, 2014)。这种方法从概念上指导学校心理老师与其他人识别和分析问题,制定和实施计划,并评估计划的效果。构成解决问题模型的基础由四个基本问题组成:(1)问题是什么?(问题识别),(2)为什么会出现问题?(问题分析),(3)怎么办?(干预计划的制定和实施),(4)有用吗?(干预计划评估)。本节介绍了嵌套在这些问题中的解决问题模型的几个关键要素,旨在指导干预计划。本书的每一章都强调了这些相同的特征。

二、问题识别

(一) 干预目标和操作定义

确定学生的问题是所有校本干预服务提供模型的固有特征,是解决问题模型的第一步(Bender & Shores, 2007; Pluymert, 2014)。问题识别始于选择干预目标的协作过程。团队成员(如学校心理老师、教师、行政人员、家长)可以对问题进行优先排序,并共同确定最令人担忧的(如频繁的、长期的、对他人构成危险的)行为(Axelrod, 2017)。此外,问题识别可能包括选择相对容易改变的目标行为,可能导致泛化的目标行为,并且这些行为是更大反应链中的一部分,对学生的成功很重要(Cooper 等, 2007; Nelson & Hayes, 1979)。最后,在发现问题时,考虑行为的关键点(即一旦改变就会对学生产生深远积极影响的行为),可以在其他行为和领域产生有利的结果。例如,与同伴分享可能是一个行为关键点,因为掌握这些行为核心,就会自然而然地产生积极的强化后果,从而形成其他适应性社会行为。行为关键点也可能涉及学习更复杂技能所必需的基础行为,或者包括适应不同环境或设置所需要的行为(Rosales-Ruiz & Baer, 1997)。

下一步是明确定义问题。好的问题定义描述了行为的结构或形式(即行为的表现形式)。制定可操作的定义,传达标注问题的行动动词,有助于确保向团队成员解释目标行为时的准确性,并在团队成员之间就具体的目标行为达成一致(Alberto & Troutman, 2013)。此外,操作性定义还有助于对目标行为进行准确可靠的观察(Bicard, Bicard & IRIS center, 2012)。完善操作定义包括确定问题行为描述的强度。莫里斯(Morris, 1985)建议在制定操作定义时提出以下问题:

观察者能看到行为吗?

行为可以衡量吗? 行为的频率可以计算吗? 行为表现的时间长度可以计算吗?

在给出定义后,不熟悉学生的人能否准确地识别出目标行为?

(二)因果变量的描述

确定因果关系有助于更全面地理解问题。生态分析包括了解学生、同伴群体、教室和教师、课程和教学以及家庭变量(Burns, Riley-Tillman, & Rathvon, 2017)。例如,设置发生在相对遥远的过去的事件或惯例,有时可以为后来出现的问题行为创造条件(Iovannone, Anderson, & Scott, 2017)。设置事件必须在问题行为发生很久之前发生,有时发生,有时不发生,并且具有允许事件或程更改的属性。常见的例子包括饥饿或睡眠不足、取消奖励活动、在家里失去特权、不服药、上学前和同学打架、和老师的关系不好。其他例子包括疾病确诊(如自闭障碍,注意力缺陷与多动障碍)、父母离婚、搬到一个新的城镇、换新老师。激励行动也被认为是暂时遥远的事件,是暂时改变刺激的强化价值的环境(Nosik & Carr, 2015)。实际上,激励操作通过暂时改变强化结果的价值来影响行为的发生。当教师不经常关注增加了作为强化物的关注的价值时,就可以认为是一种激励操作。类似地,当逃避作为强化物的价值增加时,厌恶性学习任务也可以被认为是一种激励操作。设置事件通常是根据其相对于问题行为的描述性质来定义的,而激励操作则与对行为的功能性理解更紧密地联系在一起。换句话说,激励操作会导致强化价值和被强化行为的变化(Michael, 1982)。

确定前因和后因条件也有助于理解问题,并有助于开发以功能为导向的目标行为假设(Axelrod, 2017)。评估问题发生之前或之后的事件为团队提供了有关行为的全面信息,包括有影响的背景和因果变量。前因通过其与强化的关系影响后来的反应(Wacker, Berg, Harding, & Cooper-Brown, 2011)。这可以通过建立一个刺激作为强化的信号(辨别刺激;Cooper 等, 2007)或暂时改变强化值(激励操作; Michael, 1982)。结果决定了建立强化和惩罚物的或然性(Axelrod, 2017)。具体来说,强化会增加其后的行为,而惩罚会减少其后的行为。确定与目标行为的增加或减少相关的因果变量是解决问题过程的首要目标。

(三)评估当前绩效水平

收集学生干预前表现水平的基线数据有几个重要的原因。首先,评估当前的表现水平有助于回答"是否存在问题?"这个问题,这个问题实际上可能代表了某人对所陈述的问题的看法或经验(Pluymert, 2014)。其次,评估学生当前和预期表现水平之间的差异可以明确问题的严重程度(Axelrod, 2017)。基线数据有助于确定当前水平和期望水平的差异程度。最后,在评估干预效果时,基线和干预绩效水平之间的比较是必要的(Riley-Tillman & Burns, 2009)。

(四)问题分析

问题分析阶段的特点是数据驱动的假设发展,并考虑到根据学生的具体需要制定的干预措施才最有效。考虑到已确定的问题及其背景,团队利用数据来确定所关注的问题是需要改变行为管理方法的全班性问题(第1层),涉及行为或社交技能缺陷的更广泛的问题(第2层),或者涉及特定因果变量的狭义定义问题(第3层;见 Burns 等, 2017)。因此,问题分析的重点是回答几个基本问题,以便提出支持干预计划制定的假设。

1. 是技能缺陷还是表现问题?

团队一开始可能会问,学生的问题是代表技能不足(即"不会做"),还是表现问题(即"不想做")。技能不足意味着学生不知道如何完成行为或技能,或者不知道如何将行为或技能应用于新的或更复杂的任务。表现问题表明学生知道如何完成该行为或技能,但不能持续地参与该行为或使用该技能。

2. 哪些可变的因果变量使问题持续存在?

问题往往是通过环境和学生之间复杂的变量交易而产生的。然而,可变变量通常是情境性的(例如,教学节奏对适当行为的积极强化的频率),而非学生自身问题(例如,学习障碍)。问题分析过程包括生成关于可能引发或维持问题的可变变量提出假设(Christ & Aranas, 2014)。在假设影响问题发生或维持的可能环境变量时,团队会考虑背景事件、激励操作以及具体的前因后果。

3. 问题的功能是什么?

数十年的研究表明,行为是由其与结果的概率关系所塑造的(Axelrod & Santagata, 2020)。根据定义,强化会增加它所遵循的行为,这里强化适用于学生的问题行为。期望得到的关注和获得喜欢的活动或物品会积极地强化问题行为,而避免或逃避令其不愉快的活动或互动会消极地强化问题行为。认识到后果和可预测的行为之间的功能关系,可以提供关于问题的重要因果线索,并帮助团队开发功能驱动的假设,可以为干预措施的制定提供依据。

4. 功能驱动假设

传统的干预选择模型通常基于这样的假设,即问题是由学生的障碍类别造成的。干预措施是"一揽子"措施,其中包括一系列被认为适合特定问题群(如个人和家庭治疗、行为契约、暂停)的组成部分(Watson & Steege, 2003)。换句话说,团队经常选择之前对有类似问题的学生实施过的干预措施。尽管行为的表现形式有相似之处,但对于每个学生和情况而言,其功能可能大相径庭(Axelrod, 2017)。功能驱动型假设来自于考虑引发或维持问题行为的变量的评估,并利用这些信息制定个性化干预措施。

三、制定干预计划

(一)进度监测数据收集计划

进度监测和基于数据的决策是任何 MTSS 中相互关联的组成部分。在一般情况下(即第 1 层),进度监控数据可以让团队发现当前和预期性能水平之间的差异(Stoiber, 2014)。随着服务提供的加强,进度监测可用于评估个别学生对干预措施的反应,个别学生是否需要更集中的干预措施,以及对个别学生合适的长期目标是什么(Stecker, Fuchs, & Fuchs, 2008)。虽然如何设计一个全校进度监测程序的描述超出了本章或本书的范围,但有几个与干预计划制定相关的关键特征。首先,进度监测应包括干预的目标行为。操作性定义有助于确保对相关结果变量进行可靠的测量。其次,对目标行为的重复测量应该足够让团队从数据中得出有效的结论(Axelrod, 2017)。具体来说,在不同条件下(如基线、干预、随访)对某一行为或技能进行多次观察,可以找出规律并提高数据的预测性。第三,进度监测计划应该相对容易实施,团队应该考虑在收集高质量数据与可用资源之间取得平衡。此外,在数据收集方面与老师合作也是对教师观点的尊重,并确认他们为学生进步提供证据做出了积极贡献(Burns等, 2017)。最后,学校心理老师应该准备好培训、观察,并向那些收集进度监测数据的人提供反馈。在某些情况下,心理老师可能会亲自收集一些数据。

(二)明确干预目标

为了公平地评估学生的进步,团队必须制定有效的目标。目标应该是艰巨但合理的。这样，对干预有效性的判断是学生行为的反映，而不是目标制定不当。例如，如果目标设定得太低，对学生行为没有显著影响的干预可能会被认为是有效的。相反，过于具有挑战性的目标可能会导致团队认为潜在有效的干预措施没有发挥作用，导致目标没有实现(Hosp, Howell, & Hosp, 2003)。

在制定行为目标时，应该考虑几种不同的信息来源。首先，必须考虑行为在当地的背景。在同一教室和相同的学习条件下，基于同伴行为的本地规范可以澄清问题的程度，并提供关于在该环境中哪些行为被认为是可接受的，哪些行为被认为是不可接受的(Habedank, 1995)。地方规范提供了一个具有社会有效性和文化相关性的直接比较点。然而，地方规范可能并不一定反映期望的行为水平，应该与其他数据源一起解释。其次，团队可以考虑全国标准，将学生的行为与全国同龄/年级的同龄人进行比较。一些行为评估工具，如已公布的评分量表和核对表，都有全国标准(O'Shaughnessy, Lane, Gresham, & Beebe-Frankenberger, 2003)。团队应该保持谨慎，因为与地方标准不同，全国标准可能不能反映学生群体和特定学校的情况。标准参照的测量或经验衍生的基准表明了预测未来成功的表现/行为水平，并代表了目标设定的另一个数据来源。有发表的标准参考行为评估(O'Shaughnessy等, 2003)，研究为与学习相关的学术参与水平提供了指导方针。最后，团队应该考虑所有关键利益相关者的意见，包括教师、家长，以及在适当的时候的学生，以确保所选择的目标的社会有效性(Spear, Strickland-Cohen, Romer, & Albin, 2013)。

（三）决策规则

决策规则是由解决问题的团队在干预实施之前制定的明确的决策指导方针(Kratochwill, Altschaefl, & Brice-Urbach, 2014)。决策规则的使用增加了问题解决过程的客观性和可问责性。在对学生的进步做出决策时，团队不应采取观望态度，而应制定决策规则，以确保及时做出基于数据的决策。决策规则可以基于时间、趋势估计或两者的组合。基于时间的决策规则的一个例子是，"如果在两周内没有达到目标，干预计划将被修改"。趋势估计涉及使用从基线数据的平均值或中位数到目标绘制的目标线。然后将学生的进步与这条目标线进行比较，以便做出决策。基于趋势估计的决策规则举例如下："如果三个进度监视点低于（或高于，取决于目标行为）目标线，干预措施将被修改。"最后，基于时间和趋势估计的决策规则举例如下："如果在干预实施三周后，有三个或更多的进度监测点低于目标线，则将调整干预措施。"

(四)详细的干预计划

为了支持强有力的实施工作,并允许在知情的情况下解决问题,团队应该认真制定清晰、详细的干预计划。干预计划应使程序的每一步都具有可操作性,为负责实施的人员提供分步脚本。使用详细的干预脚本可以提高实施的准确性和程序的信度(Ehrhardt, Barnett, Lentz, Stollar, & Reifin, 1996)。此外,合作制定的干预计划可以确保团队的所有成员对提供给学生的支持有相同的理解。

(五)监测干预保真度的计划

干预保真度,也称为治疗完整性或忠诚度,是指干预计划按照设计执行的程度。关于干预有效性的决策的有效性与干预保真度的信息有关(Barnett, Hawkins, & Lentz, 2011)。如果没有证据表明干预措施的实施具有很高的依从性,解决问题的团队就不能自信地将行为的改善归因于干预措施,也不能在没有实现预期改善的情况下推断干预措施是无效的。在制定干预计划时,解决问题的团队应该建立一个监测依从性的计划,以便在评估干预效果时掌握这些信息。监测和记录依从性的方法包括直接观察、由负责实施的个人使用依从性检查表进行自我报告和永久性产品(如贴纸图、自我监测表、日常行为报告卡;Barnett 等,2014)。

关于在实践中应该多久评估一次依从性,目前还没有明确的标准;然而,研究人员建议将对依从性的评估强度与问题的强度和所涉及的资源相匹配(Barnett 等,2011)。例如,对于班级范围内的低强度行为管理系统,每月收集一次依从性数据可能较为适宜。在每周进行三次更密集的第 2 级小组社交技能干预的情况下,团队可决定每隔一周收集一次数据(占课程的 16.67%)。对于涉及大量资源和重大决策(包括关于特殊教育资格的决策)的最密集的个别化第 3 级干预,团队应该考虑制定更严格的评估计划。有了更多的依从性数据,团队可以更自信地评估干预效果,并决定继续使用学校通常有限的宝贵资源(如实施干预的人员、时间、干预材料)。对于第 3 级问题解决,团队可以参考研究指南,并考虑评估至少 20% 的干预课程的依从性,目标是 25%—33% 的干预课程(Cooper 等,2007;Kennedy, 2005)。

(六)监测观察员间协议的计划

评分者一致性(Interobserver or interrater agreement, IOA)用于建立用来评估学生行为的评估的可靠性。团队可以根据通过一致性检查证明可靠的数据,提高决策的可信度。IOA 由两名观察员独立观察和记录行为来确定。例如,教师和教师助理都可以为同一个学生完成直接行为评分,或者两个专业人员可以使用系统的直接观察法来观察一个班级,并在课程结束时对评分进行比较。研究表明,应对收集到的约25%的数据进行IOA评估,通常引用的标准是一致性为80%。在实践中,团队可以考虑在问题解决过程的早期收集更多的可靠性数据,以确保操作定义是明确的,数据收集方法是可行的。同样,与依从性数据的收集一样,IOA数据收集的频率可能会随着问题行为强度的增加而增加。团队可能需要更多的数据,以高效地解决高强度、具有挑战性的行为的问题。

(七)干预信度评估

干预信度是指目标和程序被判断为适当和合理的程度,以及干预结果满足主要利益相关者的程度(Wolf, 1978)。在整个干预计划过程中,团队应寻求关于程序信度的反馈,特别是那些最直接参与实施干预的人。一些研究已经确定了接受度和依从性之间的正相关关系(Dart, Cook, Collins, Gresham, & Chenier, 2012),但该领域还需要更多的研究(Silva, Collier-Meek, Codding, & DeFouw, 2019)。信度数据可以通过多种方法收集,包括访谈、问卷调查和评分量表。这些可以由团队自行开发,也可以使用一些已发布的工具(Silva等,2019)。

(八)干预效度评估

在整个实施过程中应持续监测干预效果,以便及时解决问题。以时间序列图呈现的数据,包括具体目标线、长远目标线和阶段变化,可以帮助团队评估学生的进步。此外,决策规则为在需要时修改干预计划创建了问责制。在实践中,A-B问责制设计中经常用于比较干预前后学生的表现;然而,必须注意的是,这些设计不允许因果推论。当使用A-B设计时,团队必须仔细考虑学生所处环境中可能导致行为改变的其他变化,特别是如果这些变化发生在干预实施前后。虽然A-B设计适用于许多实践环境,但在有些情况下,解决问题的团队可能希望有信心地知道,是某项干预措施导致了所观察到的学生变化。

A-B设计可以在干预措施和学生行为之间建立因果函数关系(Cooper等,2007)。通过系统地引入干预措施,并允许反复演示干预效果,A-B设计可以排除其他无关的环境变量作为学生表现改变的原因。例如,交替干预设计可用于系统地比较两种干预方案,团队继续根据数据实施更有效的程序。再比如,干预措施的实施可以在多个目标行为之间错开时间,从而建立一个多基线设计,对治疗效果进行因果评估。一旦观察到预期效果,就可以简单地撤消干预,继续监测行为,并在行为再次恶化时重新引入干预。使用单一案例设计来得出关于干预效果的因果结论,对于处理高强度、危险问题行为的团队,当干预需要大量资源来实施时,或当涉及高风险案例时,可能尤为重要。

四、结论

综上所述,这本书的目的是为学校心理老师和其他教育专业人士(例如,特殊教育教师,学校辅导员)提供如何实施行为最佳实践原则来解决常见的学生问题的实际例子。该资源超越了行为理论的描述,提供了在学校环境中如何实际应用这些原则的分步示例。每一章都描述了一个个案研究,涉及使用循证行为干预来解决学校环境中常见的学生问题。个案研究包括关于目标学生、教育者和环境的详细信息。问题行为是在相关因果变量的上下文中操作定义的,比如问题行为发生的时间和地点。目前的表现水平是根据相关的特征(如频率、持续时间、强度)来描述的。关于问题行为的数据根据感知功能进行分析。详细描述了干预措施,包括干预措施的理论和经验基础以及潜在目标人群的信息。干预计划详细说明了分步骤的方案、目标的阐述、数据收集系统和进度监测策略、监测实施的完整性和数据收集的忠实性的策略,以及确保和衡量干预可接受性的想法。最后,根据干预目标对数据进行分析和解释。这本书还包括各种行为、干预计划和社会可接受性和治疗完整性评估的数据收集表格和模板。

(董芷含 译)

参考文献

Alberto, P. A., & Troutman, A. C. (2013). *Applied behavior analysis for teachers* (9th ed.). Upper Saddle River, NJ: Pearson.

Axelrod, M. I. (2017). *Behavior analysis for school psychologists.* New York: Routledge. doi: 10.4324/9781315650913.

Axelrod, M. I., & Santagata, M. L. (2020). Behavioral parent training. In A. Maragakis, T. Waltz, & C. Drossel (Eds.), *Applications of behavior analysis to healthcare and beyond.* New York: Springer.

Baer, D. M., Wolf, M. M., & Risley, T. R. (1968). Some current dimensions of applied behavior analysis. *Journal of Applied Behavior Analysis*, 1, 91–97. doi:10.1901/jaba.1968.1-91.

Barnett, D., Hawkins, R., & Lentz, F. E. (2011). Intervention adherence for research and practice: Necessity or triage outcome? *Journal of Educational and Psychological Consultation*, 21(3), 175–190. doi:10.1080/10474412.2011.595762.

Barnett, D. W., Hawkins, R. O., Wahl, E., Shier, A., Denune, H., McCoy, D., & Kimener, L. (2014). Methods used to document procedural fidelity in school-based intervention research. *Journal of Behavioral Education*, 23, 89 – 107. doi: 10.1007/s10864-013-9188-y.

Batsche, G., Elliott, J., Graden, J. L., Grimes, J., Kovaleski, J. F., Prasse, D., et al. (2005). *Response to intervention: Policy considerations and implementation*. Alexandria, VA: National Association of State Directors of Special Education, Inc.

Bender, W. N., & Shores, C. (2007). *Response to intervention: A practical guide for every teacher*. Thousand Oaks, CA: Corwin Press.

Bicard, S. C., Bicard, D. F., & the IRIS Center. (2012). Defining behavior. Retrieved November 1, 2019 from http://iris.peabody.vanderbilt.edu/case_studies/ICS-015.pdf.

Burns, M. K., Riley-Tillman, T. C., & Rathvon, N. (2017). *Effective school interventions: Evidence-based strategies for improving student outcomes* (3rd ed.). New York: Guilford.

Burns, M. K., Petersen-Brown, S., Haegele, K., Rodriguez, M., Schmitt, B., Cooper, M. et al. (2016). Meta-analysis of academic interventions derived from neuropsychological data. *School Psychology Quarterly*, 31, 28 – 42. doi: 10.1037/spq0000117.

Bronfenbrenner, U. (1977). Toward an experimental ecology of human development. *American Psychologist*, 32(7), 513 – 531. doi: 10.1037/0003-066X.32.7.513.

Center on Response to Intervention. (n.d.). Essential components of MTSS. Retrieved June 1, 2020, from https://rti4success.org/.

Christ, T. J., & Arañas, Y. A. (2014). Best practices in problem analysis. In P. L. Harrison & A. Thomas (Eds.), *Best practices in school psychology: Data-based and collaborative decision making* (pp. 87 – 97). Bethesda, MD: National Association of School Psychologists.

Cooper, J., Heron, T., & Heward, W. (2007). *Applied behavior analysis* (2nd ed.). Upper Saddle River, NJ: Merrill/Pearson Education.

Council for Exceptional Children. (2008). *CEC's position on Response to Intervention (RTI): The Unique role of special education and special educators*. Arlington, VA: Author.

Dart, E. H., Cook, C. R., Collins, T. A., Gresham, F. M., & Chenier, J. S. (2012). Test driving interventions to increase treatment integrity and student outcomes. *School Psychology Review*, 41, 467 – 481.

Ehrhardt, K. E., Barnett, D. W., Lentz, F. E., Stollar, S. A., & Reifin, L. H. (1996). Innovative methodology in ecological consultation: Use of scripts to promote treatment acceptability and integrity. *School Psychology Quarterly*, 11, 149 – 168. doi: 10.1037/h0088926.

Finn, J. D., & Zimmer, K. S. (2012). Student engagement: What is it? Why does it matter? In S. L. Christenson, A. L. Reschly, & C. Wylie (Eds.), *Handbook of research on student engagement* (pp. 97 – 131). New York: Springer. doi: 10.1007/978-1-4614-2018-7_5.

Habedank, L. (1995). Best practices in developing local norms for problem solving in the schools. In A. Thomas & J. Grimes (Eds.), *Best practice in school psychology* (3rd ed., pp. 701 – 715). Washington, DC: National Association of School Psychologists.

Hosp, J. L., Howell, K. W., & Hosp, M. K. (2003). Characteristics of behavior rating scales: Implications for practice in assessment and behavioral support. *Journal of Positive Behavior Interventions*, 5, 201 – 208. doi: 10.1177/10983007030050040301.

Iovannone, R., Anderson, C., & Scott, T. (2017). Understanding setting events: What they are and how to identify them. *Beyond Behavior*, 26, 105 – 112. doi: 10.1177/1074295617729795.

Kane, H., & Boan, C. H. (2005). A review and critique of multicultural learning styles. In

C. L. Frisby & C. R. Reynolds (Eds.), *Comprehensive handbook of multicultural school psychology*. Hoboken, NJ: John Wiley & Sons, Inc.

Kennedy, C. H. (2005). *Single-case designs for educational research*. Boston, MA: Allyn and Bacon.

Kratochwill, T. R., Altschaefl, M. R., & Brice-Urbach, B. (2014). Best practices in schoolbased problem solving consultation: Applications in prevention and intervention systems. In P. L. Harrison & A. Thomas (Eds.), *Best practices in school psychology: Data-based and collaborative decision making* (pp. 468–472). Bethesda, MD: National Association of School Psychologists.

Michael, J. (1982). Distinguishing between discriminative and motivational functions of stimuli. *Journal of the Experimental Analysis of Behavior*, 37, 149–155. doi:10.1901/jeab.1982.37-149.

Morris, R. J. (1985). *Behavior modification with exceptional children: Principles and practices*. Glenview, IL: Scott Foresman.

National Association of School Psychologists. (2009). Appropriate academic supports to meet the needs of all students (Position Statement). Bethesda, MD: Author.

Nelson, R. O., & Hayes, S. C. (1979). Some current dimensions of behavioral assessment. *Behavioral Assessment*, 1, 1–16.

Noltemeyer, A., Palmer, K., James, A. G., & Wiechman, S. (2019). School-Wide Positive Behavioral Interventions and Supports (SWPBIS): A synthesis of existing research. *International Journal of School & Educational Psychology*, 7, 253–262.

Nosik, M. R., & Carr, J. E. (2015). On the distinction between the motivating operation and setting even concepts. *Behavior Analyst*, 38, 219–223. doi:10.1007/s40614-015-0042-5.

O'Shaughnessy, T. E., Lane, K. L., Gresham, F. M., & Beebe-Frankenberger, M. E. (2003). Children placed at risk for learning and behavioral difficulties: Implementing a schoolwide system of early identification and intervention. *Remedial and Special Education*, 24, 27–35. doi:10.1177/074193250302400103.

Pluymert, K. (2014). Problem-solving foundations for school psychological services. In P. L. Harrison & A. Thomas (Eds.), *Best practices in school psychology: Data-based and collaborative decision making* (pp. 25–39). Bethesda, MD: National Association of School Psychologists.

Riley-Tillman, T. C., & Burns, M. K. (2009). *Evaluating educational interventions: Single-case designs for measuring response to intervention*. New York: Guilford.

Rosales-Ruiz, J., & Baer, D. M. (1997). Behavioral cusps: A developmental and programmatic concept for behavior analysis. *Journal of Applied Behavior Analysis*, 30, 533–544. doi:10.1901/jaba.1997.30-533.

Silva, M. R., Collier-Meek, M. A., Codding, R. S., & DeFouw, E. R. (2019). Acceptability assessment of school psychology interventions from 2005 to 2017. *Psychology in the Schools*, 57, 62–77. doi:10.1002/pits.22306.

Spear, C. F., Strickland-Cohen, M. K., Romer, N., & Albin, R. W. (2013) An examination of social validity within single-case research with students with emotional and behavioral disorders. *Remedial and Special Education*, 34, 357–370.

Stecker, P. M., Fuchs, D., & Fuchs, L. S. (2008). Progress monitoring as essential practice within response to intervention. *Rural Special Education Quarterly*, 27, 10–17. doi:10.1177/875687050802700403.

Stoiber, K. C. (2014). A comprehensive framework for multitiered systems of support in school psychology. In P. L. Harrison & A. Thomas (Eds.), *Best practices in school psychology: Data-based and collaborative decision making* (pp. 41 – 70). Bethesda, MD: National Association of School Psychologists.

Wacker, D. P., Berg, W. K., Harding, J. W., & Cooper-Brown, L. J. (2011). Functional and structural approaches to behavioral assessment of problem behavior. In W. W. Fisher, C. C. Piazza, & H. S. Roane (Eds.), *Handbook of applied behavior analysis* (pp. 165 – 181). New York: Guilford.

Watson, T. S., & Steege, M. W. (2003). *Conducting school-based functional behavioral assessments: A practitioner's guide*. New York: Guilford.

Wolf, M. M. (1978). Social validity: The case for subjective measurement or how applied behavior analysis is finding its heart. *Journal of Applied Behavior Analysis*, 11, 203 – 214. doi:10.1901/jaba.1978.11-203s.

第二章 差别强化

一、前言

破坏性行为是学校面临的一个棘手问题,因为它们对学生、教师和课堂上其他相关人员都有着不同程度的负面影响。破坏性行为使教师难以高效地集中精力去完成分配的工作,有效地传递教学内容(Theodore, Bray, & Kehle, 2004)。相反,宝贵的教学时间因为管理和预防问题行为而流失(Cook 等, 2014)。破坏性行为会带来直接和长期的后果,包括影响目标学生及其同伴的学习参与度和成绩(Cook 等, 2014; Stage & Quiroz, 1997)。

"离座行为"是一种特殊的开小差方式或者说一种破坏性行为,通常是指学生未经允许离开指定区域。"离座行为"可能会造成不同程度的破坏,因为学生有时可能会在教室里四处游荡或做出一些特定行为(如未经许可削铅笔),也可能会主动干扰其他学生(Patterson, 2009)。此外,学生未经允许擅自离开指定区域也会存在潜在的安全隐患。学校的工作人员经常需要一些措施和规则来建立有序的、可预见的和富有成效的学校环境,限制如离开座位等破坏性行为。因此,学校心理老师可能会被要求帮助其他教师和学校工作人员促进适当的行为,减少破坏性行为,从而维持一个积极和安全的学校环境(Stage & Quiroz, 1997)。

二、差别强化

包括群体应急(Stage & Quiroz, 1997; Theodore 等, 2004)和前因干预(Patterson, 2009)在内的多种策略,被用于减少学校中的破坏性行为。其中许多干预措施都利用了差别强化这一方法,这一方法包括强化一种行为类别(如适当的行为),而对另一类行为(如不恰当的行为; Cooper, Heron, & Heward, 2007)则不强化。比如,教师可能会选择忽略学生的离座行为,但是对于坐在指定区域的学生会得到表扬。差别强化的程序变体包括替代或不相容行为的差异强化(Differential Reinforcement of Alternative or Incompatible, DRA/I)、其他行为的差异强化(Differential Reinforcement of Other, DRO),以及高比率(Differential Reinforcement of High Rates, DRH)或低比率(Differential Reinforcement of Low Rates, DRL)行为的差异强化。

当目标是减少但不是完全消除某种行为时,如某种行为有问题但不危险时,通常采用低比率差异强化(DRL)干预措施。当正在实施 DRL 干预时,如果学生的行为数量低于标准,教师会允许学生获得奖励(Stage & Quiroz, 1997)。因此,教师会对学生可能出现的行为数量设定一个限制,并强化学生在限制范围内的行为(Cooper 等,2007)。DRL 的优点在于它可以减少问题行为的产生,与此同时也避免了使用惩罚手段。这些惩罚手段通常是侵入性的,如果使用不当,会有许多负面作用(Cooper 等,2007)。DRL 干预具有较高的社会认可度,教师认为这种干预是有效且易于实施的(Stage & Quiroz, 1997)。

三、课堂通行证干预

课堂通行证干预(Class Pass Intervention, CPI)是一个利用差异强化来减少破坏性行为和增加适当行为的干预方法。CPI 是针对维持避免问题行为而制定的一种基于功能的干预措施,它允许学生适当地休息,而不是做出不适当的行为,如离开座位(Cook 等,2014)。通过 CPI,学生将学习到功能等同的替代行为,例如如何使用休息卡(即课堂通行证)来申请有时间限制的休息时间(Cook 等,2014)。这可能比消除逃避等干预更有优势,因为很难或不可能阻止学生逃避的行为(Cook 等,2014)。CPI 还包括 DRL 部分,因为学生可以用剩余的课堂通行证换取非常喜欢的奖励(Cook 等,2014)。因此,比起使用所有的课堂通行证,学生们被激励保留一张或几张通行证。

有两项研究调研了使用 CPI 来管理学校中破坏性行为和促进学校的适当行为的情况。库克等(Cook 等,2014)首次对 CPI 进行了研究,发现这种干预措施对学校中三名假定存在逃避维持问题行为的小学生是有效的。柯林斯等(Collins 等,2016)重复了库克等的原始研究(2014),证明 CPI 有效减少四名高中生的破坏性行为,并增加了学业投入时间。在这两项研究中,干预措施中的 DRL 部分旨在减少由于课间休息而损失的教学时间,提高教师对干预的接受度(即不允许学生无限的课间休息),并允许请假,因为一些学生可用的课堂通行证被系统减少。因此,CPI作为一种策略,通过让学生实施替代行为和利用差异强化来激励有限的课堂通行证的使用,有望减少逃避维持行为。

四、个案研究
(一)背景介绍及分析
1. 背景信息

斯诺(Snow)先生是伊利森菲尔德小学(Elysian Fields Elementary School)二年级的老师,他联系了学校心理老师,希望为一名7岁的拉丁裔学生西尔维娅(Sylvia)提供一些行为支持。斯诺先生指出西尔维娅在数学课上有离座的破坏性行为。更具体地说,西尔维娅经常未经允许地在教室里四处游荡,在其他学生需要独立完成作业时,她有时会分散他们的注意力。西尔维娅的父母主要讲西班牙语,因此她能说流利的西班牙语和英语。西尔维娅没有接受过特殊教育支持,她在除数学以外的所有科目都取得了令人满意的成绩。在此期间,她有过问题行为。一级行为支持包括表扬、重新定向和学校扣分,这与伊利森菲尔德小学的全校积极行为干预和支持(School-Wide Positive Behavior Interventions and Supports, SWPBIS)系统一致。斯诺先生指出,第一层级的支持效果不佳,他向学校心理老师和她的实习生寻求支持,以解决问题行为。

2. 问题行为描述

斯诺先生表示,根据学校的数学考试,西尔维娅有能力完成数学作业;然而,每天数学课一开始,她就会有"坐不住"的行为。

3. 问题分析

学校心理老师使用了半结构化访谈表——教师和教职员工功能评估检查表(the Functional Assessment Checklist for Teachers and Staff, FACTS)(March等,2000),对斯诺先生进行了一对一的访谈。该访谈工具是专门为教师和教职员工设计的,用于识别学生的问题行为、常规和维持变量。图2.1概述了使用FACTS收集到的信息。

斯诺先生表示,问题行为主要发生在数学课上的自习环节。斯诺指出西尔维娅这个是很典型的逃避任务要求行为,其后果包括避免任务要求、口头训斥,以及偶尔被要求离开教室。因此,斯诺先生和学校心理老师推测西尔维娅的行为是通过逃避任务要求而维持的。在完成了对斯诺先生的FACTS访谈后,学校心理老师和她的实习生在一个常规的学校日对西尔维娅进行了直接观察。这些观察结果证实了斯诺先生的推

（FACTS）

学生：西尔维娅　　　　　　　调查日期：10/14/19

学生的优点：西尔维娅是一个非常友善的孩子，在教室里她非常关心同学。此外，她很有组织能力。最后，西尔维娅在别人需要帮助时会伸出援手。

问题行为：退缩，不完成作业，经常离开座位——西尔维娅在上课时坐不住，很难坚持完成任务，这妨碍了她对教学内容的理解。

最容易出现问题行为的地点、时间和对象：数学，独立课堂作业，离座和偏离任务的行为。

其他详情：

行为描述：离开座位，安静地四处游荡，不干扰课堂秩序，但可以逃避任务。

问题行为发生频率：在数学课上，学生必须单独完成作业。

问题行为持续时间：问题行为持续的时间为作业完成的时间，或直到孩子因未完成数学作业而被赶出教室。

问题行为的强度和/或危险程度：虽然行为发生频率较高，但危险程度较低。学生的行为不会伤害自己或他人。

设置事件	维护后果	问题行为
数学课 困难的任务 个人学习时间	开小差 离席	逃避任务需求 惩戒

试图解决问题行为的方法：训斥，请出课堂

图 2.1　从教师及教职员工功能评估检查表中收集的信息

测，因为西尔维娅只在数学课上自习时才出现问题行为。此外，学校心理老师还注意到，西尔维娅的问题行为让她逃避了完成数学作业的要求。

（二）干预计划及实施

1. 干预目标

团队决定尝试使用 CPI 来针对学习参与行为（academically engaged behavior, AEB）和离座行为进行干预。对于 CPI 干预后的期待目标，斯诺先生表示，他希望西尔维娅能够在 80% 以上的时间里持续专注于数学，不要出现离开座位的行为。因为斯诺先生不想让西尔维娅继续错过宝贵的教学时间，因此，团队还做了一个逐步取消课堂通行证的计划（见下文）。

2. 测量目标行为、收集数据、监测进度

该团队决定使用直接行为评分法（Direct Behavior Ratings, DBR; Chafouleas, Riley-Tillman, & Christ, 2009; 见附录 A），用以评估 AEB 的目标行为和离座行为。

DBR 是用英语和西班牙语两种语言写的,以便每周将填好的表格寄给西尔维娅的父母。这也提供了更多的强化机会,因为父母被鼓励表扬西尔维娅在数学课上的 AEB。在 DBR 测试中,斯诺先生估算了西尔维娅在学业上投入的时间比例(定义为眼睛盯着老师或任务,完成任务时安静地坐着,需要时寻求帮助,以及在适当的情况下与同伴一起完成任务),并统计了离座行为的次数(定义为西尔维娅的身体未经允许就离开了指定的座位)。当西尔维娅使用课堂通行证时,不对离座行为进行统计。斯诺先生每天在数学课之后填写 DBR,实习生在每星期结束的时候来收取表格。

3. 干预计划

基线数据是在六天的数学课中收集的。在基线期接近结束时,实习生与斯诺先生会见面,查看干预材料和脚本(附录 B)。在 30 分钟的培训课程中,斯诺先生教西尔维娅如何使用个性化的课堂通行证(附录 C),适当地申请 5 分钟的休息。在培训期间,斯诺先生示范了如何使用课堂通行证,给西尔维娅提供练习使用课堂通行证的机会,并提供反馈,直到西尔维娅连续三次尝试使用课堂通行证并表现出熟练掌握为止。斯诺先生还指导西尔维娅把自己画成超级英雄,这样她就可以个性化设计她的课堂通行证。通过这样做,西尔维娅能够在制定她自己的文化相关干预中发挥作用。最后,斯诺先生教西尔维娅如何用剩余的课堂通行证换取强化物菜单(附录 D)中的首选物品或活动。这种 DRL 应急措施鼓励西尔维娅避免每天使用她所有的课堂通行证。

措施是在每天的数学课堂中进行干预。根据问题行为发生的次数,与斯诺先生协商确定了干预消退的决策规则。当干预措施第一次实施时,西尔维娅获有三张课堂通行证,可以在数学课上使用。一旦西尔维娅连续三天出现两次或更少的不恰当的离座行为,团队决定将西尔维娅的课堂通行证数量减少到两张。一旦西尔维娅连续三天出现一次或更少的问题行为,团队就会将通行证减为一张。最后,当西尔维娅连续三天没有任何离开座位的行为时,团队就会取消课堂通行证,并继续监测她的行为。

4. 干预保真度和评分者一致性

实习生通过直接观察每周收集持续性数据。持续检查表(附录 E),包括:(1)斯诺先生给西尔维娅适当数量的课堂通行证;(2)斯诺先生提醒西尔维娅如何使用课堂通行证;(3)西尔维娅适当使用课堂通行证时,允许她休息 5 分钟;(4)剩余的课堂通行证用以交换一个喜欢的项目或活动,如果课堂通行证都用完了,就不能换。依从情况数据以各实施场合中已实施部分的百分比表示。依从数据在 20% 的实施措施时的场合收集,平均分布在 CPI 阶段。平均依从性为 90%(范围:80%—100%)。斯诺先生有几次跳过了一些对于知识点的讲解,这也是得分较低的原因。然而,他在实施干预时使用了所有正确的步骤。在每周的坚持观察中,实习生还收集了观察者间的协议数据(IOA),因为她还记录了西尔维娅的离座行为。斯诺先生与实习生之间 IOA 为 97%(范围:90%—100%)。

(三) 干预结果及分析

1. 干预结果数据

干预结果数据见图 2.2。在基线期间,西尔维娅在数学课中有平均为 28.33% 的 AEB 和 7.33 次离座行为。当实施 CPI 三节课后,西尔维娅的 AEB 立即增加,并呈上升趋势(M=58%)。同样,她的离座行为也更少,呈下降趋势(M=2.4)。当干预减少到最多使用两张课堂通行证时,西尔维娅的 AEB 比例更高(M=75%),离座行为更少(M=1.5)。当 CPI 下降到每节课一次时,也会看到类似的结果(MAEB=86.66%;Mout-of-seat=1)。当干预被取消后,西尔维娅的平均 AEB 为 87.5%,她在数学课上平均有 0.5 次离座行为。

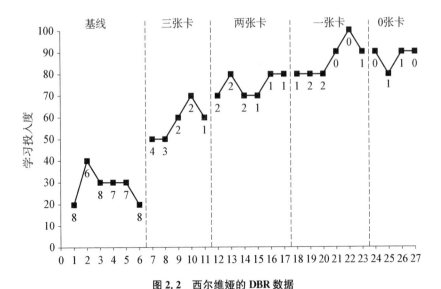

图 2.2　西尔维娅的 DBR 数据

数据线表示 AEB 的 DBR 数据。数据线下面的数字代表了每天数学课上的不当行为

2. 干预可接受性

为了评估干预的社会效度,斯诺先生在实施 CPI 后填写了干预措施评级档案(Intervention Rating Profile, IRP-15)(Martens, Witt, Elliott, & Darveaux, 1985)。

IRP 文件包含 15 个问题,每一个问题以 6 点李克特量表进行评估(例如,"非常不同意"与"非常同意")。从表 2.1 可以看出,斯诺先生对 CPI 干预措施的总体接受度很高。斯诺先生给出的反馈是,一些老师可能觉得在数学课上频繁地休息很难实施,但他认为这种干预措施是可以接受的。

表 2.1 斯诺先生的 IRP-15 结果

评估	斯诺先生的回答
对于孩子的问题行为,这是一种可以接受的干预措施。	非常同意
大多数教师会发现,除了上述行为问题外,这种干预也适用于其他行为问题。	同意
事实证明,这种干预能有效地改变孩子的问题行为。	同意
我建议其他老师也使用这种干预方法。	同意
如果孩子的行为问题很严重,需要进行这种干预。	非常同意
大多数教师认为这种干预方法适合所描述的行为问题。	不同意
我愿意在课堂中使用这种干预。	同意
这种干预不会对孩子产生负面影响。	同意
这种干预方法适用于各种儿童。	同意
这种干预与我在课堂环境中使用的方法是一致的。	不同意
这种干预方法是处理孩子问题行为的一种公平方法。	同意
这种干预对于所描述的行为问题是合理的。	同意
我喜欢这次干预所采用的程序。	同意
这种干预是处理学生行为问题的好方法。	同意
总的来说,这种干预对学生是有益的。	非常同意

西尔维娅完成了儿童干预评级档案(Children's Intervention Rating Profile, IRP)来评估她对 CPI 的接受程度。西尔维娅的社会效度问卷调查结果如表 2.2 所示。总的来说,西尔维娅喜欢参与 CPI,并认为 CPI 能够帮助她在课堂上成长。

表 2.2　西尔维娅 CIRP 结果

评估	西尔维娅的回答
我们使用的干预方法是公平的。	同意
我认为我的老师对我太苛刻了。	不同意
参加这个项目给我和朋友带来麻烦。	不同意
有更好的方法来教我。	不同意
这个项目也帮助了其他学生。	同意
我喜欢参加这个项目。	非常同意
参加这个项目帮助我在学校表现得更好。	同意

（四）干预注意事项

本个案研究说明了如何使用文化相关的、基于功能的干预措施来针对课堂中的不当行为。在这个例子中，学校心理老师和她的实习生咨询了斯诺先生，为西尔维娅协商设计一种干预方式，就是允许她在数学学习期间适当地要求休息。

此外，该团队还利用 DRL，在其中加入了一个强有力的消退机制，从而鼓励西尔维娅能够减少她使用课堂通行证的次数，并保持她的课堂参与行为。因此，本个案研究展示了差别强化如何被战略性地用作干预措施的组成部分。相比之前的 CPI 研究（Collins 等,2016;Cook 等,2014），使用 DRL 可以系统地淡化干预措施，从而产生一种社会有效干预，并可以在各种学校环境中使用。

本个案研究中包含的文化相关成分是一个特别的优势，这展示了团队如何使基于功能的干预个性化。西尔维娅被允许在设计她自己的课堂通行证时画自己，这可能提高了她对干预的参与度。她还可以在强化物菜单中选择一份高质量的更好的交换物，这也增加了干预的个性化和文化相关性。最后，DBR 包括英语和西班牙语两种语言，这促进了家庭与学校的联系，并解决了不讲英语的家长无法参与的系统性障碍。这些要素都是为了限制参与和介入的障碍，从而使西尔维娅认为这种干预具有社会有效性。

五、结论

学校经常要求心理老师为上课的教师制定行为干预计划，以增加适当行为和减少不适当行为。差异强化是基于强化的干预中常见且有效的组成部分。本个案研究展示了学校心理老师如何与其他教师协商，设计有效的、功能性强的干预措施，利用差异强化，以及在干预中融入适当文化元素的实际方法，以满足日益多样化的学生群体的需求。

附录A: DBR

学生姓名:

教师姓名:

日期:

学习参与行为的日常行为评级

1. 学习投入行为。当学生表现出以下行为时代表着他们学习投入了:a. 眼睛盯着老师;b. 坐在座位上积极地做老师布置的任务;c. 举手提问;d. 在老师要求下与同伴一起完成任务。当学生离开座位、大声喊叫或在课桌前睡觉时,他们不会表现出参与学习的行为。

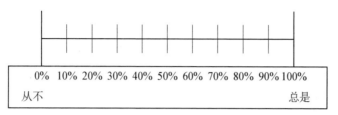

2. 西尔维娅有多少次未经允许离开座位?

统计/计数:

表格改编自"直接行为评级(DBR):在分层干预系统中评估社会行为的新方法",查福拉斯(S. M. Chafouleas)、莱利-蒂尔曼(T. C. Riley-Tillman)和克莱斯特(T. J. Christ)著,2009年,《有效干预系统评估》,34,195-200。

附录B:干预脚本

课堂通行证干预脚本

A 教师培训

材料

干预措施

- 课堂通行证
- 强化物菜单列表
- 用于计算休息频率的纸和笔

进度监控
- 直接行为评级(DBR)表
- 笔

干预脚本

频率
- 教师培训:1次,25分钟

教师培训脚本
- 学校心理老师和实习生描述干预:
  ○ 这种干预将解决西尔维娅在数学课上的离座行为。您将使用学生设计的部分课堂通行证,鼓励学生在需要时适当请求休息。这些通行证能够交换5分钟的休息时间。为了减少对通行证的需求,当学生使用的通行证次数少于一定数量时,将有机会获得奖励。
- 学校心理老师和实习生展示通行证,并介绍学生能够按照自己的喜好进行个性化设计。他们还会讨论教师能够接受的潜在强化物。
- 学校心理老师和实习生向教师展示强化物菜单样本,并解释这将是针对学生的个性化菜单,用于当学生使用的卡片数量少于要求时。
- 然后,他们示范了教师在使用"学生培训和每日休息卡干预脚本"与学生对话的方式。
- 提供角色扮演时间,充分发挥学生的潜能,将干预方案日常化。
- 为教师提供描述干预内容的书面脚本。
- 教师也会提供课堂通行证,上面有空白处,供学生画图,使其个性化。

B 学生训练和每日休息卡干预

材料

干预措施
- 课堂通行证
- 强化物菜单列表
- 任何有形的强化物
- 用于计算休息频率的纸和笔

进度监控
- 直接行为评级(DBR)表

- 铅笔

依从性

- 依从情况检查表
- 铅笔

干预脚本

频率

- 学员训练:1 次,30 分钟
- 休息卡干预:每天在数学课上
- DBR 形式:每天
- 频率:每周 1 次

学生训练

- 老师跟学生打招呼说:

○ 今天我们来讨论你喜欢的事情,以及我们怎么做能最好地帮助你在数学课上取得成功。

- 老师进行非正式的偏好评估,询问学生他们愿意为哪些事情努力。这将用于创建强化物菜单列表。
- 老师将空白卡片放在学生面前,说:

○ 我需要你把自己画成一个超级英雄,因为在我眼中你就是这样的!这些通行证可以在数学课上使用,稍后我会解释一下如何使用。

- 然后,老师开始解释干预措施:

○ 我注意到你上数学课时会离开座位。我们每个人都需要休息,但最重要的是学会要求休息。

- 老师指着通行证说:

○ 在数学课上,你将有三张通行证。当你需要休息的时候,请举手告诉我,"我需要休息"。然后递给我一张你的通行证。当你给我通行证时,你可以休息 5 分钟。然而,实际上我们可以用这些通行证玩一个游戏!如果你没有用完所有的通行证,至少还剩下一张,我会给你带来你可以选择的酷酷的奖励菜单。你可以在课程结束时从列表中选择一项奖励,但前提是你在课程结束时至少还剩一张通行证。

- 然后,老师和学生进行角色扮演。他们练习适当的休息请求,并在还剩一张通行证时选择奖励。与学生进行至少 3 个场景的角色扮演,以确保了解他们掌握规则的情况。

- 实习学生根据非正式偏好评估创建强化物菜单列表,并将其交给老师。

日常干预脚本

- 开始上课时,老师对学生说:

○ 记住,你今天有三张课堂通行证。如果你需要休息5分钟,就按照我们练习的方式申请,然后给我一张通行证。如果你在课程结束时还剩下至少一张通行证,你就可以从强化物菜单列表中选择奖励。

- 如果在课程结束时,学生至少还剩一张通行证,那么就拿出强化物菜单列表,让学生选择奖励。

- 如果这个学生的通行证用完了,但是学生是使用通行证要求休息,那么可以给他击掌并说:

○ 今天要求休息的表现很好。你举手并使用了你的通行证!记住,如果明天你没有用完所有的通行证,你就可以挑选一个奖品!

- 如果学生休息时没有使用通行证,请说:

○ 请牢记,当你在课堂上需要休息时,你需要询问老师并使用你的通行证。我们将在明天重新使用这些通行证。

○ 如果有必要,可以选择一些训练活动和学生一起练习使用通行证。

课堂通行证的规则

- 一开始给学生三张通行证,但鼓励他们使用两张或更少以获得奖励。

- 如果学生连续三天有两次或两次以下的离座行为,可以将通行证数量减少至两张。说:

○ 你现在已经很会玩这个游戏了!我认为你已经准备好迎接新的挑战了,并且解释一下新规则。

- 一旦他们连续三天表现出一种或更少的问题行为,可以将通行证减少到一张。

- 一旦他们连续三天没有任何问题行为,就完全取消课堂通行证。

进度监控

- 老师每天上完数学课都会填写 DBR 表格。在数学课上,不适当的离座行为将被记录。

- 实习生将在一周结束时到预定的地点接收。

依从性/IOA

- 实习生需要每周收集坚持度和 IOA 遵守检查表,以确保干预措施按照预期实施,并收集可靠的离座行为次数记录。

附录 C:西尔维娅课堂通行证

附录 D:强化物菜单列表

西尔维娅的强化物菜单列表

糖果	电脑
坐在朋友旁边上一节课	阅读 10 分钟
听音乐	iPad
宝箱	贴纸
听歌 10 分钟	小队长

附录 E:依从检查表

日期:

课堂通行证检查表

1. 斯诺先生给了西尔维娅数量正确的课堂通行证_____
2. 斯诺先生在课堂开始时提醒西尔维娅在课程中用课堂通行证_____
3. 当西尔维娅正确地使用课堂通行证时,她得到了5分钟的休息_____
4. 西尔维娅用剩余的课堂通行证交换了一个喜欢的物品/活动;如果没有多余的通行证,就没有奖励_____

_____/4 步骤已完成。

(董芷含 译)

参考文献

Chafouleas, S. M., Riley-Tillman, T. C., & Christ, T. J. (2009). Direct behavior rating (DBR): An emerging method for assessing social behavior within a tiered intervention system. *Assessment for Effective Intervention*, 34(4), 195–200. doi:10.1177/1534508409340391.

Collins, T. A., Cook, C. R., Dart, E. H., Socie, D. G., Renshaw, T. L., & Long, A. C. (2016). Improving classroom engagement among high school students with disruptive behavior: Evaluation of the class pass intervention. *Psychology in the Schools*, 53(2), 204–219. doi:10.1002/pits.21893.

Cook, C. R., Collins, T., Dart, E., Vance, M. J., McIntosh, K., Grady, E., Vance, M., & DeCano, P. (2014). Evaluation of the class pass intervention for typically developing students with hypothesized escape-motivated disruptive classroom behavior. *Psychology in the Schools*, 51(2), 107–125. doi:10.1002/pits.21742.

Cooper, J. O., Heron, T. E., & Heward, W. L. (2007). *Applied behavior analysis* (2nd ed.). Upper Saddle River, NJ: Pearson.

March, R. E., Horner, R. H., Lewis-Palmer, T., Brown, D., Crone, D. A., Todd, A. W. et al. (2000). *Functional assessment checklist for teachers and staff* (FACTS). Eugene, OR: University of Oregon.

Martens, B. K., Witt, J. C., Elliott, S. N., & Darveaux, D. X. (1985). Teacher judgments con-cerning the acceptability of school-based interventions. *Professional Psychology: Research and Practice*, 16(2), 191.

Patterson, S. T. (2009). The effects of teacher-student small talk on out-of-seat behavior. *Education and Treatment of Children*, 32, 167–174.

Stage, S. A., & Quiroz, D. R. (1997). A meta-analysis of interventions to decrease disruptive classroom behavior in public education settings. *School Psychology Review*, 26, 339–368.

Theodore, L. A., Bray, M. A., & Kehle, T. J. (2004). A comparative study of group contingencies and randomized reinforcers to reduce disruptive classroom behavior. *School Psychology Quarterly*, 19(3), 253–271. doi:10.1521/scpq.19.3.253.40280.

Witt, J. C., & Elliott, S. N. (1985). Acceptability of classroom intervention strategies. In T. R. Kratochwill (Ed.), *Advances in school psychology* (Vol. 4, pp. 251–288). Hillsdale, NJ: Lawrence Erlbaum Associates.

第三章 代币法

一、前言

实际上,有效的课堂管理策略,如代币法(Token Economies, TE)可以帮助教师减少破坏性行为和提高学习成绩(Soares, Harrison, Vannest & McClell, 2016)。在这一章中,我们首先要概述什么是代币法,然后是一个四年级学生瑞安(Ryan)的个案研究,他作为一个患有情绪和行为障碍(Emotional and Behavioral Disorder, EBD)的学生接受了特殊教育服务。我们和瑞安一起使用代币法,通过一步一步地建立行为计划,描述了代币法在真实的课堂环境中的应用。

该计划包括一个代币法,以解决具有行为目标的一些不服从、身体攻击的挑战行为的功能,同时利用每日行为报告(Daily Behavior Report, DBR)来收集和分析计划的有效性。此外,我们描述了测量保真度、社会可接受性、结果和干预的方法。

代币法是一种基于操作性条件反射的二次强化系统(Alberto & Troutman, 2009),该系统在操作性行为和工业革命研究之前已被使用多年(Ivy, Meindl, Overley, & Robson, 2017)。在代币法中,学生通过预先确定的期望行为获得代币,他们可以用这些代币来交换后备强化物。代币法适用于一系列如自成体系、内容掌握、资源教室的教育环境,与教学兼容,适用于包容性环境和多层次支持系统(Soares 等, 2016)。

测试包括教师和(或)学校心理老师实施的多项程序,其中大部分是在实施前与学生一起完成的。具体来说,学校心理老师定义了期望的行为、评估方法和时间框架、初级和次级强化物、代币的类型、基于学生所表现行为的频率及分配二级强化物的程序。此外,学校心理老师对学生进行强化调查以确定所需的强化物,然后,将其放在强化菜单上作为后备强化物进行选择。在这些程序建立之后,与学生一起实施测试。

一个多世纪以来,根据研究中使用的标准,代币法有足够的循证证据被认为是一种基于研究的策略(Simonsen, Fairbanks, Briesch, Myers, & Sugai, 2008)或至少是初步基于证据的策略(Soares 等,2016)。在过去的几十年里,经测试发现代币法对具有挑战性行为的学生(包括患有情绪和行为障碍风险的学生)、认知障碍学生、行为障碍和自闭症的学生在课堂中使用是非常有效的。因此,代币法在学校环境中非常适用。

虽然包括代币法在内的许多干预措施被认为是基于证据,可以在学校中使用,但很少真正在教室中真实地实施。专家认为,缺乏保真度可能导致对患有情绪和行为障碍学生干预的成功率有限,从而可能导致治疗的可接受性较低,并降低教育研究的信任度。幸运的是,代币法并非如此,这是教师实际使用并由学校心理老师推荐的一种策略。如果使用得当,代币法是一种接受度很高的干预措施。

此外,代币法系统还有许多优点。它在各种条件下或环境中具有高度的迁移性,在目标反应和次级强化物之间架起了一座桥梁,在提供次级强化物之前的很长一段时间内都能保持行为表现,允许在任何时候对行为进行加强,并可在多层支持系统框架内对整个小组(第1层)、小组(第2层)或个人(第3层)进行定制。此外,与其他干预措施相比,代币法受饱和影响的可能性较小,并且可以直观地提醒学生取得的进步或未取得进步(Kazdin & Bootzin, 1972)。因此,代币法可以成为改善学校行为的一种强有力的行为干预手段。

二、个案研究

(一) 背景介绍及分析

1. 背景信息

瑞安(Ryan)是河岩小学(River Rock Elementary School)的一名四年级学生,作为一名患有情绪和行为障碍的学生接受了特殊教育服务。河岩小学已经制定了一项积极行为干预和支持(Positive Behavioral Interventions and Supports, PBIS)计划,并在全校范围内提出了以"PRIDE"为缩写的期望:Prepare——为成功做好准备,Respect——尊重每个人,Include——包括其他人,Do——做正确的事,Expect——期待好的结果。积极行为干预和支持系统被用作行为干预(Response to Intervention, RTI)模型。在获得特殊教育资格之前,瑞安通过了第1级和第2级的教育,但对每一阶段实施的循证干预措施均无反应。

当瑞安上幼儿园时,一级干预措施包括对所有学生实施的全校预防策略,包括全校代币法,在这种方法中,所有学生在公共区域(如操场、午餐桌、校车线路和厕所)遵守学校要求,就可以获得"山猫奖券"(代币)。签到和签退(Check-In/Check-Out, CICO)(Crone, Hawken, & Horner, 2010)是通过与学生成功团队、瑞安的家人和凯德(Kade)老师合作开发的。遗憾的是,尽管瑞安和布莱斯(Bryce)教练(他的导师)一起享受签到和签退(代币的顺利实施),但他的问题行为仍在持续增加,尤其是在长时间放假后或作息被打乱时。此外,瑞安的行为占用了教师的教学时间,干扰了课堂秩序。因此,他被认定为一名患有情绪和行为障碍的学生,有资格接受特殊教育,并被安置在一个独立的教室里。

四年后,作为四年级学生,瑞安继续在独立的课堂上接受指导,并在行为上艰难努力。此外,他的攻击性和不服从行为的频率和强度有所增加。他的老师和学校心理老师要求对他进行最新的功能性行为评估(Functional Behavior Assessment, FBA)和行为干预计划(Behavior Intervention Plan, BIP)。个性化教育计划团队开会进行功能性行为评估,其中包括从来自学校的记录、家长访谈、教师访谈和瑞安访谈中收集背景信息,及学校心理老师的三次直接观察。

2. 问题行为描述

学校记录显示:在学业上,瑞安与他的年级(四年级)水平相仿。纪律记录显示:瑞安因口头和非口头拒绝听从老师的指示这类不服从行为而被转介到校长办公室 22 次,因对同龄人和老师有肢体攻击而被转介到校长办公室 7 次。在申请新的功能性行为评估/行为干预计划之前,瑞安到一个指定的"冷静空间"踢窗户,导致窗户破碎。瑞安已被按要求离开教室,并被安排了校内停课 10 天和校外停课 7 天。他继续接受全校范围内的积极行为干预和支持以及二级签到和签退。

对瑞安父母的访谈显示:最近在他们家里发生了一些变化,并出现了一些问题行为。瑞安的父亲说:"我和瑞安的母亲最近离婚了,瑞安大部分时间都待在我家。只有当瑞安的祖母在场时,他才被允许见他的母亲,并且是受监督的探视。我平时工作时间很长,而且经常上夜班。"瑞安的父母报告说:"他在家中没什么条件,当我们不在时,父亲的邻居试图照看瑞安。然而,当瑞安变得咄咄逼人时,邻居会把他送回家。"瑞安的父母报告说:"瑞安曾经在被要求倒垃圾时,将陶瓷盘子扔到窗户上,还在游戏无法正常运行时,冲动地把他最喜欢的游戏机扔在地上,摔坏了。"瑞安的父母还说:"他服用利培酮片治疗双相情感障碍,服用帕罗西丁治疗焦虑症和抑郁症。瑞安经常拒绝服药或假装他吃了药,然后在没人看的时候把药吐了出来。"

对瑞安的两位老师的访谈显示:瑞安拒绝遵守要求,并以身体攻击作为回应。老师们还说,其他学生表示他们不喜欢瑞安,不想坐在他旁边。老师们报告说,瑞安的破坏性和攻击性行为已经失控,他们已经尝试了所有办法,他们不知道还能做什么。他们报告说:"当瑞安生气时会打其他同学,并威胁要破坏教室。瑞安曾多次被送到办公室,多次受到校内停课和校外停课的处罚,但这些行为仍然存在。因为瑞安的行为影响了课堂的整体气氛并扰乱了他人的学习,他们感到很沮丧。"

对瑞安的访谈表明:当被要求完成阅读任务时,他感到很生气。他报告说:"讨厌阅读社会研究和科学章节并回答问题,因为那只是一件愚蠢无聊的事情。"此外,瑞安讨厌必须参加学习互助小组。他表示不想参加小组讨论,因为同学们认为他"愚蠢,不会阅读,读不懂"。他报告说他试图欺负他们,但他"反击打回去",所以他们不再那样做了。瑞安说,老师们也曾试图推开他,认为他不如其他学生聪明。他表示说,他在二年级时曾因袭击一名教师而受到身体管教,并且受伤。瑞安对自己在家里的行为也有类似的想法。当被问及作业时,他说他不必做作业,只要求"看电视并保持安静"。他说他可以"想看什么就看什么",并且他"想说什么就说什么,无时无刻不在说"。

学校心理学家戴维斯(Davis)老师使用A-B-C观察表(见附录A)对瑞安的行为进行了三次观察。

第一次观察是在学习互助阅读活动中。全班同学读了一个短篇故事,然后开始讨论这个故事。瑞安扮演了"提问者"的角色。瑞安低着头,拒绝与大家进行眼神交流。当小组讨论这个故事时,瑞安没有参与。当老师鼓励他提问时,他把铅笔扔出房间,然后跑到校长办公室。

第二次观察发生在数学课上。老师上了一节课,并指示全班完成一份作业。瑞安安静地完成了作业。

第三次观察是在社会研究课上。全班一起读了一个故事。瑞安低着头坐着,没有参与。轮到他念书时,他口头拒绝了。坐在他身后的学生说:"凯德老师,你知道瑞安不会读书。你为什么一直让他读书?"就在这时,瑞安转身打了他。老师把瑞安从课堂上送到了校长办公室。

3. 问题分析

根据从访谈和观察中收集的信息,教师会见了学校心理老师并制定了A-B-C总结报告(附录B)。该团队将问题行为定义为不服从指令和身体攻击。不服从指令被定义为在被要求在15秒内阅读时,未能或拒绝参与、遵循老师的指示。身体攻击被定义为投掷物品、击打、推搡同伴或老师。该团队确定被要求阅读是问题行为的前因,而离开或被送出教室是该行为的维持后果。该团队确定当他从父母中的一方过渡到另一方时,会增加这种行为发生的可能性。根据这些信息,研究团队假设该行为的功能是逃避阅读任务。因此,要分析的总结性报告如下:

当被要求大声朗读或参加学习互助小组时,瑞安表现出不服从指令和身体攻击,并被赶出教室,不需要阅读。如果前一天晚上他从父母的一方转换到另一方时,这些行为发生的可能性更高。因此,该团队假设该行为的功能是逃避阅读任务。

为了验证这一假设,团队同意在大声朗读的需求被取消时测量不合规和攻击性的行为。观察者测量了不服从指令和攻击性行为的频率(如多长时间一次)和强度(如危险性或破坏性的程度),并发现当任务要求被移除时,这些行为并没有发生。因此,团队验证了该行为的功能是逃避阅读任务。

(二) 干预计划及实施

1. 干预目标

学校心理老师戴维斯与老师们合作,选择了通过在课桌上展示红色索引卡作为不阅读请求的替代行为。他还制定了一套代币法系统,以强化使用替代行为、遵守阅读请求或使用红色索引卡作为不阅读请求。

戴维斯老师与瑞安的老师进行会谈,共同确定了与目标行为(不服从指令、身体攻击)相关的目标。团队达成了以下目标:

(1) 在老师要求阅读的情况下,瑞安要么阅读,要么将红卡放在桌角,五次机会中三次这样做。

(2) 如果一周内有五次阅读要求,瑞安会在五次机会中口头拒绝两次或更少(如他每周的每日行为报告所示)。

(3) 在五次阅读要求中,瑞安表现出的语言攻击次数为零。

为了监测瑞安的进步,学校心理老师每周与瑞安的老师会面,并审查每周的每日行为报告。如果所有目标都达到了,老师将继续进行干预。如果没有达到任何目标,则修改干预措施。

2. 测量目标行为、收集数据、监测进度

为了实现瑞安的目标,我们为瑞安的行为干预计划选择了多个组件[教替代行为(阅读或跳过阅读)、签到和签退、每日行为报告、代币法](见图3.1)。

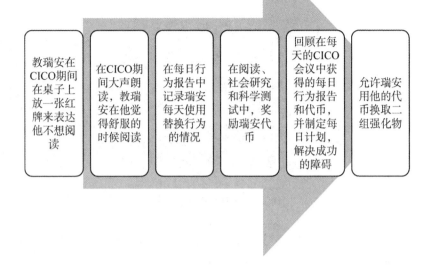

图 3.1　在行为干预计划中的干预

（1）教师和签到签退的导师布莱斯教练教授瑞安替代行为（见图 3.2）。

图 3.2　教授替换行为的步骤

（2）他们制定了代币法。

（3）通过每天的数据收集和与布莱斯教练的讨论来实施替代行为训练。布莱斯教练在一周内每天都与瑞安见面，让他决定是阅读还是使用红卡"跳过"阅读。

第一天，他描述了替代行为，并示范了阅读或使用卡片。他与瑞安讨论了如何确定他是否愿意阅读或是否想使用该卡。在描述了这个过程之后，布莱斯教练通过一个"思考-朗读"程序展示了他的想法，向瑞安口头陈述他解决问题的想法。

第二天，布莱斯教练与瑞安一起进行角色扮演，演示相关行为。

第三天，瑞安和布莱斯教练一起练习这些程序。

（4）当瑞安大声朗读或使用红卡跳过时，布莱斯教练展示了通过赚取代币来进行强化。布莱斯教练在每天课前课后都会与瑞安会面，检查他的每日行为报告和获得的代币。

接下来,团队按照6个步骤开发了代币法(见图3.3)。

图3.3 实施代币法的步骤

研究团队检查了功能性行为评估数据,以确定目标行为(步骤1),语言/非语言不遵守行为(如拒绝听从指示)和身体攻击行为(问题行为)的基线率(步骤2),以此确定这些行为发生的频率(即22次拒绝听从指令,7次对同伴的身体攻击)。

作为代币法干预的一部分(步骤3),凯德老师进行了一项强化调查(见附录C),其中可以明显看出瑞安喜欢炸薯条、酸味软糖和胡椒博士软糖等零食。他还喜欢最近在油管(YouTube)上播放的足球比赛视频,还喜欢玩电子游戏。此外,强化调查显示,瑞安喜欢和学校里的几个人在一起,包括他的幼儿园老师安斯沃思(Ainsworth)、体育教练兼负责每日考勤的导师布莱斯教练。瑞安还表示,当他做得很好的时候,他希望校长和校长助理知道,因为他有时会给他们惹麻烦。此外,他还表示,他希望老师们能在他在学校表现良好时给他爸爸打电话或发短信。瑞安透露,他希望老师们不要在朋友面前纠正他,但他并不介意老师纠正他,只要不在同龄人面前这么做。凯德问瑞安:"如果给他10美元,他会做什么?"瑞安说:"我会用这笔钱在周五晚上和朋友们去当地的蹦床公园玩'你可以跳过去'(all you can jump pass)的游戏。"

凯德老师使用强化因素调查中列出的信息以及确定的关注行为来构建瑞安的代币法系统。团队决定使用优质硬币作为代币(即主要强化物;步骤4)。

优质硬币的设立,是为了让学生在上课期间在每日行为报告上使用替代行为。一个优质硬币等于1分。瑞安在他的阅读、科学和社会研究课程中有机会赚0到2个硬币。凯德老师根据瑞安在强化物调查中的回答(步骤 5),创建了一个次要强化物菜单,并为每种强化物标上"价格"。

团队决定将次要强化物(步骤 6)每周交换一次优质硬币。每天早上,瑞安都会从他的每日考勤导师布莱斯教练那里拿到一份日常行为成绩单(见附录 D),两人早上要开一个目标设定会议。在每日晨会和总结会上,布莱斯教练表扬了瑞安的进步,并与瑞安一起回顾了他的签到和签退记录,找出了影响瑞安成功的障碍。他们一起确定了障碍,并制定了克服这些障碍的计划。会议结束后,瑞安去上课。在一整天的时间里,瑞安的每个老师都会在这节课结束时从 2、1、0 中选择分数并记录在瑞安的日常行为成绩单上。在回家前的下午,瑞安和教练布莱斯会面,两人在电子表格上记录了他当天的积分,并回顾了获得每周强化奖励所需的积分。在周末,瑞安被允许用他的优质硬币交换他所选的次要强化物(步骤 6)。

3. 干预保真度和评分者一致性

团队承认,为了使行为干预计划和代币法取得成功,所有相关人员都必须高度依从地遵循该计划(Fixsen, Blase, Metz, & Van Dyke, 2013),并且必须在数天内准确、一致地测量行为。干预措施依从度是指干预措施按照设计实施的程度(Gersten, 2005)。因此,使用检查表(见附录 E)记录计划的保真度,前两周每天检查一次,后两周每周检查一次。在第一周,布莱斯老师和老师在阅读教学中记录依从度,来检查表上的一致性。布莱斯对依从度的评价为 69%,凯德为 100%。由于凯德老师不知道瑞安下午并没有和教练布莱斯见面,这意味着 11 个步骤中有 5 个没有被执行,所以评分不同。团队更改了表格,让所有人员共同完成,而不是依靠凯德与布莱斯教练沟通来评估整个计划的保真度。

为了确保这些行为由一致的测量在操作上被评估,戴维斯老师和凯德老师在第一周和第二周同时完成了每日行为报告,并简单计算了五次的一致性,随后每周一次。在第一周,双方一致性是 80%。出现分歧的原因与给一个还是两个代币有关。团队开会澄清了获得两个代币的标准,并决定如果瑞安在没有任何老师提示的情况下阅读或使用他的红牌,就会得到两个代币。他们同意,如果老师鼓励他一次或多次,并且他服从了,他就会得到一个代币。

(三) 干预结果及分析

1. 干预结果数据及干预效果总结

每日行为报告和代币法的结果表明,多维度干预能有效提高瑞安在大声阅读、社会研究和科学方面的朗读率(见图3.4和图3.5)。总之,代币法有效地降低了瑞安拒绝阅读的频率和每日冲突事件报告的频率。具体而言,在干预期间,平均拒绝率从93.8%(75%—100%)下降到15.6%(0%—50%)。同样,身体攻击的平均每日冲突事件报告从1.75次平均事件下降到0.25次平均事件,基线期间为1—2次,干预期间为0—1次。

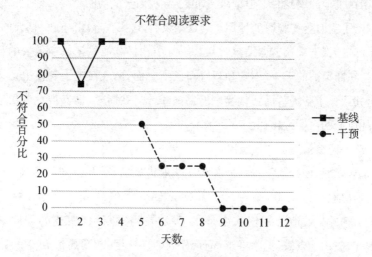

图3.4 在基线和干预期间不符合阅读的情况

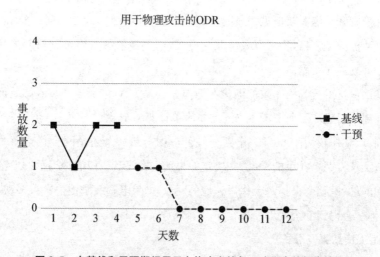

图3.5 在基线和干预期间用于身体攻击的每日冲突事件报告情况

2. 干预可接受性

为了确定代币法的社会效度,布莱斯教练、凯德老师和瑞安在实施的第一周完成了《学校干预评定量表》(SIRF; Kern & Gresham, 2002;见附录F)。社会效度被定义为行为、目标和结果的社会重要性(Wolf, 1978),社会可接受度是指干预被视为公平、合理和适当的程度(Kazdin, 1977)。《学校干预评定量表》测量了社会效度的三个组成部分:适宜性、感知效益和便利性(Harrison, State, Evans, & Schamberg, 2016)。如果干预措施被认为是合适的,那么评价者:(1)喜欢干预措施,(2)认为它非常适用于他们的课堂,(3)方便实施。如果评分者表明干预措施是有益的,那么就认为该学生从干预中受益;如果他们发现干预措施是简单方便的,那么就表明他们为实施干预措施花费了合理的精力和资源,而且学生没有受到负面影响。

代币法已被确定为一种社会有效/可接受的干预措施(Soares 等,2016)。因此,瑞安、布莱斯教练和凯德老师认为这种干预措施具有社会有效性也就不足为奇了。具体来说,瑞安表示他喜欢可以每周都能为获得不同的次级强化物努力。布莱斯教练表示签到签退和每日行为报告的结合是非常合适和方便的,可以让他表扬瑞安全天在课堂上表现出的替代行为。凯德老师表示每日行为报告非常有益,可以让他监测瑞安的进步,这一点是非常明显的。

(四) 干预注意事项

为了成功地实施代币法,学校心理老师和其他教育工作者应该考虑几个因素。

第一,重要的是要让学生取得成功,这样才有可能继续保持适当的行为。为了确保干预开始时的成功,学生所要表现的行为必须是容易实现的,并且获得次代币所需的初级代币数量必须是容易实现的。如果我们要求瑞安每次有机会阅读以获得高质量的硬币,那么他就不太可能获得次级强化物。这样的结果会降低他阅读或使用红卡的积极性。得到的强化必须足以让他逃离不想参加的活动,并愿意留在教室里。他之前已经掌握了逃离不想参加的活动的能力;因此,替代行为必须同样强大。

第二,研究表明,代币法对5岁以上的儿童最有效。由于发育差异,这一发现是相当合理的。孩子们需要具备一定的认知能力,将获得代币与出现预期行为联系起来。此外,学生必须能够识别自己的次级强化因素。这些对年幼的孩子来说都比较困难。如果教育工作者决定对年幼的孩子使用代币法,那么步骤就需要简化。例如,幼儿教师通常会使用带有魔术贴的代币板,贴上代币的图片(获得代币时)和强化物的图片(作为激励)。该系统的设计使得次级强化物可以很快获得,有时一天可以获得两次。

此外，还要对进展情况进行密切监测，以确保其有效性。

第三，研究表明，在没有言语提示或反应成本的情况下，代币法是最有效的（Soare et al., 2016）。在实施代币法时，教师往往倾向于频繁地提醒学生预期的行为。在工作中，我们经常听到教育工作者在不当行为发生时给予提醒。例如，当瑞安开始口头拒绝阅读时，老师用语言打断了他，并提示他使用红卡。这种类型的提示不太可能提高干预的有效性。反应成本也是如此。反应成本指的是一旦获得代币就"带走"的过程。同样，在工作中，我们看到老师拿走代币，直到学生一个也没有。有一次，我们看到一个老师拿光了学生的代币，导致他欠老师代币。这些都不是有效的策略，且显著降低了代币法的有效性。此外，这些不必要的程序增加了干预的复杂性，进而可能导致代币法无法按照设计实现。因此，我们强烈建议教育者避免使用这些策略。

第四，重要的是要通过数据收集和解释来监测进展情况，并根据需要调整和修改教育工具。学校的心理老师很可能需要为其他收集和解释数据的教育工作者提供培训。研究表明，这些技能并没有经常被传授给教师，而教师们也表示对自己解读数据的能力缺乏信心。因此，在实施干预措施之前，必须教会教师阅读和解释数据，包括平均水平、效果的即时性、趋势和轨迹。

如果干预措施不够有效，则应考虑进行调整以解决潜在障碍。我们曾遇到过的一个障碍是教师对如何及何时发放代币持不同意见。为了克服这个障碍，所有分发代币的成年人都应该讨论期望的情景，并就如何及何时分发代币达成一致。另一个障碍是选择的"强化物"对学生没有强化作用，因为他们不想要强化物或失去兴趣，这可能发生在学生经常获得强化物时。当学生表现出不愿意为次要强化物而努力时，就应该更换强化物。

第五，我们要强调代币法非常适合多层次支持系统框架。代币法足够灵活，可以为整个班级、小组或个别学生设计。例如，教师可以在班级（第1级）中使用"罐子里的弹珠"计划来强化特定的期望。全班同学都将获得弹珠（代币）并为班级强化作出贡献（比如电影日、额外的课间休息时间）。作为第2级干预，代币法可以在一个小组学生中实施，让他们参与社交技能学习。这组学生可以单独获得个人行为的主要强化物，然后可以将其换成小组次要强化物。例如，如果小组成员正在学习交流感受，那么当学生适当地交流感受时，他/她将获得代币。然后，将所有的个人代币都汇总起来购买次要强化物，如可以和其他孩子一起集中兑换披萨吃。在对瑞安的个案研究中，代币法是为表现出严重问题行为的个别学生设置的，属于是第3级情境。

三、结论

不可否认,破坏性行为是教学和学习的障碍。教师可以确信,在教学过程中使用代币法作为一种策略,很可能会增加教师在不中断教学的情况下加强适当行为的可能。正如我们的个案研究所表明的,随着代币法的实施,学生对替代行为的使用有望增加,问题行为减少,学习成绩成为学生和教师关注的焦点。

附录 A：A-B-C 观察表

在两周的时间里，记录每个行为之前（前事）和之后（后果）发生的事情。另外，请在"行为"一栏中描述行为。

		设置信息		
日期	时间	先行词(触发行为的事物或事件)	行为(问题行为是导致问题的行为)	后果(结果,行为之后发生的事情)

附录 B:假设 A-B-C 概述

设置事件 (受影响)	先行词 (触发者)	行为 (学生将)	结果(导致) 因此,功能为: ● _____ 得到某物 ● _____ 逃离 ● _____ 社交/注意力 ● _____ 项目/活动 ● _____ 感官

附录 C:巩固测验

姓名：_____　　　日期：_____

学生的问题	学生的反应	老师符号
放学后我喜欢做的事情是		
如果我有10美元,我会		
我最喜欢的电视节目是		
我在学校最喜欢的游戏是		

(续表)

学生的问题	学生的反应	老师符号
我最好的朋友是		
我最喜欢的玩具/活动是		
我最喜欢的音乐是		
我在学校最喜欢的科目是		
我最喜欢的食物是		
我最喜欢的室内活动是		
我最喜欢的户外活动是		
我的爱好是		
说出三个你喜欢玩或做的游戏		
我很生气,当我做不到什么事的时候		
我希望我的老师不会这样做		
当你做得很好时,你想让谁知道?		
在学校里,我愿意为他做任何事的人是谁?		
当我在学校做一些好事情时,我希望我的老师会		
我最想在学校花更多时间在一起的朋友或人是		

饮料	食品	娱乐/休闲
巧克力牛奶	百吉饼	电脑
水果汁	薯片,坚果,椒盐脆饼,爆米花	跳舞
柠檬水	饼干	绘画
牛奶	水果	听音乐
Punch	麦片	看书/杂志
苏打水____	糖果____	看油管视频
气泡水	热狗	玩拼图游戏
V-8 果汁	冰淇淋	艺术项目

学校/课堂强化物		个人活动及特权
计算机时间	给学生写一封积极的便条	回答问题
让学生成为同伴导师	通过邮件给学生/父母送一封信	协助老师教
作业选择	自选活动	选择活动
特权	杂志/书籍选择	装饰房间
给家里的学生打电话去祝贺	听音乐	带领学生小组
给学生一个"免做作业通行证"	图书馆通行证	制作学校材料
给学生一张学校活动的免费票(舞蹈、体育赛事)	给学生一份工作或责任	特殊的座位安排

附件D:日常行为成绩单

学生:瑞安　　　日期:＿＿＿＿＿＿

今天,我达到了以下行为期望:

老师让我读的时候我就读,或者我用红卡来表示我在大声朗读。

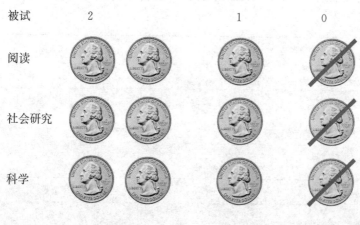

总分:＿＿＿＿＿＿　　得到下午的奖励:　是　否

改编自 Functional Behavioral Assessment and Interventions in Schools: A Practitioner's Guide (Grades 1-8), by J. L. McDougal, S. M. Chafouleas, and B. Waterman, 2006, Champaign, IL: Research Press (800-519-2707; www.researchpress.com)。

附录 E:干预保真度观察表

日期：　　　　　　条件：

处理步骤	是的(Y)	没有(N)	备注
瑞安早上和布莱斯教练一起参加了 CICO。			
瑞安和布莱斯教练检查了 DBR。			
瑞安和布莱斯教练指出了成功的障碍(如果有的话)。			
瑞安和布莱斯教练确定了克服障碍的策略。			
瑞安和布莱斯教练的目标设定。			
瑞安在下午和布莱斯教练一起参加了 CICO。			
瑞安和布莱斯教练回顾了 DBR。			
瑞安和布莱斯教练合计布莱斯收到的代币数量。			
瑞安和布莱斯教练在他的进度表上画出了总代币。			
瑞安和布莱斯教练讨论了一天的表现,解决了所有的问题,并制定了第二天的计划。			
瑞安从布莱斯教练那里拿起了他的 DBR,把它交给了他的阅读老师。			
瑞安从布莱斯教练那里拿了他的 DBR,交给了他的社会研究老师。			

附录 F:学校干预评定量表

请填写以下问卷。对于每个项目,请在最能表明您对代币干预法的感受的方框中打钩。

	一点也不(5)	(4)	有些(3)	(2)	非常(1)
在和你的学生一起使用 TE 之后,你对它的理解有多清晰?					
你认为 TE 在多大程度上可以接受你对学生/课堂的关注?					

(续表)

	一点也不(5)	(4)	有些(3)	(2)	非常(1)
你有多愿意执行这个 TE？					
考虑到你的学生的行为问题，你认为 TE 有多合理？					
实施 TE 的成本是多少？					
推行教育电子化有何不利之处？					
你每天需要多少时间来完成这个 TE？					
这个 TE 有多有效？					
与其他学生相比，你的学生的问题有多严重？					
实施 TE 对班级的破坏性有多大？					
TE 对你的学生有多有效？					
你们教室的 TE 价格实惠吗？					
你有多喜欢在 TE 中使用的程序？					
其他员工是否愿意进行测试？					
TE 的不良副作用在多大程度上发生？					
你的学生在 TE 课程中经历了多少不适？					
在使用 TE 后，你的学生现在的行为困难有多严重？					
你是否愿意改变你的课堂常规来实施 TE？					
教学实践与课堂常规的契合度如何？					
学生的行为问题在多大程度上引起了你的关注？					

改编自 Kern, L., & Gresham, F. (2002-2007). Research Exploring Alternatives for Children in Schools (REACH) (National Center Grant funded by the Department of Education, Office of Special Education Programs).

（陈红 译）

参考文献

Alberto, P., & Troutman, A. C. (2009). *Applied behavior analysis for teachers*. Upper Saddle River, NJ: Merrill/Pearson.

Crone, D. A., Hawken, L. S., & Horner, R. H. (2010). *Responding to problem behavior in* schools: *The Behavior Education Program* (2nd ed.). New York: Guilford Press.

Fixsen, D., Blase, K., Metz, A., & Van Dyke, M. (2013). Statewide implementation of evidence-based programs. *Exceptional Children*, 79(2), 213–230. doi:10.1177/001440291307900206.

Gersten, R., Fuchs, L. S., Compton, D., Coyne, M., Greenwood, C., & Innocenti, M. S. (2005). Quality indicators for group experimental and quasi-experimental research in special education. *Exceptional Children*, 71(2), 149–164. doi:10.1177/001440290507100202.

Harrison, J. R., State, T. M., Evans, S. W., & Schamberg, T. (2016). Construct and predictive validity of social acceptability: Scores from high school teacher ratings on the School Intervention Rating Form. *Journal of Positive Behavior Interventions*, 18(2), 111–123. doi:10.1177/1098300715596135.

Hartmann, D. P., Barrios, B. A., & Wood, D. D. (2004). Principles of behavioral observation. In S. N. Haynes & E. M. Heiby (Eds.), *Comprehensive handbook of psychological assessment*, Vol. 3: Behavioral assessment (pp. 108–127). Hoboken, NJ: John Wiley & Sons.

Ivy, J. W., Meindl, J. N., Overley, E., & Robson, K. M. (2017). Token economy: A systematic review of procedural descriptions. *Behavior Modification*, 41(5), 708–737. doi:10.1177/0145445517699559.

Kazdin, A. E. (1977). Artifact, bias, and complexity of assessment: The ABCs of reliability. *Journal of Applied Behavior Analysis*, 10(1), 141–150. doi:10.1901/jaba.1977.10-141.

Kazdin, A. E., & Bootzin, R. R. (1972). The token economy: An evaluative review. *Journal of Applied Behavior Analysis*, 5(3), 343–372. doi:10.1901/jaba.1972.5-343.

Kern, L., & Gresham, F. (2002–2007). Research Exploring Alternatives for Children in Schools (REACH) (National Center Grant funded by the Department of Education, Office of Special Education Programs).

McDougal, J. L., Chafouleas, S. M., & Waterman, B. (2006). *Functional behavioral assessment and interventions in schools: A practitioner's guide (grades 1–8)*. Champaign, IL: Research Press.

Simonsen, B., Fairbanks, S., Briesch, A., Myers, D., & Sugai, G. (2008). Evidence-based practices in classroom management: Considerations for research to practice. *Education and Treatment of Children*, 31(1), 351–380. doi:10.1353/etc.0.0007.

Soares, D. A., Harrison, J. R., Vannest, K. J., & McClelland, S. S. (2016). Effect size for token economy use in contemporary classroom settings: A meta-analysis and moderator analysis of single case research. *School Psychology Review*, 45(4), 379–399. doi:10.17105/SPR45-4.379-399.

Wolf, M. M. (1978). Social validity: The case for subjective measurement or how applied behavior analysis is finding its heart. *Journal of Applied Behavior Analysis*, 11(2), 203–214. doi:10.1901/jaba.1978.11-203.

第四章　暂停

一、前言

课堂上的问题行为对教育者来说可能很困难,因为它会干扰他们提供有效课堂教学的能力。教师经常报告说他们对处理问题行为毫无准备,这令人担忧,因为在缺乏有效干预的情况下,具有挑战性的行为可能会继续存在(Kern, Benson, & Clemens, 2010)。在过去十年中,许多学校已经开始采用积极和预防性的多层次支持系统,如积极行为干预和支持(Positive Behavioral Interventions and Support, PBIS)(PBIS; Sugai & Horner, 2006)。尽管如此,虽然普遍关注促进积极行为,但一些行为表现更严重的学生需要使用惩罚程序来实现足够的行为减少。教师可以考虑使用一种经过验证的程序——暂停,它可以应用于各种行为和学校环境。重要的是,考虑到惩罚程序对师生和家校关系的潜在不利影响,单独使用惩罚程序是不可取的。而且经验数据表明,这些程序与强化策略相结合时最有效。

经过几十年的研究,正强化暂时停止,简称暂停,已被证明是养育者(Everett 等,2010)和教育工作者(O'Handley 等,2019)都使用的一种常见且非常有效的行为管理干预措施。暂停涉及消极惩罚原则,当目标行为出现时,强化刺激会暂时消失,从而导致未来不良行为频率的降低(Cooper 等,2007)。暂停的定义中隐含的是,时间内的环境必须包含强化因素,以便在时间内和时间外的环境之间产生差异。因此,暂停通常与强化策略结合使用,旨在增加积极行为,并减少不良适应行为(O'Handley 等,2019)。

八个参数被认为是暂停可能的核心组成部分,因此在研究中引起注意:位置、时间(连续使用或间歇使用)、警告(短暂或无警告)、信号(刺激信号暂停是一个可用的结果)、管理形式(指令性与身体性指导暂停)、口头解释(向孩子解释什么行为导致暂停)、有释放(以某种事物为条件从"暂停"中释放),以及持续时间。

回顾最常实施的关于暂停的八个参数表明:当暂停环境与时间内环境相比不具有强化作用时(O'Handley 等,2019),以及当暂停持续时间为五分钟或更短时,暂停最为有效(Corralejo, Jensen, & Greathouse, 2018)。关于地点,最佳做法建议先尝试侵扰性较低的方法(非排斥性暂停),然后再尝试侵扰性较高的方法(排斥性暂停)。关于进度,最佳做法建议首先持续使用,当目标行为被充分抑制后再逐渐减少到间歇使用。综述表明:在实施暂停时,如果给出一个简短的、口头的解释说明,对被实践者来说更容易接受暂停,但关于使用暂停信号的研究没有定论。还需要更多的研究来评估指令性与物理性暂停的有效性。没有证据表明:使用或有条件释放会带来额外的好处或坏处。

二、个案研究

(一) 背景介绍及分析

1. 背景信息

雷蒙娜(Ramona)是一名 3 岁的学龄前儿童,患有言语发育迟缓,在大学实验室学前 3—4 岁班就读。她每两周接受一次 30 分钟的言语康复服务。她被转诊是因为对同伴的攻击问题,如打人和从同伴手中抢东西。班主任波德斯塔(Podesta)老师和课堂助教(相当于我国的副班主任)凯莉(Kelly)老师指示其他孩子在发生这种情况时与雷蒙娜分享,并告诉雷蒙娜"不要打人"。这是该行为最常见的处理结果,通常不采用其他干预措施或策略。

雷蒙娜所在班级有 12 个孩子。该大学幼儿教育专业的本科生每周也有几天在课堂上协助和观察。实验室学前班遵循雷焦·艾米利亚(Reggio Emilia)理念,实施一种以儿童为中心、以体验式学习为基础的教学法。在行为管理方面,一般采用示范、指导、重新引导和合作解决问题,但没有采用正式或系统的课堂管理计划或方案。为了解决雷蒙娜的问题行为,学校请求心理老师提供行为咨询服务。学校心理老师为波德斯塔老师和雷蒙娜的父母提供了联合咨询。

2. 问题行为描述

学校心理老师对波德斯塔老师和雷蒙娜的父母进行了问题识别访谈,重点关注对同伴的身体攻击行为。这些行为被定义为雷蒙娜推搡、殴打或抢夺同伴玩耍或拥有的物品。波德斯塔老师报告说,雷蒙娜在中心活动时间会表现出明显的沮丧,尤其是在分享时。雷蒙娜在语言表达方面存在缺陷,因此在这些事件中,她没有向同伴提出请求或传达她的愿望/需求。当她想要另一个孩子正在使用或玩耍的物品时,她会首先尝试从另一个孩子的手中抢夺该物品。如果失败,她会尝试打人或推人。打人和推人并不是特别严重或危险,也不会经常造成伤害,但却会对同伴造成极大的干扰和困扰。波德斯塔老师报告说:"这些攻击性行为在中心活动时间每天会发生一到两次,平均每周五天发生八次。"雷蒙娜的父母报告说:"这些行为在家里也会发生,攻击对象是雷蒙娜五岁半的姐姐。"雷蒙娜在家里受到的惩罚与在学校相似,雷蒙娜的父母通常要求雷蒙娜的姐姐与她分享或从两个孩子身上拿走玩具或物品。雷蒙娜在家中的攻击性行为稍微严重一些,包括咬人,但发生频率较低,平均每周四次。学校心理老师使用A-B-C图表工具,以便于在中心活动时间在教室里进行直接观察,并整理出行为的定性描述。这些数据列于表4.1,附录A给出了A-B-C图表的空白示例。

表4.1 直接观察雷蒙娜问题行为的ABC数据

A-B-C数据	日期:9/1—9/5		学生:雷蒙娜
设置事件	先行词	行为	后果
环境中发生了什么(如户外游戏时间)?	行为发生前发生了什么(如另一个孩子拿走了他/她的玩具)?	是什么行为(如咬人)?	行为发生后立即发生了什么(如被咬的孩子哭了,老师把孩子带出教室)?
9/1 积木中心	另一个孩子捡起了雷蒙娜刚刚放下的一块积木。	雷蒙娜推了另一个孩子。	雷蒙娜被P老师说"不",开始哭,直到P老师把积木递给雷蒙娜。
9/2 艺术中心	雷蒙娜试图从另一个孩子手里抢蜡笔。	雷蒙娜拍了拍另一个孩子胳膊。	雷蒙娜被手牵着走到街区中心。(首选)
9/3 艺术中心	另一个孩子在玩雷蒙娜喜欢的粉笔。	雷蒙娜推了另一个孩子。	雷蒙娜被P老师拒绝了,并被要求道歉,其他孩子被要求分享粉笔。
9/4 书本中心	另一个孩子在看雷蒙娜在晨练时喜欢看的书。	雷蒙娜抓住另一个孩子的胳膊,没有松手。	雷蒙娜被手牵着走到街区中心。(首选)
9/5 艺术中心	另一个孩子捡起了雷蒙娜刚刚放下的粉笔。	雷蒙娜推了另一个孩子。	雷蒙娜被K老师拒绝了,她走到街区中心。(首选)

3. 问题分析

学校心理老师假设:雷蒙娜的攻击性行为是通过接触有形的东西(如喜欢的玩具

或物品)来维持的,而她难以用语言表达自己的动机。学校心理老师观察到的一个典型场景的特点是:一个孩子拿着雷蒙娜喜欢的玩具,或者另一个孩子捡起雷蒙娜最近玩的玩具。随后,雷蒙娜抓住玩具、孩子的手臂和手,或者推另一个孩子。发生这种情况后,波德斯塔老师和凯莉老师或一名学生会要求其他孩子与雷蒙娜分享玩具,或者将孩子们分开到不同的地方,通常会将雷蒙娜带到另一个想去的地方。在这些事件中,雷蒙娜的肢体行为会升级为发脾气行为,她会表现出明显的烦躁,经常哭泣和噘嘴。当她可以接触玩具或其他想去地方时,她会恢复到基线行为。

(二) 干预计划及实施

1. 干预目标

学校心理老师与波德斯塔老师和雷蒙娜的父母合作,确定与她的攻击性行为相关的目标。无论有没有成人的提示,雷蒙娜都会选择不同的玩具/活动,并等待轮到她,以防止她的行为五分之四升级为身体攻击行为。在六周的时间里,雷蒙娜的攻击性行为应该从平均每周8次减少到0次。

2. 测量目标行为、收集数据、监测进度

学校心理老师建议使用频率计数和家校记录表来监测雷蒙娜的进步。每天上午和下午共两次,雷蒙娜的行为都会与问题行为的频率计数相对应,被评为"好""一般""差"三个等级,并配以表情图。如果雷蒙娜在整个上午或下午时段没有出现攻击性行为,她将获得一张笑脸表情图和2分。如果她只出现一次攻击性行为,她就会收到一张"皱眉头"的表情图和1分。如果发生两次或两次以上的攻击性行为,她就得到一张"哭脸"的表情图和0分。每周,雷蒙娜都有机会获得20分。鉴于她的目标,预计雷蒙娜至少会获得16分(80%)。老师们会和雷蒙娜讨论这些评分,她会根据自己的行为评分在相应的表情图上涂色。这些纸条被寄回家,她会根据自己获得的积分在家里获得奖励。雷蒙娜的父母每天都会表扬和鼓励她取得的所有成功。他们决定每"攒"到10分就奖励她一次,并用图表跟踪她的积分。学校心理老师还每周参加波德斯塔老师的检查。波德斯塔老师、凯莉老师和分配到雷蒙娜教室的幼儿教育本科生接受了直接观察和如何使用数据收集表的培训。表4.2给出了所使用的家校记录表,附录B给出了空白家庭笔记,表4.3和附录C分别给出了频率记录表和空白表。

表4.2 雷蒙娜家校问题行为记录表

给雷蒙娜的学校家庭笔记 周:10/8—10/12 天:星期一		
目标	上午	下午
我会等着轮到我或者选择另一个玩具	☺ 😐 ☹	☺ 😐 ☹

注:笑脸得2分,表示没有攻击行为;皱眉脸得1分,表示有一次攻击行为;哭脸得0分,表示有两次或以上的攻击行为。

表4.3 直接观察雷蒙娜问题行为的频率表

目标: 攻击性行为	学生: 雷蒙娜	观察员: P女士	日期: 10/8—10/12
日期	出现次数	每日总数	记录
周一	|	1	
周二	||	2	
周三	|	1	
周四	||	2	
周五	||	2	
一周总数	8		

3. 干预计划

在干预实施前一周收集基线数据,教师在此期间继续照常上课。波德斯塔老师和凯莉老师随后使用以下方案,结合正强化来实施暂停。波德斯塔老师在教室里指定了一个易于阻挡雷蒙娜逃跑的地点,而且这个地点不能靠近有形物品、雷蒙娜喜欢的地方或物品,也不能靠近雷蒙娜的同伴。这些位置上的考虑有助于确保与"暂停"环境相比,"暂停"地点是非强化的。每当雷蒙娜出现打人或推人等目标行为(持续使用的参数)时,波德斯塔老师或凯莉老师都会站在雷蒙娜的手臂可及的范围内,并口头说明以下理由,作为暂停指导管理的一部分:"你不能打人/推人。去罚站。"如果雷蒙娜在5秒内没有走到暂停点,她会被轻柔而安全地护送到暂停点,并被定时4分钟。当雷蒙娜在暂停地点时,她不会得到老师的口头关注,老师也不会理会雷蒙娜试图引起他们注意的任何行为。如果雷蒙娜试图逃离暂停地点,她会被成年人阻止,但不会受到口头关注或目光接触。如果她在4分钟的时间内保持在暂停位置,成人也不会做任何事。4分钟结束后,波德斯塔老师或凯莉老师会让雷蒙娜回到课堂活动中。雷蒙娜的父母也学习了这个暂停程序,以便他们在家中使用。

暂停的最佳做法表明:它与对期望行为的积极强化结合使用是最有效的(Everett等,2010;O'Handley等,2019)。在进行下一项活动之前,对预期行为进行预纠正,以提醒包括雷蒙娜在内的所有学生注意课堂预期。我们使用简单、积极的措辞,例如:"同学们,我们接下来要玩游戏了。请记住,如果有人的玩具是我们想要的,我们需要等待轮到我们,或请朋友分享。我们可以在等待的时候先玩其他玩具。"

在这一整天里,当波德斯塔老师和凯莉老师观察到雷蒙娜做出适当的行为时,特别是在中心活动时,他们都会对她进行表扬。在中心活动时,成人会在雷蒙娜附近监测她的行为,并给予积极的强化,如针对特定行为的表扬或让她接触喜欢的有形物品,或针对攻击性行为采取暂停程序。

4. 干预保真度和评分者一致性

学校心理老师使用干预程序检查表(见附录D)在大约33%的课堂中收集了干预保真度。干预保真度的计算方法是将正确完成的步骤数除以总步骤数并乘以100。在所观察的课程中,依从度为100%。学校心理老师还使用相同的数据收集表格,收集了攻击行为的评分者一致性(Interobserver Agreement, IOA),在她在场的所有课程中收集了观察者之间的一致性。一致性百分比的计算方法是:一致性数除以一致和不一致之和,再乘以100。观察者之间对攻击事件的一致率为100%。

(三) 干预结果及分析

1. 干预结果数据

图4.1展示了雷蒙娜通过每日频率计数所取得的进步。雷蒙娜在基线期间平均每天表现出攻击性行为2.4次。在干预过程中,这一数字降低到平均1.7,最后五天减少到0,实现了她的目标。在大多数周末和下午,她的攻击性行为会短暂增加,但总体上会逐渐下降。图4.2显示了根据学校家访记录和每周所得分数衡量的她的进步情况。在干预过程中,雷蒙娜每周获得的积分逐渐增加,从第一周的10分(50%的适当行为)增加到20分(100%的适当行为),达到了她的目标。

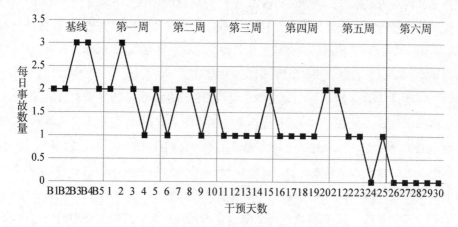

图 4.1 攻击行为的每日频率

注：干预阶段的第五周之前是为期一周的假期。学校复课后，干预活动继续进行。

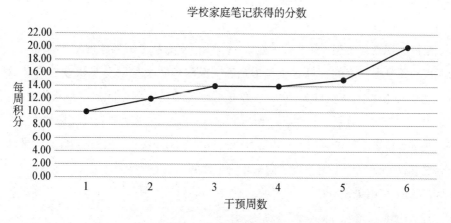

图 4.2 每周得到的积分

注：细线代表雷蒙娜的目标是 80% 的时间表现出适当的行为，这对应于获得至少 16 分，因为雷蒙娜有机会每周总共获得 20 分（每天上午和下午各 2 分，每天共 4 分）。

2. 干预效果总结

在干预实施的过程中，雷蒙娜的攻击性行为显著减少。波德斯塔老师报告说："由于她的攻击性行为减少，到干预的第 6 周，雷蒙娜与同伴的关系也得到很大改善。到干预的第 15 天，雷蒙娜在早上的所有攻击性行为都已消除。雷蒙娜在下午仍然有攻击性行为，因为她的疲劳程度随着每天放学的时间的临近而增加。"雷蒙娜的团队认为该干预措施总体上是有效的，因为它在短时间内大大减少了雷蒙娜的攻击性行为问

54

题,只需要少量努力就可以实施(本科学生也可以实施),而且不会干扰课堂活动。

3. 干预可接受性

在数据收集结束后,波德斯塔老师和凯莉老师被问及她们是否认为暂停程序有效减少,雷蒙娜的攻击性行为,及她们在未来考虑到类似的问题行为时可能使用此程序。波德斯塔老师和凯莉老师对这两个问题都表示肯定。她们还被问及是否认为该程序便于实施。两位老师都表示,鉴于教室里通常有多名成人,该程序很容易实施,但如果教室里只有一个成人,干预措施就会比较难以实施。两位老师还被问及数据收集方法的易用性。她们都表示这些表格易于使用,并且赞赏学校与家庭记录的协作性,因为雷蒙娜和她的父母都参与进来。学校心理老师得出的结论是,波德斯塔老师和凯莉老师都非常认可这种干预措施。

(四)干预注意事项

达兹和塔利(Dadds & Tully, 2019)通过当代发展理论支柱(包括社会学习、依恋、自我和情绪调节以及生态系统),评估了在儿童心理健康背景下,训练的历史和当前概念,从而为暂停的使用提供指导。进行这项分析的部分原因是为了回应最近流行的媒体批评暂停可能对儿童的危害,特别是对有依恋相关问题和创伤史的儿童。作者将对暂停的批评分为三个一般问题:依恋威胁,因为暂停必然会将孩子与他们的照顾者分开;未能教授新的行为;以及未能解决导致问题行为的根本原因。在回顾有关在创伤暴露人群和依恋背景下使用暂停的文献时,研究者发现没有证据支持这些批评。

关于暂停的最佳实践指南包含了关于评估儿童行为的建议,这些行为是暂停干预的适当目标。暂停只应用于儿童在一定程度上可以控制的行为。在上面的案例中,雷蒙娜的攻击性行为与她的语言障碍有关,特别是她的口头表达缺陷。然而,她已经接受了几个月的语言训练,这使她的功能性沟通技巧得到发展,能够在课堂上表达她的需求。暂停是对她的攻击性行为的适当干预,但如果她的功能性沟通技巧没有先行发展,或者如果暂停被用于针对痛苦反应,那么就不应该使用。暂停并不适合针对那些代表孩子无法完成任务或因恐惧、压抑情绪而产生的行为。达兹和塔利还建议将暂停作为更广泛的行为计划的一部分,该计划会教授积极的替代行为,并明确告知暂停是对先前被确定为不适当的特定行为的回应。考虑到分离和团聚的依恋过程,暂停程序不得带有与遗弃或拒绝相关的消息(Dadds & Tully, 2019)。总体而言,作者认为暂停是一种有效的正面管教策略。

在上述个案研究中,实施的是 4 分钟固定时间暂停程序。另一个普遍推荐的暂停程序是使用释放应急措施。其典型特点是针对暂停期间出现的问题行为重设暂停时间,或者要求在暂停时间结束后的指定时间内不出现问题行为。实施这两种意外情况是为了避免暂停后的问题行为得到强化。唐纳德森和沃尔默(Donaldson & Vollmer, 2011)比较了固定时间暂停和释放应急暂停的效果,发现这两种程序都可以有效减少问题行为,但释放应急暂停并不能消除暂停时的问题行为,而且暂停时的问题行为也不能预测暂停时间外时的问题行为。因此,作者建议首先考虑固定时间的程序,因为它易于实施(Donaldson & Vollmer, 2011)。

实施暂停干预所需的语言或肢体提示水平是便于实施的另一个考虑因素,因为完全用肢体将孩子引导到暂停位置需要付出更多的努力。在一项旨在提高口头提示暂停管理遵从的暂停程序评估中,有证据支持使用 1 分钟与 4 分钟的暂停时间,条件是孩子在口头提示发出后 10 秒钟内听从口头指令前往暂停地点。事先让孩子们了解这一应急措施,并明白如果他们的老师需要帮助他们走到暂停点,暂停时间会更长(即 4 分钟而不是 1 分钟)。作者建议对于那些对暂停表现出高度拒绝的儿童,可以采用这种方法,尽量延长暂停时间。

关于持续时间的常见建议是根据孩子的年龄确定持续时间,每岁 1 到 2 分钟被认为是最合适的(Frost, 2014)。这一建议存在争议,因为有证据表明固定持续时间和年龄相关的持续时间同样有效(Kapalka & Bryk, 2007)。上述案例中使用的 4 分钟暂停时间被认为是历史标准,并且已被证明在减少问题行为方面与更长的暂停时间同样有效,同时还能最大限度地缩短暂停时间(Benjamin, Mazzarins, & Kupfersmid, 1983; Donaldson & Vollmer, 2011, 2012; Hobbs, Forehand, & Murray, 1978; McGuffin, 1991)。在一项旨在确定减少兄弟姐妹攻击性的最短有效持续时间的研究中,作者得出结论:1 分钟的暂停持续时间同样有效(Corralejo, Jensen, & Greathouse, 2018)。这项研究包括被诊断患有发育迟缓和注意力缺陷多动障碍(ADHD, Attention Deficit Hyperactivity Disorder)的儿童,这表明暂停对具有不同能力的儿童也有效。由于持续时间可能是关于干预效果最有影响的参数,也是照顾者和教师便于使用的重要考虑因素,同时也是重要的道德考虑因素,因为这会导致儿童失去教学或社交时间,因此应使用最短的有效时间(Corralejo, Jensen, Greathouse, & Ward, 2018)。

三、结论

暂停是正强化暂时停止的缩写,是一种广泛使用且有效的行为减少程序。它可以在各种学校环境中使用。此外,它是一种简单且社会可接受的实施策略。本章的个案研究证明了这种干预措施在按照推荐使用时会产生迅速而可观的效果。鉴于身体攻击对学校来说是一个安全隐患,并且可能对学生造成严重的惩罚和后果,因此教育工作者可以使用这种简单而有效的工具是令人鼓舞的。

附录 A:空白通用 A-B-C 数据收集表

A-B-C 数据 设置事件	日期: 先行词	行为	学生: 结果
环境中发生了什么(如户外游戏时间)?	行为发生前发生了什么(如另一个孩子拿走了他/她的玩具)?	是什么行为(如咬人)?	行为发生后立即发生了什么(如被咬的孩子哭了,老师把孩子带出教室)?

附录 B:通用空白家庭笔记

家校说明: 周: 天:		
目标	上午	下午
	☺ 😐 ☹	☺ 😐 ☹

附录C:直接观察的空白通用频率表

频率表

目标:　　　　学生:　　　　观察员:　　　　日期:

日期	出现	每天总数	备注
周一			
周二			
周三			
周四			
周五			
一周总数			

附录D:干预程序检查表

步骤	过程	完成度
1	在上课时间之前进行预纠正,以提醒学生遵守课堂规则。	是　否　N/A
2	在中间时间,一个成年人与雷蒙娜保持一臂的距离。	是　否　N/A
3	当目标行为发生时,标记暂停原因。	是　否　N/A
4	雷蒙娜被指示去暂停,如果她没有在五秒钟内走起来,就会使用温和的指导。	是　否　N/A
5	计时器设定为4分钟。	是　否　N/A
6	在暂停期间没有提供任何注意,并且在没有注意的情况下阻止任何逃避暂停的尝试。	是　否　N/A
7	4分钟结束后,大家欢迎雷蒙娜回到课堂活动中。	是　否　N/A
8	在中心活动时间里,对雷蒙娜进行了多次特定行为的表扬。	是　否　N/A

(陈红　译)

参考文献

Benjamin, R., Mazzarins, H., & Kupfersmid, J. (1983). The effect of time-out (TO) duration on assaultiveness in psychiatrically hospitalized children. *Aggressive Behavior*, 9(1), 21–27. doi:10.1002/1098-2337(1983)9:13.0.CO;2-H.

Cooper, J.O., Heron, T.E., & Heward, W.L. (2007). *Applied behavior analysis* (2nd ed.). Upper Saddle River, NJ: Pearson.

Corralejo, S.M., Jensen, S.A., & Greathouse, A.D. (2018). Time-out for sibling aggression: An analysis of effective durations in a natural setting. *Child & Family Behavior Therapy*, 40(3), 187–203. doi:10.1080/07317107.2018.1487701.

Corralejo, S.M., Jensen, S.A., Greathouse, A.D., & Ward, L.E. (2018). Parameters of time-out: Research update and comparison to parenting programs, books, and online recommendations. *Behavior Therapy*, 49, 99–112. doi:10.1016/j.beth.2017.09.005.

Dadds, M.R., & Tully, L.A. (2019). What is it to discipline a child: What should it be? A reanalysis of time-out from the perspective of child mental health, attachment, and trauma. *American Psychologist*, 74(7), 794–808. doi:10.1037/amp0000449.

Donaldson, J.M., & Vollmer, T.R. (2011). An evaluation and comparison of time-out procedures with and without release contingencies. *Journal of Applied Behavior Analysis*, 44(4), 693–705. doi:10.1901/jaba.2011.44-693.

Donaldson, J.M., & Vollmer, T.R. (2012). A procedure for thinning the schedule of timeout. *Journal of Applied Behavior Analysis*, 45(3), 625–630. doi:10.1901/jaba.2012.45-625.

Everett, G.E., Hupp, S.D., & Olmi, D.J. (2010). Time-out with parents: A descriptive analysis of 30 years of research. *Education and Treatment of Children*, 33(2), 235–259. Retrieved from www.jstor.org/stable/42900065. doi:10.1353/etc.0.0091.

Frost, J. (2014). *Jo Frost's toddler rules: Your 5-step guide to shaping proper behavior*. New York: Ballantine Books.

Hobbs, S.A., Forehand, R., & Murray, R.G. (1978). Effects of various durations of timeout on the noncompliant behavior of children. *Behavior Therapy*, 9(4), 652–656. doi:10.1016/S0005-7894(78)80142-7.

Kapalka, G.M., & Bryk, L.J. (2007). Two- to four-minute time-out is sufficient for young boys with ADHD. *Early Childhood Services*, 1, 181–188. Retrieved from https://www.pluralpublishing.com/journals_ECS.htm.

Kern, L., Benson, J.L., & Clemens, N.H. (2010). Strategies for working with severe challenging and violent behavior. In G.G. Peacock, R.A. Ervin, E.J. Daly III, & K.W. Merrell (Eds.), Practical handbook of school psychology: *Effective practices for the 21st century* (pp. 459–474). New York: The Guildford Press.

McGuffin, P.W. (1991). The effect of timeout duration on frequency of aggression in hospitalized children with conduct disorders. *Behavioral Interventions*, 6(4), 279–288. doi:10.1002/bin.2360060405.

O'Handley, R.D., Olmi, D.J., & Kennedy, A. (2019). Time-out procedures in school settings. In K.C. Radley & E.H. Dart (Eds.), *Handbook of behavioral interventions in schools* (pp. 482–500). New York: Oxford University Press. doi:10.1093/med-psych/9780190843229.003.0025.

Sugai, G., & Horner, R.R. (2006). A promising approach for expanding and sustaining school-wide positive behavior support. *School Psychology Review*, 35, 245.

第五章　普雷马克原则和可视化时间表

一、前言

学生经常会遇到一些让他们反感或不喜欢的任务。对大部分学生而言,这些反感或不喜欢的任务会使其产生轻微的消极反应,几乎不需要教师的介入。然而,对于某些学生来说,那些反感或不喜欢的任务会引发他们更强烈的不安反应,比如违规和破坏性行为。老师若要处理此类问题,确定简单而有效的策略来提高学生的遵从度至关重要。

当学生不守纪律、拒绝完成学业任务时,普雷马克原则(Premack's principle)可能会有所帮助。普雷马克原则是指使用高频行为(如,可能单独发生的行为)作为低频行为的积极强化物(Premack, 1959)。换句话说,如果学生的低频行为(如数学作业本)经常出现在高频行为(如课间休息)之后,那么这种低频行为的可能性就会增加。普雷马克原则又称"奶奶原则",正如谚语所说,美国的奶奶通常对孙子讲:"如果你想吃饼干,必须先吃豌豆。"奶奶正在使用高频行为(吃饼干)来强化低频行为(吃豌豆)。普雷马克原则通过在高频行为和低频行为之间建立可能的关系,而这些行为包括偏好和非偏好的活动和任务,从而帮助我们预见结果。

在教育环境中,可以有效利用普雷马克原则来增加低频行为或非偏好活动或任务的发生。研究发现,在学校环境中,根据普雷马克原则采取的干预措施能有效提高各种非首选活动的发生率,如撰写报告(Hosie, Gentile, & Carroll, 1974)、完成学业任务(Geiger, 1996)和增加参与行为(Van Hevel & Hawkins, 1974),并能增加注意力缺陷/过度活动障碍学生的参与行为,提高其专注冷静的程度(Azrin, Vinas, & Ehle, 2007)。这些研究使用了偏好活动(即高频行为),例如体育活动、操场活动、自由活动和艺术活动时间,来强化学生对非偏好的任务(即低频行为)的参与。

使用普雷马克原则实施干预时有几点需要考虑。首先，干预的成功很大程度上取决于能否正确识别可能用于强化低频行为的偏好活动。例如，使用上网时间来强化完成数学作业，然而上网时间不是这位学生的偏好活动，那么这种干预不可能成功。其次，学生必须具备成功完成任何非偏好任务所需的技能。换句话说，学生未能完成非偏好的任务应该归结于表现缺陷（即"不想做"），而不是技能缺陷（即"不会做"）。第三，对完成非偏好任务的期望应该逐渐增加，以帮助学生走向更高水平的独立性。当高频行为不再用来强化低频行为时，通常表明干预已经完成。最后，可视化时间表可以用于为学生提醒偏好或非偏好任务（Johns, 2015）。也许更重要的是，可视化时间表提供了一个在偏好和非偏好任务之间或然关系的可视化呈现。

可视化时间表是一系列待完成任务的视觉呈现，视觉表征通常涉及图片、符号或文字。学生可以参考可视化时间表来确定他们应该已经完成哪些任务，哪些任务还需要完成。可视化时间表具有强大的实证支持，通常适用于患有孤独症谱系障碍（ASD）或智力障碍的学生（ID; Knight, Sartini, & Spriggs, 2015; Spriggs, Mims, van Dijk, & Knight, 2017）。奈特（Knight, 2015）等通过全面的文献综述研究发现，可视化时间表能有效增加孤独症谱系障碍学生完成任务的时间、减少完成作业的时间，并能减少孤独症谱系障碍学生在过渡期间所需的提示次数。同样，斯普里格（Spriggs）等在2017年发现，可视化时间表改善了智力缺陷学生的日常生活和学术技能、完成任务行为和独立性（Spriggs 等, 2017）。尽管最近一项研究发现，有证据支持可视化时间表在减少非残疾儿童挑战性行为方面的有效性，但遗憾的是，针对非残疾学生使用可视化时间表的研究较少（Zimmerman, Ledford, & Barton, 2017）。

"先后顺序"展示板是一种将普雷马克原则与可视化时间表相结合的具体策略。普雷马克原则的这种可视化表现形式是指，在展示板的左侧，通常是在"首先"这个词下显示非偏好任务。在展示板的右侧，通常是在"然后"这个词下显示偏好任务。根据学生独立理解时间表的能力，任务可以以图片、符号或文字的形式呈现（Hume, 2009）。为了使可视化时间表成为学生的一个有力的支持，应该制定一个计划，来教会学生如何阅读和理解时间表。其他需要考虑的事项包括决定时间表的保存位置、使用频率以及如何确定其有效性。此外，执行"先后顺序"展示板的策略，应该始终遵循承诺，即在完成非偏好任务的前提下提供偏好活动（Hume, 2009）。基于普雷马克原则的干预的成功实施，有赖于非偏好任务（首先）和偏好任务（然后）之间建立的或然关系。

二、个案研究

(一) 背景资料及分析

1. 背景信息

文森特(Vincent)是一名就读于金斯堡高中(Ginsburg High School)的九年级学生,今年15岁。他被诊断为孤独症谱系障碍,从一年级开始就一直在接受特殊教育。他的个别化教育计划(Individualized Education Plan, IEP)包括以下目标:社交技能(如与他人进行适当的、尊重他人的沟通)、执行功能(如发起任务、组织任务、时间管理)、独立生活技能(如自我照顾、安全)和写作(如开始、扩展和阐述)。文森特的阅读和数学成绩在标准化测试中一般都在平均范围之内,因此他没有在这些方面接受专门的指导。文森特上由普通老师和特殊教育老师共同教授的课程,在学校的大部分时间里,他都得到了专业人员的帮助。

文森特的老师要求与学校的心理老师见面,讨论提高文森特写作能力的策略。在会议上,他们分享道:当使用口头回答、听写或动手材料时,文森特在大多数技能领域似乎都在进步,但文森特经常拒绝参与需要用纸笔来完成的任务。虽然团队愿意通过口头回答、技术和其他适当的方式,用尽可能多的代替方案来帮助文森特,但是他们一致认为,文森特应该学会应付一定量的书写,为将来的大学和职业选择做准备。

2. 问题行为描述

该干预小组将拒绝书面作业定为文森特最主要的问题。拒绝书面作业是指,没有在规定的课堂时间内,完成指定的纸笔作业。拒绝书面作业的例子包括:在代数课上只完成在指定作业单上十道书面数学问题中的一道;在历史课上,只在指定的十句日记提示上写了两个单词;低着头,而不完成科学笔记。完成书面作业的例子包括:根据文森特以前的书面作业基础,以适当的整洁度和准确度完成书面作业。

学校心理老师梅博士(Mae)与其他老师一起制定了观察时间,使之与课堂上布置书写任务的时间相吻合。梅博士在一周时间里对文森特进行五节课堂观察。在观察过程中,她使用了A-B-C观察计划来支持团队的问题分析过程。此外,梅博士还制作了一份书面作业完成数据收集表(见图5.1),并要求每位老师评估文森特在一周时间内完成纸笔任务的百分比(如0%、25%、50%、75%或100%)。在学校一周内所有学科领域收集的数据点被作为基线数据。为了确保教师们有足够的评估一致性,梅博士进行了一个简短的培训。在此期间,团队回顾并实践了评估各类作业的完成率。表5.2列出了基准数据,图5.2则是这些数据的直观表示。这些数据表明,在基线周期间,文森特完成了不同学科领域布置的5%—25%书面作业。各个学科领域的平均完成率表明,文森特在基线周内平均完成了布置的14%书面作业。

表5.1 A-B-C观察数据

日期/时间/课程	书面作业	前提	行为	结果
代数	完成24道题的作业单。	专业的助教将作业单放在桌子上。	文森特把胳膊和头放在桌子上约9分钟。	老师从桌子上拿起这张空白的作业单。
物理科学	观看视频期间,在结构化的作业单上做观察笔记。	教师分发结构化的作业单,并打开视频。	文森特看完了整个视频,除了把名字填上,结构化作业单上什么也没写。	老师让文森特回答了两个关于视频的问题,他给出了正确的答案,还受到了表扬。
美国历史	从章节阅读中总结重要的事实。	老师把文森特和同伴放在一起,帕拉建议他们共用一张纸,轮流写作。	文森特同意先去写一个句子。轮到他时,他说:"我能告诉你该写什么吗?"	同伴对文森特说"好的",并完成了另外3个句子,而文森特是口头参与。老师表扬他们完成了这件事。
自然	完成词汇结构化作业单。	帕拉让学生完成结构化作业单,然后离开去帮助另一个学生。	文森特把纸折出形状,试着让它立起来,然后低下头。	老师要求学生把完成的作业放在篮子里,文森特没来得及讨论它就被送去了下节课。
九年级英语	完成关于职业生涯愿望的日记分类。	老师把写作提示写在黑板上,让学生从书架上检索期刊。	文森特拿起期刊,用铅笔在期刊上画圈。帕拉问了一些关于职业的问题,文森特讨论了对电子游戏的兴趣,却说:"我只是不想写下来。"	老师问他做了什么,告诉他下次要更努力些。文森特被送去下一节课了。

指导语:在本周每节课中,请评估文森特在课堂上完成的书面作业(即纸笔任务)的数量。

科目:_____ 　　　　　　　　　　　　　　　　　　一周的课时数:_____

星期一	星期二	星期三	星期四	星期五
□0%	□0%	□0%	□0%	□0%
□25%	□25%	□25%	□25%	□25%
□50%	□50%	□50%	□50%	□50%
□75%	□75%	□75%	□75%	□75%
□100%	□100%	□100%	□100%	□100%
□缺勤	□缺勤	□缺勤	□缺勤	□缺勤
□今日无书面作业	□今日无书面作业	□今日无书面作业	□今日无书面作业	□今日无书面作业

通过百分比相加并除以5来计算一周内的平均工作完成率。如果学生缺勤或没有书面作业,则将这一天从分母中减去。
本周平均工作完成率:

图 5.1　数据采集

表 5.2　基线数据

课程	教师对书面作业完成情况的评估					完成书面作业的平均百分比
	星期一	星期二	星期三	星期四	星期五	
代数	0%	25%	0%	50%	0%	15%
物理科学	0%	0%	25%	25%	0%	10%
美国历史	25%	25%	50%	0%	25%	25%
自然	0%	0%	25%	0%	0%	5%
九年级英语	0%	0%	25%	25%	25%	15%
一周内所有课程的平均百分比						14%

3. 问题分析

在采访了文森特的老师们,并在不同的环境中观察了文森特之后,梅博士得出的

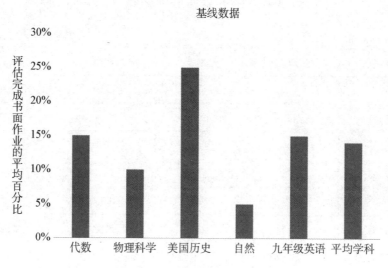

图5.2　各学科成绩的基线数据

假设是,文森特拒绝书面作业的行为,其功能是回避不喜欢的学业任务。具体来说,梅博士假设文森特的拒绝书面作业的行为是由成功地逃避书面写作任务引发和维持的。此外,文森特的老师们认为他是有足够的知识和技能来完成作业的。他们谈到,当允许文森特口头回答问题时,他的回答是正确的,而且他有能力把这些回答写在纸上。该研究团队认为,基于强化的干预可能会有效地增加文森特书面作业的输出量,因为他的问题行为似乎是由表现缺陷而不是技能缺陷造成的。

(二) 干预计划及措施

1. 干预目标

梅博士指导团队分析和总结在问题分析阶段收集到的文森特的基线数据。这些数据显示文森特在每个学科领域能完成5%—25%的书面作业,一周内平均完成14%的书面任务。团队成员讨论了文森特长期以来的书写困难,写作一直是一项他不喜欢的学业任务。他们确认,文森特的合理目标是大约在两个月的干预后,他能独立使用纸笔完成布置的50%的书面作业。

2. 测量目标行为、收集数据、监测进度

小组将目标行为定义为完成书面作业,即在课堂上动笔完成指定书写任务。他们将继续使用梅博士为基线阶段设计的数据收集表来收集数据。这种方法要求文森特的老师们在每节课要评估文森特完成指定书面作业的百分比。

在干预开始之前,文森特的教学团队参加了梅博士的另一次培训,在此期间,他们练习评估书面作业完成的百分比,以确保收集数据的可靠性。负责辅导文森特的专业助教人员,负责在每节课结束时与老师进行简短的讨论,估算完成书面作业的百分比,并将必要的信息记录在表格上。研究团队同意在每个周末结束时,将数据收集图表提交给梅博士。梅博士将负责为团队进行数据输入、绘制和分析。这些信息经过汇总,每周通过电子邮件发送给文森特所有的老师。

3. 干预计划

研究团队设计了一种结合普雷马克原则和可视化时间表的干预,以增加文森特在学校的书面输出。具体来说,干预措施为文森特提供了一个可视化的时间表,使用"先后顺序"展示板来描述非偏好任务(即写作任务)和偏好活动(即有权看漫画书)。梅博士采访了文森特的老师、助教、父母和文森特本人,以有助于确定可能对文森特完成书面作业有积极意义的偏好活动。此外,梅博士还与文森特一起进行了兴趣调查,以确定找到有可能积极地促进完成书面作业的潜在活动。梅博士认为,文森特喜欢的适合在学校进行的活动是:看漫画书、用平板电脑玩数学游戏和玩棋盘游戏。考虑到课堂时间的限制,团队决定将阅读漫画书作为偏好活动。

在干预过程中,老师先在全班范围内对文森特进行指导,然后再单独对他进行书面作业的明确指导。这有助于确保文森特理解对作业的期望,尤其是对书写的期望(如整洁)。其次,助教展示了"先后顺序"展示板,描述了非偏好任务(如写作任务)和偏好活动(如看漫画书)。文森特只有在完成指定的书写任务后才能看漫画书。团队决定,这名助教负责把文森特的可视化时间表送到每堂课,陪着文森特从一堂课走到另一堂课。团队希望在经过几周的干预后,文森特最终能够独立地把可视化时间表和他的个人物品放在一起。我们制作了一个可视化的时间表模板(见附录A),并与透明板叠在一起使用,这样助教就可以用记号笔写下书写作业的简要说明,并在每节课结束后将其擦掉。

4. 干预保真度和评分者一致性

为了评估干预的保真度(Intervention Fidelity),梅博士每周在教师计划布置书面作业的课堂期间完成一次观察。梅博士轮流进行观察,在八周的时间里,她对每个学科进行了至少两次观察。在观察过程中,她使用了由团队开发的保真度清单(见图5.3),其中包括干预措施的关键部分。梅博士在两个为期四周的干预期结束时计算了保真度。在第一个和第二个四周期间,依从度分别为95%和92%。

程序	符合的请圈出
老师有没有提供明确的指示来说明,文森特到底是要完成哪些任务才能让参与他喜欢的活动?	□是　□否
可视化时间表是否放在文森特的书面作业中?	□是　□否
如果文森特完成了他的任务,他能立即参与他喜欢的活动吗?	□是　□否
如果文森特没有完成他的任务,他喜欢的活动是否被保留?	□是　□否

图 5.3　保真度清单

梅博士还收集了每周的书面作业完成数据收集表,所以,她能够看到老师们每天都在评估书面作业完成的百分比。她每周在每个学科领域随机选择两天来收集已完成的书面作业,并评估当天在所选学科中完成作业的百分比。然后,她将自己的评估与老师的评估进行了比较。她计算了干预八周内每个学科的评分者一致性(interobserver agreement，IOA)。不同教师的 IOA 从 87.5% 到 100% 不等。基于这些数据,该团队测定干预措施的实施具有足够的保真度。

(三) 干预结果及分析

1. 干预结果数据

如前所述,基线数据显示,文森特在一周内完成了所有课程布置的大约 14% 的书面作业。梅博士在八周内收集了每节课的数据表格。每周结束时,她对干预数据进行回顾、分析和总结。该团队在第四周后召开了一次会议,讨论数据并确定是否需要调整。干预数据如表 5.3 所示。在干预的前三周,文森特的书面作业完成率分别提高到 45%、53% 和 61%。然而,文森特的书面作业完成率在第四周出现下降了,平均率为 29%。一些团队成员推测,在学校看漫画书不再像干预前三周那样有强化作用。老师们分享了文森特说过的话,比如:"我已经读过了。""我待会儿可以在家看漫画书。"梅博士向团队解释说,文森特兴趣的下降可能是由于漫画书的强化价值发生了变化,因为他可以在学校和家里都接触到这些漫画书。当一种强化物被反复使用时,它通常会失去部分或全部影响行为的效力。这种现象被称为强化饱和。

表5.3 基线和干预数据:完成书面作业百分比的平均评估

课程	基线	第一周	第二周	第三周	第四周	第五周	第六周	第七周	第八周
代数	15%	55%	50%	80%	25%	25%	55%	75%	65%
物理科学	10%	25%	50%	50%	20%	35%	50%	60%	50%
美国历史	25%	50%	55%	55%	10%	25%	65%	55%	75%
自然	5%	20%	65%	45%	40%	10%	80%	50%	60%
九年级英语	15%	75%	45%	75%	50%	30%	45%	50%	55%
全部课程	14%	45%	53%	61%	29%	25%	59%	58%	61%

梅博士建议,每次实施干预时,给文森特提供强化物的选择,以防止强化饱和。她还建议团队与家人合作,把文森特最喜欢的漫画书送到学校,限制他在家里看,从而有可能增加这些漫画书的强化价值。有了这些知识储备,团队对干预措施做了两个具体的调整。首先,团队决定允许文森特在完成书面作业之后,可以从偏好活动菜单中做出选择(如看漫画书、用平板电脑玩数学游戏、玩桌面游戏)。其次,该团队与文森特的家人合作,将他最喜欢的漫画书送到学校,限制他只有完成书面作业才能看。这些干预措施是在第五周结束时实施。第五周的数据显示,与前几周相比,文森特全部课程的书面作业完成率持续下降,平均完成率为25%。在第五周之后,文森特的书面作业完成率在第六周上升到59%,第七周58%,第八周上升到了61%(见图5.4)。

2. 干预效果总结

第八周结束时,团队再次召开会议,对数据进行回顾和分析。团队一致认为,第五周干预措施的调整对文森特完成书面作业产生了积极影响。团队注意到,文森特经常选择不同的偏好活动,甚至选择了偏好活动菜单上没有的其他偏好活动。团队一致认为,文森特要在这种干预方式中取得持续成功,就必须定期在菜单中添加新的偏好活动,以免出现强化饱和。

该团队还审查了保真度和IOA数据。梅博士赞扬了老师们每天为实施这一干预措施所做的努力,以及他们花时间仔细检查文森特的作业,以便对作业完成情况进行准确评估。团队认为,重要的是继续进行保真度检查,以防止出现实施过程中的偏差。

3. 干预可接受性

经过八周的干预,梅博士会见了每一位老师和文森特的助教老师,以了解他们对这一干预措施的接受程度。她向他们提出的问题包括:"这种干预容易实施吗?""你认

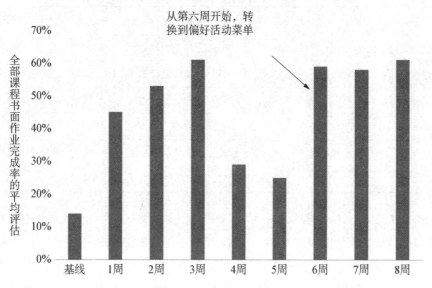

图 5.4 在基线和干预周期里，全部课程书面作业完成率的平均评估

注意：在第 5 周和第 6 周之间干预实施发生一个改变

为这种干预有助于提高文森特的作业完成度吗？"所有老师都认为，在干预过程中，文森特的作业完成度有了很大改善。一些老师报告说，在某些情况下，估计出正确的作业完成百分比很有挑战性。文森特的助教老师表示文森特在完成书面作业时，她很容易就能展示可视化时间表，而且文森特似乎利用该时间表来保持自己的进度。她还说，当文森特知道他是在为自己喜欢的活动工作时，他更容易开始写书面作业。总的来说，大家一致认为，虽然实施干预措施存在一些挑战，但在这种情况下收益大于成本。

（四）干预注意事项

本个案研究描述了一名被诊断为孤独症谱系障碍的高中生，其在课堂上完成书面作业遇到困难。该团队利用普雷马克原则和可视化时间表，制定并实施了一项干预方案。该干预措施利用"先后顺序"板，让这名学生在完成非偏好的学习任务后，继续参加偏好的活动。当制定"先后顺序"展示板的实施方案时，有几个方面需要考虑。首先，问题分析涉及评估目标行为是由于技能缺陷还是表现缺陷造成的。根据他们的评估，团队提出了一个假设，即文森特有能力完成书面作业，但他不喜欢写作，这导致他经常拒绝完成书面作业。该团队选择了采用普雷马克原则的干预措施，因为它使用了正强化来潜在地增加目标行为。如果目标行为是由于技能缺陷造成的,基于正强化的干预可能就不那么成功了。在这种情况下,更合适的干预措施应该集中在提高文森特的写作技巧上。

其次,确定文森特偏好活动对干预的整体成功至关重要。使用普雷马克原则进行干预时必须考虑遵循目标行为的活动或任务是否具有强化作用。在这个个案研究中,团队首先从几项活动中选出了一项偏好活动(如,看5分钟漫画书)。这项活动是通过非正式评估(包括兴趣清单和对老师、家长和文森特的访谈)确定的。在完成书面作业后,可以看5分钟漫画书,最初产生了积极的结果。然而,文森特有一个星期的书面作业完成度重新回到了基线水平。这种表现的下降可能是受漫画书强化价值变化的影响。具体来说,强化饱和可能会是文森特书面作业完成率下降的原因。在干预的那个点上,团队决定做出调整,制定了一份文森特可以在完成书面作业后选择的偏好活动菜单。学校心理老师使用普雷马克原则来设计干预措施,可以考虑一份偏好活动清单,而不是单一的强化活动。

第三,团队最初根据文森特在基线期间评估的书面作业完成情况,初步确定了可实现的起始目标。以一个可实现的目标开始干预,可以增加学生达到目标并获得偏好活动的可能性。如果一开始就设定一个太难的目标,可能会导致学生很少或从来没有接近过他们的偏好活动。此外,随着时间的推移,增加目标,团队就能塑造学生的表现,使其接近预期的表现水平。比如,团队可能最终要求文森特完成75%的书面作业,然后是100%的书面作业,才能有机会接触偏好活动。

最后,个案研究团队确定文森特可能会从使用可视化时间表中受益,因为它似乎可以作为他书面作业以及他在完成书面作业后能够获得些什么的提醒。虽然团队无法确定可视化时间表在这种情况下是否有必要,但文森特的助教老师报告说,他经常使用可视化时间表。由于有研究支持可视化时间表作为自闭症学生的有效干预手段,并且其在本次干预中并不是很有干扰性,该团队可能会继续与文森特或其他具有类似行为的学生一起实施这项措施。

"先后顺序"展示板可以根据学生的年龄、语言能力、目前的功能水平和行为目标进行个性化设计。此外,还可以根据具体情况调整板上活动的复杂程度。例如,可以使用与本个案研究中使用的时间表类似的、简单的可视化时间表,使用"先后顺序"的格式,用图片或符号来表示活动或任务。对年龄较大的学生,还可以使用文字而非图片来描述一系列按顺序排列的任务(如多项作业),从而使干预措施更加复杂。同样,普雷马克原则可以以简单或复杂的方式加以应用,这取决于需要做什么来获得参与偏好活动的机会。例如,学生可能只需要完成一个非偏好任务就可以参与偏好活动。相反,学生可能需要完成一系列的任务,或随着时间推移,保持一个特定的任务完成水平,才能获得参与偏好活动的机会。此外,学生的目标可能会随着时间的推移而改变,因此干预需要学生满足越来越高的期望,来获得强化。

三、结论

当挑战性行为被认为是表现缺陷(即"不想做"),而不是技能缺陷(即"不会做")时,应用普雷马克原则和可视化时间表可以建立有效的干预。本章介绍的个案研究表明,如何在高中环境中应用这些策略,帮助难以完成学业任务的学生。这两种干预措施都可以根据学生的特殊情况进行调整。此外,针对学生在学校环境的一系列行为,普雷马克原则和可视化时间表可以单独使用或结合使用。

附录 A:"先后顺序"可视化时间表模板

首先	然后
在你的日记里写五个句子。每句话都必须简洁、完整且有关联。	 看5分钟漫画书!

(周丹妮　译)

参考文献

Azrin, N. H., Vinas, V., & Ehle, C. T. (2007). Physical activity as reinforcement for classroom calmness of ADHD children: A preliminary study. *Child & Family Behavior Therapy*, 29(2), 1-8. doi:10.1300/J019v29n02_01.

Geiger, B. (1996). A time to learn, a time to play: Premack's principle applied in the classroom. *American Secondary Education*, 25(2), 2-6.

Hosie, T. W., Gentile, J. R., & Carroll, J. D. (1974, Summer). Pupil preferences and the Premack principle. *American Educational Research Journal*, 11, 241-247.

Hume, K. (2009). *Steps for implementation: Visual schedules*. Chapel Hill, NC: The National Professional Development Center of Autism Spectrum Disorders, Frank Porter Graham Child Development Institute, The University of North Carolina.

Johns, B. H. (2015). *15 positive behavior strategies to increase academic success*. Thousand Oaks, CA: Corwin Press. doi:10.4135/9781483388489.n8.

Knight, V., Sartini, E., & Spriggs, A. D. (2015). Evaluating visual activity schedules as evidence-based practice for individuals with autism spectrum disorders. *Journal of Autism and Developmental Disorders*, 45, 157-178.

Premack, D. (1959). Toward empirical behavior laws: I. Positive reinforcement. *Psychological Review*, 66, 219-233. doi:10.1037/h0040891.

Spriggs, A. D., Mims, P. J., van Dijk, W., & Knight, V. F. (2017). Examination of the evidence base for using visual activity schedules with students with intellectual disability. *The Journal of Special Education*, 51, 14-26. doi:10.1177/0022466916658483.

Van Hevel, J., & Hawkins, R. P. (1974). Modification of behavior in secondary school students using the Premack principle and response cost technique. *School Applications of Learning Theory*, 6(4), 31-41.

Zimmerman, K. N., Ledford, J. R., & Barton, E. E. (2017). Using visual activity schedules for young children with challenging behavior. *Journal of Early Intervention*, 39, 339-358. doi:10.1177/1053815117725693.

第六章 视频示范

一、前言

视频示范(Video modeling)是一种循证实践(National Autism Center, 2019; Wong 等, 2015),已被用于多种障碍类别,教授各种技能和行为,包括运动行为、社交技能、沟通、服从、自我监控、功能性技能、职业技能、运动表现和情绪调节(Baker, Lang, & O'Reilly, 2009; Bellini & Akullian, 2007; Delano, 2007; Dowrick, 1999; Hitchcock, Dowrick, & Prater, 2003; Kehle & Bray, 2009; Losinski, Wiseman, White, & Balluch, 2016; Seok, DaCosta, McHenry-Powell, Heitzman-Powell, & Ostmeyer, 2018)。视频示范干预包括个人观看技能或行为的视频演示,然后模仿视频中呈现的行为或技能。视频示范可用于促进技能习得、提高技能表现和减少问题行为。自我示范视频(Video self-modeling,简称 VSM)是视频示范的一种具体应用,它允许个体通过观察自己成功地完成某项行为来模仿目标行为。元分析研究的结果支持这样一种观点,即通过视频示范和 VSM 学习可以快速获得技能,并且很容易在不同的环境和人之间迁移,同时,在干预结束后还能保持数月(Baker, Lang, & O'Reilly, 2009; Bellini & Akullian, 2007; Losinski 等, 2016; Seok 等, 2018)。

视频示范和 VSM 的成功已经通过各种理论视角被概念化,包括行为视角(Nikopoulos & Keenan, 2004)、认知视角(Kehle, Bray, Margiano, Theodore, & Zhou, 2002)和社会认知视角(Dowrick, 1999)。从行为的角度来看,尼科普洛斯和基南(Nikopoulos & Keenan, 2004)认为,观看视频中的某些活动或游戏起到了激励作用,从而增强了视频中的活动和项目的强化特性。从认知的角度来看,凯勒(Kehle)等在 2002 年提出,观看经过编辑的、描述积极有效行为的自我示范视频,可能会改变观看者对其过去行为的记忆。也就是说,他们对过去不良行为的记忆可能会被示范行为的记忆所取代。最后,多利克(Dowrick,1999)从社会认知的角度断言,儿童不仅通过观察自己在视频中的行为表现(即 VSM)来获得技能,还可以通过观察自己的有效行为来提高自我效能。

VSM 的干预措施通常可分为两类:积极的自我反思和视频前馈(Dowrick,1999)。积极的自我反思指的是一个人看到自己成功地参与了一种行为或活动,而这种行为或活动目前属于他们的行为范围,它可以用于低频行为或曾经掌握但不再进行的行为。在这种情况下,先录制个人的低频行为,然后向其播放该行为的视频。一个积极的自我反思干预的例子可以应用于很少听从大人指令的孩子身上。为了实施这种干预,可以在成人发出各种任务指令时录制该儿童的视频,然后对视频进行剪辑,删除所有不遵守指令的情况。视频编辑完毕后,孩子反复观看遵守任务指令的实例,积极的自我反思干预发挥作用。从技术角度来看,积极的自我反思是一个相对简单的策略。然而,对于非常低频率的行为,它可能需要大量的原始视频素材才能捕捉更少量的目标行为。

视频前馈通常用于当一个人已拥有大部分必要的行为技能,但无法按照正确的顺序完成某项活动的情况。例如,孩子可能有能力起床、刷牙、穿衣和梳头,但她在早上的日常生活中不能以适当的顺序完成这些技能。视频前馈干预就是将她完成每项任务的过程录制下来,然后将片段拼接在一起,形成完整的步骤序列。同样的方法也可用于典型的社会互动行为。例如,可以录制儿童展示三种不同技能的视频:开始互动、保持互惠互动和适当终止互动。然后,可以将这三个片段剪辑混合在一起,描绘出一个成功的、流畅的、持续的社交互动。对于那些需要额外帮助或支持的人来说,视频前馈也是一个不错的选择,他们可以通过使用隐藏支持来成功完成任务。例如,可以录制儿童与同伴互动的视频,而成年人则通过提示或鼓励对其提供持续的帮助。然后,成人的提示被编辑掉(即"隐藏"),这样当孩子看到视频片段时,他会认为自己是独立成功地完成的。与积极的自我反思相比,视频前馈需要额外的技术能力,但它通常只需要较少的原始镜头。

二、个案研究

(一) 背景介绍及分析

1. 背景信息

迈克(Mike)是布鲁明顿中学(Bloomington Middle School)六年级的学生,被诊断患有孤独症谱系障碍(ASD)。考虑到他的社交、行为和情感功能,他的父母和老师建议他进行干预,并协助制定干预计划。特别是他的老师报告说,迈克经常用不恰当的言论或噪音来扰乱课堂。为了评估迈克的行为和情感功能,我们对迈克及其母亲和老师进行了学生、家长和老师的访谈、标准化的行为检查和功能行为评估(Functional Behavior Assessment, FBA)。

迈克的母亲报告说,他对与同伴交往很感兴趣,经常谈论交朋友的事。迈克表示他在学校有两个朋友,但他妈妈和老师说他通常一个人玩,没有朋友。迈克说他喜欢玩电子游戏和阅读有关吊扇的书籍。迈克在学校最喜欢的科目是数学和阅读。他的老师说他是一个情感丰富的孩子,经常试图拥抱和追逐其他孩子和成人。此外,迈克还经常在课堂上发出不适宜的声音和冲动言论。他的老师报告说,这些声音会扰乱教学环境,分散其他孩子的注意力。他的老师还报告说,迈克经常在午餐时做出各种"不当"行为,并且很难与同伴建立积极的互动。迈克表现出许多表达性沟通障碍(发音、语用等),这对他的社交和行为功能产生了负面影响。

2. 问题行为描述

我们对迈克的特殊教育老师进行了修正问题解决访谈(Bellini, 2006a),重点是阐明问题行为的功能和分析社交技能缺陷。访谈包括四个标准组成部分:问题识别、问题定义、问题验证和问题分析。问题识别阶段的主要目的是识别、优先考虑并定义对迈克来说特别成问题的社交技能缺陷和问题行为。问题识别阶段还提供了一个机会,可以询问迈克的老师过去曾尝试过哪些干预措施以及它们的成功率如何。迈克的老师报告说,他经常在吃午饭时对其他孩子做出"不恰当的社交行为"。她进一步将这些行为描述为"触摸其他孩子、推搡、追逐和辱骂他们"。当被要求描述迈克的社交技能时,这位老师回答说"几乎没有"。在进一步的提示下,她表示,迈克在开启社交和回应技能方面特别吃力。迈克的老师报告说,迈克似乎对其他孩子很感兴趣,并经常试图与他们互动。然而,老师说迈克的主动行为往往是无效且令人反感的,通常会导致同伴的排斥。在采访中,老师和学校心理老师一起把迈克的问题行为标记为"无效和有问题的社交互动",他的老师指出,积极的社交开启、社交回应和与同伴保持积极接触,将是干预过程中需要解决的重要技能。老师报告说,学校团队之前曾试图使用社交叙事策略和同伴示范策略来教授社交启动技能。然而,这两种干预都没有效果。

除了问题解决的访谈外,我们还使用孤独症社交技能问卷-2(ASSP-2; Bellini, 2016)对社交能力进行评估,来确定可能导致问题行为的特定社交技能缺陷,并确定其教育计划中的潜在技能目标。评估结果表明,迈克在参加活动和回应同伴倡议方面存在明显缺陷。

3. 问题分析

问题分析阶段的目的是确定问题行为的功能,从而找出可能导致问题行为出现的动因。学校心理老师尤其感兴趣的是确定社交技能缺陷的存在是如何影响问题行为的。问题分析阶段为收集有关问题行为和目标社交技能最有可能和最不可能发生的情境或环境的信息提供了机会。此外,问题分析阶段还包括确定目标社交技能缺陷是技能习得缺陷,还是表现缺陷的结果。问题分析阶段包括对迈克老师的访谈和午餐环境中的 A-B-C 观察,以阐明问题行为的功能。

迈克的老师被要求描述问题行为和目标社交技能的比率、次数、严重程度或强度。她报告说,问题行为每天都会发生,而且在午餐时间多次发生。她指出,就攻击性而言,迈克的行为并不严重(也就是说,他从未伤害过其他孩子)。然而,她担心这些行为严重影响他与同伴建立和保持互动的能力,并且同伴已经开始排斥和回避他。迈克的老师还被要求比较他与其他孩子在开启社交和与同伴保持积极互动方面的能力。她表示,与学校的其他孩子相比,迈克的开启社交技能在六年级的孩子中处于垫底的1%,他与同伴保持积极交往的时间不到10%。在午餐时间进行的 A-B-C 观察记录表明,问题行为的功能可能是获得同伴的关注。当迈克推搡或抓住别的孩子时,其他的孩子们有时会笑,并与迈克进行"追赶游戏"。但大多数时候,他们会告诉迈克离他们远点,"走开"。迈克常常对这些警告置若罔闻,继续做出这些不受欢迎的社交行为。

基于 FBA 的结果,包括问题解决访谈和 A-B-C 观察数据,我们确定迈克做出问题社交行为是为了获得同伴的注意。此外,根据问题解决的访谈和孤独症社交技能问卷-2 的结果,确定了各种社交技能的缺陷(难以发起、回应和保持与同伴的互动)是导致问题行为出现的原因。也就是说,迈克出现问题社交行为是为了获得同伴的注意,这是因为他不知道如何才能有效、适当地获得他们的关注。因此,干预的目标是通过教授迈克有效、适当的社交技能来减少问题行为。此外,评估数据表明,这些技能缺陷可以概念化为技能习得缺陷(即,迈克目前不具备的技能)。因此,需要采用技能习得策略来弥补这些技能缺陷。

(二)干预计划及实施

1. 干预目标

学校心理老师和迈克的老师合作确定了与目标问题行为相关的目标,并选择社交技能来替代问题行为。干预的目标是通过用积极有效的社交行为取代无效和有问题的社交行为,减少无效和有问题的社交行为。对于与同伴积极互动的主要替代行为,我们的目标是在干预的前九周,与基线相比,这些行为增加50%。对于无效和有问题的社会交往的主要问题行为,迈克的老师和学校心理老师指出,最初的目标应该是在干预的前九周内将行为数量比基线减少50%。

2. 测量目标行为、收集数据、监测进度

为了便于监测进展情况,我们对两个结果变量进行了评估:与同伴的积极社交以及无效和有问题的社交。积极社交的定义是指积极参与活动、游戏或与同伴交谈。比如,自发的口头语言和非口头语言的社交启动,以及对同伴的反应也被识别为社交参与。社交启动的活动包括请求帮助、获取信息、请求参与、参加游戏活动、打招呼、表示赞美、给予/分享/展示物品,以及提供身体接触。社交回应包括在收到请求后提供帮助、回答问题、在收到邀请后参加活动、回应、问候或赞美、接受玩具或物品,以及接受身体接触。除非游戏期间发生了游戏道具的相互交换,否则使用单独或类似游戏道具的平行游戏是不被视为社交启动的。例如,如果孩子和其他孩子一起坐在桌子旁完成一个拼图游戏,除非有互惠的拼图交换(分享)或两个孩子完成相同的拼图游戏(如一起做一个形状),否则该活动不会被算作社交参与。消极行为,如抢夺其他同学的东西或推搡另一个同学,这些都不能算作社交参与。由学校工作人员促成的社交互动不能算作社交参与。无效和有问题的社交互动是指用不受欢迎的方式发起或回应同伴的互动,造成同伴不愿积极参与。无效和有问题的互动包括触摸或抓住其他孩子,推搡、追逐或者辱骂他们。

学校心理老师每周三次在20分钟的午餐时间里收集数据。午餐时间的安排为学生提供10分钟的用餐时间和10分钟与同伴社交的时间。六年级学生可以使用与相邻小学共享的操场,以及一个室内"游戏室",该游戏室为学生提供各种游戏和娱乐项目。观察时间分别为干预前两周(基线阶段)、VSM干预的四周(干预阶段)和干预后两周(维持阶段)。采用频率计数法记录无效和有问题的社交互动。与同伴的积极社交接触则采用部分间隔时间取样法进行测量,间隔时间为10秒。

3. 干预计划

通过实施VSM干预措施来教会迈克如何有效地发起、回应并保持与同伴的互动。VSM干预既可以作为技能学习策略,也可以作为绩效提升策略(Bellini, 2016)。VSM干预遵循贝里尼(Bellini)和埃勒斯(Ehlers)于2009年推荐的制定VSM干预措施的六步法,包括:(1)确定目标学生和行为;(2)确定视频中还会有哪些人;(3)制定计划;(4)拍摄行为;(5)编辑原始素材;(6)向学生展示视频。目标学生是迈克,目标行为是与同伴的社会交往,包括发起、回应和保持与同伴的互动。视频记录还包括两个与迈克有过积极交往经验的同学,两名学生都表示愿意参与并同意录制视频,视频中出现的所有孩子也都征得了他们父母的同意。

征得同意后,拍摄在学校的游戏室进行。场地里提供了许多游戏和互动游戏项目,如棋盘游戏、沙包和 Nerf 篮球游戏。我们使用了"隐性支持"(Dowrick, 1999)的前馈技术来促进社交活动的发起和回应。在拍摄期间,学校心理老师使用贝里尼(Bellini, 2016)所描述的提示指南,提供了大量的口头提示,用以指导迈克发起、回应和保持与两个同伴的互动。提示的水平和类型与迈克的发展和技能水平相符合。视频片段拍摄于收集基线数据前两周。视频录制历时两天,收集了大约 30 分钟的原始素材。

学校心理老师在拍摄阶段完成后对视频素材进行编辑。她制作了两段一分钟的视频片段,呈现了迈克有效地发起、回应并保持与同伴的互动。视频经过剪辑后,删除了由学校心理老师提供的持续提示(隐藏支持),并删除了所有被认为有问题或无效的互动(例如,独自玩耍、对同伴的提议缺乏回应、不恰当的言论、侵犯个人空间),以塑造迈克在与同伴的互动中独立有效的形象。

干预阶段(即播放视频片段)持续了 17 个教学日,共 4 个教学周。由于感恩节假期,麦克缺席了两天,此外,在干预期间麦克缺席了一个教学日。在干预阶段,迈克每天都要观看一段剪辑好的视频。老师们按照指示轮流播放视频片段,这样迈克就不会连续几天观看同一段视频。为了保持一致性,迈克在午餐时间之前看录像带。迈克在指定的学校工作人员(如教师或助教)在场的情况下才能观看视频。

学校工作人员按照指示,除了在迈克没有关注视频屏幕的情况下进行引导以外,在迈克观看视频期间不与他进行交谈。在这种情况下,工作人员被要求用语言或非语言的方式(如,"观看视频",或通过点击屏幕并说"看")提供重新引导。迈克在与教室相连的教师办公室观看他的视频。迈克被告知,他要观看一段"你和朋友一起玩"的视频。看完视频后,迈克马上去吃午饭。教师们接到指示,在这 20 分钟的观察期间,不要鼓励或加强迈克的社交互动。

4. 干预保真度和评分者一致性

做记录的特殊教育老师(迈克在午餐前与他一起上课)进行依从度表格的填写,以确认干预的保真度(见图6.1)。保真度表格包含了代表星期几的方框,如果迈克在那天观看了视频,老师则要勾选该方框。老师还要注意迈克那天是否专心观看视频。如果当天视频未播放,教师要勾选"未播放"方框(Did Not Show,简称DNS),如果当天仅播放部分视频,则勾选"部分播放"(Partial Showing,简称PS)。老师被要求记录下任何因设备故障(或用户错误)而无法播放视频的情况。据该老师说,在17天里,有16天按照原定计划播放了这段视频。老师注意到,由于注意力不集中,第一天的视频只播放了部分。老师注意到,迈克在第一天需要频繁的提示和引导,才能观看电脑屏幕。

教师:_____ 学生:_____ 日期:_____
请在下面的方框中注明该学生当天是否观看了视频。如果孩子缺席,就在方框里注明"缺席"。如果那天学校不上课,请注明"不上课"。如果当天只播放了一部分视频,请注明"播放部分视频"。最后,如果因为设备故障不能给学生看视频,请在方框中注明"设备故障"。

星期一	星期二	星期三	星期四	星期五

请评价你认为本周干预的进展情况,并圈出最能描述本周干预行动的情况。
1. 这项干预干扰了正常的课堂教学。
□非常不同意　□不同意　□同意　□非常同意
2. 这项干预会分散课堂上其他学生的注意力。
□非常不同意　□不同意　□同意　□非常同意
3. 该学生观看了视频。
□非常不同意　□不同意　□同意　□非常同意
4. 该学生喜欢看视频。
□非常不同意　□不同意　□同意　□非常同意
5. 这项干预易于实施。
□非常不同意　□不同意　□同意　□非常同意
6. 我认为干预对学生是有益的。
□非常不同意　□不同意　□同意　□非常同意
7. 我很喜欢参与这项干预。
□非常不同意　□不同意　□同意　□非常同意
补充说明:_____

图6.1　社会效度和依从度

学校心理老师为迈克的教育团队(一名特殊教育教师和两名专业辅助人员)提供了关于 VSM 干预和干预中使用的行为观察技术的简短培训。此外,在研究开始之前,学校团队有机会练习如何记录社交互动。为了在培训课程中建立评分者一致性,学校团队参与了实践课程,他们一边观看迈克在资源室与同伴的社交互动的视频,一边记录迈克的行为。团队以 15 分钟为一段记录行为,然后立即将他们的记录与学校心理老师的记录进行比较。训练继续以这种方式进行,直到教师与学校心理老师达成 90%的一致性。为了保证评分者一致性,一名教职员工与学校心理老师一起记录了观察过程中的 25%的行为。评分者一致性的计算方法是将一致评分的数量除以一致加上不一致数量的总和,然后乘以 100。在这种情况下,评分者一致性是通过比较学校心理老师与每个数据收集人的记录来得到结果。两个结果变量的评分者一致性范围在 80%至 100%之间,各阶段平均为 98%。

(三) 干预结果及分析

1. 干预结果数据

干预措施的有效性通过对数据图表的直观检查来确定,包括干预措施实施后结果变量变化的即时性、各阶段数据点的重叠程度,以及各阶段结果变量的斜率和方向的分析。趋势分析是通过构建一条分裂的中间进度线来进行的(Alberto & Troutman, 2013)。除了目测外,通过对各阶段平均参与率的描述性分析,并通过计算效果大小指标——差异改进率(Improved Rate of Differences, IRD),分析各阶段结果变量的变化幅度。IRD(Parker, Vannest, & Brown, 2009; Parker, Vannest, & Davis, 2011)是一种效应量指标,表示基线阶段和干预阶段之间的改善百分比。帕克等(Parker 等,2009)为解释改进差异率的大小提供了以下指导意见:分数小于或等于 0.50 说明影响值得怀疑;得分在 0.50 和 0.70 之间说明具有中等影响;大于 0.70 的分数说明具有强烈影响。

在引入 VSM 干预之后,迈克的社交参与水平显著提高,结果变量的变化很快(见图 6.2)。迈克在基线期间的平均社交参与率是 17%,其社交参与水平在基线期间是稳定的,即在 14%到 19%之间。在 VSM 干预阶段,他的参与度上升到 62%,并呈上升趋势。所有干预数据点均高于基线时的平均参与率。在基线与 VSM 之间的差异改进率为 1.00,表明 VSM 干预具有很强的影响力。迈克在维持阶段的平均社交参与率为 75%。在基线和维持阶段之间的差异改进率也为 1.00,这表明改善的速度非常高。

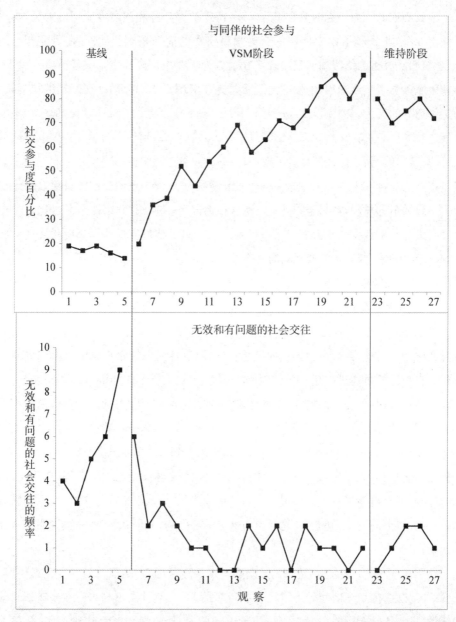

图 6.2 在 VSM 干预前、干预中和干预后,主动参与社交的百分比以及无效和有问题行为的频率

在引入 VSM 干预之后,迈克无效和有问题的社交互动频率下降了,结果变量的变化很快(见图 6.2)。迈克在基线期间的无效和有问题的社交互动平均频率为 5.4。迈克的无效和有问题的社交启动频率在基线期间变化很大,在 3 到 9 区间。在 VSM

干预阶段,无效和有问题社交互动的平均频率下降到1.5,呈下降趋势。除一个干预数据点外,其他数据点均低于基线平均值。基线与VSM之间的差异改进率为0.89,这表明VSM干预具有很强的影响量。在维持阶段,迈克无效和有问题的社交活动平均数量是1.2,基线和维持阶段之间的差异改进率是1.00,这表明这两个阶段之间的改进速度非常快。

2. 干预效果总结

干预的主要目的是通过与同伴进行积极的社会交往来取代无效和有问题的交往,从而减少无效和有问题的交往。为了与同伴积极交往,目标是在干预的前九周将这些行为增加50%。对于无效和有问题的社交互动,迈克的老师和学校心理老师指出,最初的目标应该是在干预的前九周将其行为的数量减少50%。在干预的前九周,与同伴积极的社交互动增加了300%以上,与同伴的无效和有问题的社交互动减少了70%以上。此外,持续的数据收集表明,在停止VSM干预后,干预的积极结果仍然得以保持。

3. 干预可接受性

研究者每周向迈克的特教老师发放社会效度问卷(改编自Bellini, 2016),用以测量其对干预的满意度和对VSM程序的接受程度(见图6.1)。问卷由一系列问题组成,采用四级评分制,范围从1(非常不同意)到4(非常同意)。问卷包含以下内容:(1)这项干预干扰了正常的课堂教学;(2)这项干预会分散课堂上其他学生的注意力;(3)该学生观看了视频;(4)该学生喜欢看视频;(5)这项干预易于实施;(6)我认为干预对学生是有益的;(7)我很喜欢参与这项干预。问卷上还为教师提供了足够的空间,以供老师们分享其他的意见或疑虑。

教师在每周社会效度问卷上的回答表明,干预不会干扰正常的课堂教学(平均值=1.88),也不会分散其他学生的注意力(平均值=1.88)。教师报告说,干预易于实施(平均值=3.75),她喜欢参与干预(平均值=4)。她的回答表明,她相信干预对迈克是有益的(平均值=4)。她还指出,迈克最初并不喜欢看视频(平均值=3.25)。具体来说,迈克曾告诉她,他不喜欢在视频中看到自己。在第一天,她注意到他需要频繁的提示和引导来保持对电脑屏幕的注意力。她报告第一天后,迈克似乎更喜欢看有他的视频了,这从他对电脑屏幕的关注增加就可以看出。她还说,迈克曾多次口头表达想要提前观看视频。在社会效度问卷的开放题目中,老师报告说,迈克在其他环境中与他人互动更频繁,并且在整个上学期间与多人互动。

社交效度问卷的结果表明，VSM的程序被认为是可以接受的，并且受到学校团队的好评。迈克的老师报告说，VSM的干预很易于实施，对学生有益。她还说，该程序并没有扰乱正常的课堂活动，也没有分散课堂上其他孩子的注意力。

（四）干预影响因素

根据评估结果，包括"问题解决面谈""标准化的行为清单和功能行为评估"、FBA和孤独症社交技能问卷-2（ASSP-2），我们确定迈克做出有问题的社交行为是为了获得同伴的关注，社交技能缺陷是他出现问题行为的原因。因此，干预的目标是通过教会迈克有效地发起、回应和保持与同伴互动所必要的技能，来减少问题行为。此外，评估数据表明，这些技能缺陷可以视为技能习得性缺陷。因此，该团队选择了一种基于证据的技能获取策略——VSM，以促进社交技能的习得。

在VSM的帮助下，无提示的社交参与迅速大幅增加，无效和有问题的社交互动减少。此外，在VSM干预结束后，社交参与和有问题社交行为的水平仍然保持不变。最重要的是，VSM干预促进了对视频中没有出现的环境和同伴的迁移。这些结果之所以重要，是因为干预措施提高了在自然环境（午餐时间环境）中与同伴的社交接触，而不是在受控的临床环境中。鉴于社交退缩可能会对孤独症儿童的发育结果产生负面影响，该个案研究的结果也很重要。不良的社交技能与各种不良的生活结果有关，包括社交失败、同伴排斥、欺凌（欺凌者和受害者）、焦虑、抑郁、药物滥用、自杀倾向、犯罪和其他形式的精神障碍（Bellini, 2006b; Cook, Williams, Guerra, Kim, & Sadek, 2010; Tantam, 2000）。

还需要注意的是，目前的干预仅涉及使用VSM，而没有使用其他干预策略，如成功完成目标行为的提示和强化。在20分钟的观察期间，迈克的社交活动没有得到强化，成年人也没有鼓励他与同伴互动，后者对于与孤独症儿童一起工作的教育者来说是非常重要，因为VSM是一个有效的策略，可以促进迅速淡化和尽量减少对同伴的依赖。在这项干预中，孩子们只在录像过程中受到提示与同伴互动。在视频编辑过程中，成人的提示会被删除，这样当迈克观看视频片段时，他就能看到自己独立地、流畅地与同伴互动。

尽管此前关于VSM干预的研究已经证明它对包括行为障碍在内的各种残疾儿童的有效性（Bake, Lang, & O'Reilly, 2009; Losinski等, 2016; Seok等, 2018），但对孤独症谱系障碍的学生来说，VSM是一种特别有效的干预措施，因为它解决了许多孤独症的潜在缺陷（Bellini & Akullian, 2007）。视频示范干预的有效性，在一定程度上部分归功于 VSM 能将孤独症儿童（视觉提示教学）强大的学习模式与经过充分研究的示范干预整合在一起（建模）。其次，它可能会增加对示范任务的关注，这对成功示范至关重要。使用视频示范时，干预者可以在视频编辑过程中删除示范技能或行为中的无关元素。这使孤独症儿童能够更好地专注于目标技能或行为的基本方面。通常情况下，当视频显示器打开时，孩子会立即关注屏幕，从而关注目标技能。然而，当注意力不集中的情况发生时，可能有必要对注意力集中的行为进行引导和强化，因为对视频片段的关注是成功实施 VSM 干预的关键。此外，干预的新颖性和实施方法（如观看视频）可能会增加参与干预的积极性。坊间证据和临床经验表明，对于不论是否患有孤独症的儿童来说，观看视频都是一项非常受欢迎的活动。这可能会增强对学习任务的动机和注意力。在 VSM 中，观看自己视频的积极性可能会通过对主要积极行为的描绘而增强，这也可能会提高自我效能感。也就是说，孩子们看到的是他们的亮点，而不是错误。最后，VSM 允许自我监控以及评估自己的行为。通过视频观看自己，可以直观地了解自己，这可能有助于自我监控和自我意识的发展。

最后，在干预前和干预中，对 VSM 干预的社交有效性进行评估和监测也很重要。鉴于 VSM 仍然是一种相对陌生的干预方式，这一点尤为重要。此外，视频示范的实施需要一些技术能力。参与本次干预的教师表示，VSM 干预易于实施，对参与者有益。教师还说，这个程序不会干扰正常的课堂教学，也不会分散课堂上其他孩子的注意力。然而，需要强调的是，目前的干预措施并没有让学校工作人员参与视频编辑过程，这需要额外的技术技能、资源和时间。这种增加的工作量可能会造成一些人的抗拒和或拒绝，一些教育工作者和家长可能认为他们缺乏熟练的技术能力，这就阻碍了干预的成功实施。鉴于全美学校心理老师协会的实践模式（National Association of School Psychologists' Practice Model）对技术逻辑能力的重视（Skalski 等，2015），学校心理老师应该寻找机会，在实施涉及使用技术的干预措施方面发挥培训和主导作用。

虽然目前的干预结果表明，在干预阶段，社交参与和问题社交行为等结果变量有所改善，但值得注意的是，仅靠进度监测并不能确保干预和结果变量之间的功能关系。也就是说，它没有考虑可能对干预的内部和外部有效性构成威胁的混淆变量。例如，在这项干预中，教师在 20 分钟的观察期间不得提示学生社交的行为，但学校心理老师无法控制教师们在一天中其他时间里的行为。有可能的是，干预措施的引入可能会以某种方式影响教师的行为，使他们更注意社交行为，从而导致全天中对社交参与的促进和强化。虽然从研究者的角度来看，这可能会对内部有效性造成威胁，但从实践角度来看,这肯定会被视为理想的"副作用"。此外,学校心理老师没有直接测量干预的保真度。尽管我们没有理由怀疑上课教师的保真度,但是干预的有效性依赖于自评量表,使我们无法绝对肯定干预是否按预期实施的结论。此外,干预措施仅仅测量了一周内的维持效果。相对较短的维持周期限制了我们对VSM程序的长期影响得出有力的结论。因此,我们建议教育团队在干预结束后的多个季度,继续监测社交目标的维持情况。干预的另一个潜在弱点是未能收集到多个环境中的社交参与数据。收集不同环境下的数据可以确保在干预中学到的技能在不同环境和不同人群中得到迁移。

最后,在学校环境中使用VSM干预需要特别注意征询许可,得到同意。大多数学区都要求学校团队征得家长的额外同意后,才能拍摄所有孩子的视频。有趣的是,迈克的学校在每学年开学时都告知家长,他们孩子在教室里可能会被录像,以用于各种宣传和教育目的,例如为媒体报道或向教师反馈教学实践,以及促进个别学生的干预。如果家长不希望他们的孩子被拍摄,他们需要直接联系学校,选择退出拍摄名单。尽管如此,学校的心理老师还是主动联系了参与VSM干预孩子的父母,获得了拍摄孩子的书面同意。我们建议学校心理老师在开始实施VSM干预之前,也与他们的行政管理人员进行联系,以告知他们的具体程序,并获得他们的明确批准,然后再开始实施。行政管理人员还可以提供有关校区政策的补充信息,说明在学校环境内对学生进行录像的情况。重要的是要告知所有相关人员(家长和管理人员),录制视频的目的是将孩子最佳行为和表现制作成精彩片段。

三、结论

本章所描述的干预措施印证了VSM干预对提高一名患有孤独症的六年级学生社交参与度和减少问题社交行为方面的有效性。VSM程序使学生在午餐环境中与同伴的无提示社交参与迅速大幅增加,并减少了问题社交行为。越来越多的研究已经证明了VSM在改善各种障碍儿童的社交、沟通、功能和行为结果方面具有重要价值,并适用于多种行为和技能。VSM是一个有明确实证证据的方法,是我们心理老师干预的重要工具。

(周丹妮 译)

参考文献

Alberto, P. A., & Troutman, A. C. (2013). *Applied behavior analysis for teachers* (9th ed.). Upper Saddle River, NJ: Prentice Hall.

Baker, S., Lang, R., & O'Reilly, M. (2009). Review of video modeling with students with emotional and behavioral disorders. *Education and Treatment of Children*, 32(3), 403–420. Retrieved April 29, 2020, from www.jstor.org/stable/42900030. doi:10.1353/etc.0.0065.

Bellini, S. (2006a). *Building social relationships: A systematic approach to teaching social interaction skills to children and adolescents with autism spectrum disorders and other social difficulties*. Shawnee Mission, KS: Autism Asperger Publishing.

Bellini, S. (2006b). The development of social anxiety in high functioning adolescents with autism spectrum disorders. *Focus on Autism and Other Developmental Disabilities*, 2(3), 138–145. doi:10.1177/10883576060210030201.

Bellini, S. (2016). *Building social relationships 2: A systematic approach to teaching social interaction skills to children and adolescents with autism spectrum disorders and other social difficulties*. Shawnee Mission, KS: Autism Asperger Publishing.

Bellini, S., & Akullian, J. (2007). A meta-analysis of video modeling and video self-modeling interventions for children and adolescents with autism spectrum disorders. *Exceptional Children*, 73, 261–284. doi:10.1177/001440290707300301.

Bellini, S., & Ehlers, E.J. (2009). Video modeling interventions for youth with autism spectrum disorders: Practical suggestions for clinicians and educators. *Journal of Assistive Technology Outcomes and Benefits*, 6, 56–69.

Cook, C.R., Williams, K.R., Guerra, N.G., Kim, T.E., & Sadek, S. (2010). Predictors of bullying and victimization in childhood and adolescence: A meta-analytic investigation. *School Psychology Quarterly*, 25, 65–83. doi:10.1037/a0020149.

Delano, M.E. (2007). Video modeling interventions for individuals with autism. *Remedial and Special Education*, 28, 33–42. doi:10.1177/07419325070280010401.

Dowrick, P.W. (1999). A review of self-modeling and related interventions. *Applied and Preventive Psychology*, 8, 23–39. doi:10.1016/S0962-1849(99)80009-2.

Hitchcock, C.H., Dowrick, P.W., & Prater, M.A. (2003). Video self-modeling interventions in school-based settings: A review. *Remedial and Special Education*, 24, 36–46. doi:10.1177/074193250302400104.

Kehle, T.J., & Bray, M.A. (2009). Self-modeling. In A. Akin-Little, S.G. Little, M.A. Bray, & T.J. Kehle (Eds.), *Behavioral interventions in schools* (pp. 231–244). Washington, DC: American Psychological Association. doi:10.1037/11886-015.

Kehle, T.J., Bray, M.A., Margiano, S.G., Theodore, L.A. & Zhou, Z. (2002), Self-modeling as an effective intervention for students with serious emotional disturbance: Are we modifying children's memories?, *Psychology in the Schools*, 39, 203–207. doi:10.1002/pits.10031.

Losinski, M., Wiseman, N., White, S.A., & Balluch, F. (2016). A meta-analysis of video-modeling based interventions for reduction of challenging behaviors for students with EBD. *The Journal of Special Education*, 49(4), 243–252. doi:10.1177/0022466915602493.

National Autism Center. (2019). National standards report, phase 2. Retrieved from: https://www.nationalautismcenter.org/national-standards-project/phase-2/.

Nikopoulos, C.K., & Keenan, M. (2004). Effects of video modeling on social initiations by children with autism. *Journal of Applied Behavior Analysis*, 37(1), 93–96. doi:10.1901/jaba.2004.37-93.

Parker, R., Vannest, K., & Brown, L. (2009). The improvement rate difference for single case research. *Exceptional Children*, 75, 135-150. doi:10.1177/001440290907500201.

Parker, R., Vannest, K., & Davis, J.L., (2011). Effect size in single-case research: A review of nine nonoverlap techniques. Behavior Modification, 35, 303-322. doi: 10.1177/0145445511399147.

Seok, S., DaCosta, B., McHenry-Powell, M., Heitzman-Powell, L.S., & Ostmeyer, K. (2018). Systematic review of evidence-based video modeling for students with emotional and behavioral disorders. *Education Sciences*, 8(4), 170. doi:10.3390/educsci8040170.

Skalski, A.K., Minke, K., Rossen, E., Cowan, K.C., Kelly, J., Armistead, R., & Smith, A. (2015). *NASP practice model implementation guide*. Bethesda, MD: National Association of School Psychologists.

Tantam, D. (2000). Psychological disorder in adolescents and adults with Asperger syndrome. *Autism*, 4, 47-62. doi:10.1177/1362361300004001004.

Wong, C., Odom, S.L., Hume, K.A., Cox, A.W., Fettig, A., Kucharczyk, S., Brock, M.E., Plavnick, J.B., Fleury, V.P., & Schultz, T.R. (2015). Evidence-based practices for children, youth, and young adults with autism spectrum disorder: A comprehensive review. *Journal of Autism and Developmental Disorders*, 45, 1951-1966. doi:10.1007/s10803-014-2351-z.

第七章 行为技能训练和积极实践

一、前言

社会、情感和行为技能(Social, Emotional, and Behavioral Skills, SEB)的获得和表现对于确保儿童长期健康发展和功能发挥至关重要(Alexander, Entwisle, Blyth, & McAdoo, 1988)。缺乏某些社会、情感和行为技能的儿童面临短期和长期困难的风险,包括学业成绩下降(Durlak 等,2011;Hinshaw, 1992)、逃学/旷课(Hootman & DeSocio, 2004)、人际关系受损(Cook 等,2010)、药物滥用(Arthur 等,2007)和辍学(Greenberg 等,2001)。鉴于缺乏社会、情感和行为技能的儿童的普遍性和影响,有必要增加儿童获得高质量干预的机会,以此提高他们的技能,从而改善他们的学业和生活。

本章旨在概述行为技能培训和积极实践的基本方法,帮助儿童掌握和应用关键的社会、情感和行为技能,使他们能够更好地符合家庭和学校生活的需求和期望。本章将讨论识别学生出现问题行为的原因的重要性,以便根据学生的需求采取适当的干预措施。这将为行为技能培训和积极实践的讨论做好铺垫,因为行为技能训练和积极练习是支持儿童掌握和运用重要先决技能的基本教学技巧,使他们能够符合家庭、学校和社区等主要环境的需求。

本章将对三年级学生比利(Billie)需要干预的案例作介绍,以强调行为技能训练和积极实践的设计和实施过程,是解决已发现的确定问题的有效方法,也是促进那些假设存在习得性缺陷的学生技能的有效方法,这些缺陷会影响他们在学校的成功。

二、如何教导有习得性缺陷的学生

对于有习得性缺陷的学生需要进行干预,先教会他们掌握社会、情感和行为技能或学术技能,这样使他们能够满足特定行为环境的要求。成人经常犯的错误是,只告诉学生该做什么,而没有正确地教他们如何做或要求他们做什么具体行为。当学生不具备所期望的技能或行为时,采用包含惩罚性、排他性处罚的反应性方法的可能性增加(Mitchell & Bradshaw, 2013)。惩罚性、排他性处罚可能会暂时缓解对行为的处理,但使用这些制裁措施来应对行为会产生负面影响,包括损害与学生的关系、降低学生对环境的归属感和连接、失去学习机会和产生羞耻感(Skiba 等,2014)。例如,一个学生缺乏自我管理技能,无法在某些学习环境下(如涉及新学知识的独立作业)调节自己的行为,他可能会表现偏离任务的行为,这会促使老师公开谴责该学生的行为。反过来,公开谴责又会导致学生封闭自己或做出过激行为。对于教育者和照料者来说,必须评估学生是否具备社会、情感和行为技能,以使其行为符合环境的期望,而不是使用被动反应的方法。如果学生缺乏社会、情感和行为技能,那么需要采取一种教学方法,包括支持孩子掌握和应用必要的社会、情感和行为技能。那么问题来了:什么是教授学生社会、情感和行为技能的有效方法?

(一) 行为技能训练

行为技能培训(Behavioral Skills Training, BST)是一种专门的教学形式,能够有效帮助个人掌握和应用知识与技能(Miles & Wilder, 2009; Reid 等,2003; Rosales 等,2009)。行为技能训练的效果与教师给出明确指导一致,教师给出明确指导是教授学生核心学术技能的有效教学模式(Marchand-Martella 等,2013)。行为技能训练也是培训专业人员提供特定应用行为分析实践的有效方法(Reid 等,2011)。行为技能训练的方法略有不同,但大多数都有五个连续步骤,旨在促进特定行为和技能的习得:(1)讲述;(2)展示;(3)实践;(4)反馈;(5)复习。行为技能训练的第三步和第四步经常会重复进行,直到人们掌握了技能,也就是能够按照行为定义的标准练习或演练技能。下面对行为技能训练教学过程的每个步骤进行说明。

1. 告诉或指导学生需要学习哪些社会、情感和行为技能

"讲述"步骤涉及有效教学中的"是什么""在什么条件下"和"为什么"等要素,目标是让学生能够理解要掌握的社会、情感和行为技能,以及需要使用这些技能的情境,还有这些技能重要的原因。学生需要理解社会、情感和行为技能的使用环境,以及理解这些技能如何适配于帮助他们在未来做有意义的事情和取得成就。为了充分完成这一步骤,培训师必须使用行为检查表等工具从行为上定义目标技能(Lattimore, Stephens, Favell, & Risley, 1984)。

2. 向学生展示社会、情感和行为技能是什么样子的

"演示"步骤为学生提供了观摩社会、情感和行为技能示例和非示例的机会。示例表示社会、情感和行为技能在特定情境中应用得当时的样子,而非示例则展示了在特定情境中技能的使用有问题或不正确的情况。同时,社会、情感和行为技能的示例和非示例有助于学生区分并更准确地学习重点技能。

3. 通过提供练习机会来帮助学生掌握技能

下一步是为学生提供练习示范内容的机会。这一步也称为行为演练,即预设情景,在真实环境中模拟技能的应用,目标是让学生练习,然后将学到的知识应用到实际情境中。很多时候,成年人会完成前两步,但做起来很马虎。这会导致学生在展示技能时表现出不一致或不准确。当给予行为技能训练的"实践"步骤得到所需的时间和注意力时,学生能够更一致、更流畅地展示特定的技能。实践证明,练习该技能是行为技能训练成功的关键因素(Nigro-Bruzzi & Sturmey, 2010; Rosales 等, 2009)。

4. 反馈促进学习

反馈步骤是提供有关学生技能练习表现信息的关键环节。沃德霍纳和斯塔姆(Ward-Horner & Sturmey, 2012)认为反馈是行为技能训练的重要组成部分,有助于学习者取得成功。当反馈良好时,学生能够在整个学习过程中进行课程修正,并确定下一次要做什么,从而逐步提高他们展示技能的能力。

5. 回顾技能并汇报

复习步骤对于提供课程总结、确定学习目标是否已完成以及汇报下一步的情况非常重要。这一步还经常与家庭作业相结合,家庭作业列出了在培训课程之外练习技能的具体机会,并说明如何进行。

行为技能训练的成功在很大程度上取决于识别学生通过系统教学过程获得的关键行为或技能。关键行为或技能是指具有高度的情境适应性,有可能会对学生在学校或校外环境中的功能产生重大影响的行为或技能。一般有三种方法来制定和确定要纳入行为技能训练的具体目标行为或技能:(1)不能同时出现的期望行为;(2)同等功能的替代行为;(3)一般的社会行为;(4)自我调节技能。要确定训练学生的具体行为,一种方法是从定义对自己、他人和/或学习环境产生负面影响的问题行为开始。确定问题行为后,使用上述行为技能训练步骤(图 7.1)确定并设定适当的替代性行为。

方法	定义	举例
不能同时出现的期望行为。	期望的行为不可能与问题行为同时发生。	教学生保持适当行为,修正不恰当的行为。
同等功能的替代行为。	社会可接受的行为,其功能与问题行为相同(即获得想要的结果或避免不想要的结果)。	教学生如何以更合适的方法避免做不想做的学业任务,同时不会破坏学习环境。
一般社交技能。	社会可接受的学习行为,使个人能够与他人有效互动。	教授学生特定的与成人和同伴相关的社交技能,如积极倾听、与他人展开积极对话、尊重他人财产以及有效地解决冲突。
自我调节技能。	调节思想、情绪和行为以应对引发问题行为的特定情况的技能。	教学生特定的情绪调节(例如深呼吸、分心策略、自我安抚)、注意力调节(例如自我监控)和行为调节技能,使学生在面对之前引发问题行为的特定情况时能够保持在调节状态。

图 7.1　通过行为技能培训教授的行为和技能

(二) 积极实践

本干预的一个不足之处是培训课程以外的技能泛化能力较差(McIntosh & MacKay, 2008)。虽然行为技能训练强调一种旨在促进技能掌握的方法,但还需要有培训课程之外的教学技巧,以促进新学习技能的泛化。特别是学生需要更多的机会来重复练习,以提高流畅性(即自动适应),并了解需要应用新学到的技能的具体情况。积极实践旨在帮助学生学会何时应用新技能。该程序也被称为积极实践的反复矫正。积极实践的技术是指根据观察到的不当行为或错失展示技能的机会来证明适当技能的必要实践(Weems & Costa, 2005)。积极实践是指系统地反复练习,用期望的行为取代不期望的行为。例如,如果老师想要让学生学习如何举手等待,而不是在没有被叫到的情况下脱口而出回答或提问,那么老师会停下来让学生练习举手和等待,多达三到五次。在文献中,重复练习部分被称为反复矫正,这可以使学生的行为更加流畅,并增加在下次情况需要时出现目标行为或技能的可能性。从本质上讲,积极实践的程序在学生犯错误后立即停止,举例说明在这种情况下应该做什么或说什么才是正确或更恰当的,并在继续练习之前邀请学生重复两次或更多次。不对学生发火,也不表示不赞同,只是充分鼓励他们抓住练习机会。如果学生进行练习,那么建议表扬学生在练习技能时付出的精力和努力,用以强化他们的努力和技能。孩子越多练习某个期望

行为,这种行为发生的可能性就越大。在问题行为出现之后,学生必须反复练习正确的反应。下面是一些积极实践的例子:

- "你错失了一次机会,去做我们一直在努力练习的行为。让我们正确地练习这个行为四次,这样你下次有机会的时候就更有可能做到。"
- 一名学生跑进教室,"哇,你看起来很兴奋,但让我们再试一次。我希望你按照我们一直在讨论的方式练习平静地走进教室。就是这样。现在再次回到门口。两次。两次。再次回到门口。三次。好的。很好,你做到了。谢谢你的配合!"

积极实践之所以有益,是因为它具有改变行为的两种潜在机制之一。首先,它可能会使学生产生轻微的反感,从而形成一种惩罚性的或然率,降低未来出现问题行为的可能性。对于一些学生来说,重复某一行为本身可能就是一种轻微的惩罚。因此,重要的是要考虑如何进行积极实践。首先,应该尽可能私下进行,使用支持性和同理性的语言(例如:"你在课堂上似乎很无聊,这并不酷。让我们练习一下如何更好地处理你感到无聊的问题。我也会看看我能做些什么,让你的课堂不再那么无聊。")。其次,积极实践的做法是通过创造机会,让孩子在应该练习的环境中练习新学到的技能,从而为所学技能的泛化创造机会。告诉孩子如何应对问题行为与实际练习新获得的行为或技能不同。想象一下,当篮球教练在运动员犯错后告诉他该做什么,而没有任何真正的机会让他回去实际练习在这种情况下应该做的具体事情。有效方法是教练冷静地识别错误,让球员回去重新练习技能,直到掌握为止。尽管积极实践本身可能是促进技能习得和使用的有效方法,但如果与行为技能训练等系统教学方法相结合,效果可能会更好。

(三) 行为技能培训加积极实践

行为技能训练和积极实践的结合提供了一种比单独使用任何一种方法更好的方法来支持习得性缺陷的学生。事实上,它们是相辅相成的,因为行为技能训练确保学生掌握完成特定行为或技能的知识和能力,而积极实践有助于学生在培训课程之外将技能泛化到日常生活中,促进这些技能使用得越来越熟练,并在需要使用新学到的技能的特定场合中持续使用这些技能。将积极实践与行为技能训练相结合,为教学过程增加了另一个步骤,明确侧重于支持学生技能泛化。技能的泛化和保持是教学干预的最终目标。反应维持是指在干预支持被系统地撤销后,学生仍能在多大程度上继续完成特定技能或行为。环境/情境泛化是指学生在与最初训练行为的环境不同的环境或情境中表现出经过训练的技能或行为的程度。行为技能训练与积极实践的结合提供了一种更有效的教学干预,旨在促进重要行为和技能的习得、泛化和保持,从而提高学生满足学校社会、情感和学术需求的能力。

三、个案研究

为了突出行为技能训练的实际应用和积极实践,以促进有确定需求的学生取得更好的结果,本文介绍了比利的个案研究,他是一名三年级学生,他被确定为需要在一级课堂支持之外接受干预的对象。

(一)背景介绍及分析

1. 背景信息

比利是一个聪明、精力充沛、顽皮的学生,喜欢与其他学生和老师交往,就读于马丁·路德·金小学(Martin Luther King Elementary School)三年级。该小学位于文化和社会经济多元化的城市学区。比利所在的小学每年会进行两次全面筛查,以便主动发现可能需要一级以上支持的学生。该校正在积极实施一种恢复性的全校积极行为干预和支持(School-Wide Positive Behavior Intervention and Supports, SWPBIS)。学校实施的第一级措施包括:(1)积极的恢复团体,以培养班级的集体感,并有计划地开展全校范围的行为期望(安全、尊重他人和负责任)教育;(2)以良好行为奖章的形式作为学校货币,用以表彰和认可表现出行为期望的学生;(3)采用循序渐进的方法来应对轻微和严重的问题行为,包括针对有严重问题行为并对与他人的关系造成负面影响的学生召开特别会议。在秋季的普遍筛查工作中,比利被标记为重点关注学生之一,因为评分结果表明他存在对其学习和其他学生的学习产生负面影响的外化行为。比利出现的问题行为引起了问题解决小组(Problem-Solving Team, PST)的注意,该小组召开会议,考虑他们是否需要对其进行干预。比利的老师弗兰克(Frank)尝试了几种策略来解决表现出的行为,但效果参差不齐,也十分有限。尝试的策略包括换座位、主动提醒比利做出期望行为,以及创建与有形奖励相关的行为跟踪图表。问题解决小组认为,弗兰克老师在课堂上积极实施行为干预和支持的核心要素和恢复性实践的核心内容方面做得相当好,比利有必要接受问题解决小组组织和支持的二级干预。

2. 问题行为描述

问题解决小组采用结构化的问题解决程序,首先进行问题识别,这就需要对问题行为下一个准确的定义。该小组包括校长、学校心理老师、班主任、普通教育教师负责人、特殊教育教师负责人和一名辅助专业人员。问题解决小组使用问题识别访谈,从弗兰克老师那里收集信息,并据此对比利出现的行为进行精确的行为定义,以及对比利出现的行为对课堂学习环境造成负面影响的具体维度(如频率、持续时间、强度)进行定义。访谈数据表明,比利表现出破坏性行为,即与同龄人谈论与学业任务无关的话题,用物品发出噪音(如大声敲击钢笔或铅笔,用手敲击桌子),以及在老师与其他学生交谈时进行打断。行为的维度是频率,据估计,在给定的90分钟教学时间段中,比利表现出8—10种破坏性行为。据弗兰克老师说,尽管比利在一天中的不同时间点都表现出破坏性行为,但破坏性行为更可能发生在识字课上,而不是在其他科目课上。访谈显示,弗兰克老师最感兴趣的是干预促进与破坏性行为不相容的任务行为。任务行为被定义为专注于手头的任务、遵守所有指示以及使用适当的材料。

3. 问题分析

作为二级干预过程的一部分,问题解决小组从问题识别转移到问题分析。具体来说,问题解决小组使用习得—表现范式来确定学生行为问题发生的根本原因。习得性需求假设问题的发生是因为学生不具备满足环境要求或期望的先决技能/行为,而表现性需求假设问题的发生是因为学生没有得到足够的支持、鼓励、提示和/或环境激励来展示他们所拥有的技能/行为。根据从弗兰克老师和比利这儿收集到的信息,结合问题解决小组从课堂观察中收集到的信息,该小组假设比利有习得性需求,因为比利不具备在课堂上管理自我的特定技能。比利有参与和完成学业的先决技能,但似乎缺乏在学业指导背景下调节行为的自我管理技能。支持这一结论的数据包括一些报告,这些报告表明,即使有机会获得喜欢的特定物品,即使很努力地进行自我管理,想要去表现出合适的行为,比利仍旧会表现出破坏性行为。此外,当比利被问及如何管理自己以减少破坏性行为并改善任务行为时,他对可能有用的技能了解有限。因此,得出的结论是,比利有习得性需求,并将从以习得为基础的干预中受益,这种干预侧重于教授自我管理技能,并为比利提供机会,使其在培训课程之外建立流畅性并推广泛化技能。

(二)干预计划及实施

1. 干预目标

收集基线数据后,制定了可测量、可监控和变化敏感的目标,以基线数据的参考点,评估比利对干预措施的反应。使用来自普通同龄人的社会比较数据,分别设定了破坏性行为和任务行为的目标。普通同龄人(既不是有问题行为的学生,也不是问题行为特别少或任务行为特别多的学生)的社会比较数据分别为破坏性行为和任务行为制定了目标。利用这些数据,破坏性行为的目标标准设定为每个教学单元(识字和数学)平均出现1次破坏性行为,而完成任务行为的目标设定为课堂时间的80%。然后,所有这些信息都被放入一个有效的目标说明中,该说明详细阐明了谁来做、做什么、什么时候做、做到什么程度以及如何测量(表7.1)。

表7.1 比利破坏性行为和任务行为的目标陈述

行为	对象	目标期望	水平	时间	测量
破坏性行为(发生次数)	比利	减少破坏性行为。	从每个教学块平均出现8次到平均出现1次。	3月30日前(干预四周)。	通过教师完成的每日直接行为评分来测量。
任务行为(时间百分比)	比利	增加任务行为。	从每个教学周期平均55%—60%的时间到80%的时间。	3月30日前(干预四周)。	通过教师完成的每日直接行为评分来测量。

2. 测量目标行为、收集数据、监测进度

为了建立基线数据,该小组设计了一个直接行为评级(Direct Behavior Rating, DBR)工具(Christ等,2009),以捕捉破坏性行为的频率和任务行为的持续时间。直接行为评级是一种混合观察评级工具,用于在预定的设置和时间长度内收集定义明确的目标行为的数据。直接行为评级数据是在上午90分钟的识字课和下午45分钟的数学课上收集的。在三种不同的情况下,基线数据表明,在识字课和数学课上,破坏行为的中位数分别为9次和6次。在完成任务的行为方面,在识字课和数学课上的基线估计中位数分别为55%和65%(表7.2)。

表7.2 破坏性行为(频率)和任务行为(持续时间)的基线数据

目标行为	设置和时间	周一	周三	周五	中位
破坏性行为	识字课 数学课	11次 6次	9次 6次	8次 4次	9次 6次
任务行为	识字课 数学课	55%的时间 60%的时间	70%的时间 80%的时间	40%的时间 65%的时间	55%的时间 65%的时间

基线数据为测量比利对干预的反应提供了重要参考点。除了基线数据外,问题解决小组还参与了制定干预目标的过程,这些目标代表了他们希望通过实施干预为比利实现的目标。

监测数据

在干预实施过程中,问题解决小组准备收集两项关键数据,以便在小组会面时做出决策,根据数据决定对比利采取的下一步行动。这两个数据源包括:(1)使用与用于收集基线数据相同的直接行为评级表单的进度监测数据;(2)用于监测干预措施按计划实施程度的干预保真度数据。干预保真度数据每周收集一次,以获取行为技能训练的核心组成部分和积极实践是否按计划实施。问题解决小组准备在四周内为比利提供"行为技能训练+积极实践"干预,并安排了一次会议,再次召集大家一起审查数据,并就下一步采取何种措施来支持比利做出决定。

3. 干预计划

小组决定"行为技能训练+积极实践"是一种与之匹配的、以习得为基础的干预措施,可以帮助比利在学业指导期间获得和概括自我管理技能,从而维持任务行为。具体来说,干预重点在于教授比利对任务行为的具体行为期望,包括示范和反例行为,以及维持任务行为的两种自我管理技能(停止思考和自我监控)。以下是任务行为和自我管理技能的行为定义。问题解决小组认为,重要的是让比利了解对任务行为的期望,并被支持使用特定的自我管理技能,使她能够调节任务行为,以应对可能引发任务外行为的情况(表7.3)。

表7.3　干预目标行为和技能

目标行为/技能	行 为 定 义
目标行为	定义为学生从事学业任务或活动,并关注教师或其他学生讨论与学术任务相关信息的时间。任务行为的例子包括写作、朗读、举手并耐心等待、与老师或其他学生谈论指定材料、听讲座和查找与任务相关的信息。
自我管理技能	停下来思考:这项技能的定义是注意到在任务结束后说或做某事的冲动,并在桌子或活页夹上的视觉停下来/思考提示旁边贴上一个图章,作为参与任务行为的提醒。 自我监控:该技能定义为在动机助手(MotivAider®)设备提示时反思任务行为,并在图表上记录行为。该设备每隔15分钟就会提示比利反思并记录他是否正在执行任务。

行动和应对计划

在最近的一次专业会议上,小组成员了解到实施计划是一种提高干预保真度可能性的方法(Collier-Meek 等,2016)。实施计划包括两个计划,它们共同促进干预的有效实施,从而使学生实际上以研究表明有效的方式接受干预。问题解决小组开始制定计划,第一个是行动计划。行动计划包括增加具体细节,以促进干预的成功实施(即什么、谁、何时和多长时间、描述性细节和提醒)。

接下来,问题解决小组制定了第二个计划,即应对计划(Sanetti 等,2014)。应对计划包括预测阻碍行动计划的障碍,并采用特定的方式克服这些障碍。问题解决小组确定了三个干预中的阻碍:(1)中断课程,将比利拉出行为技能训练课堂;(2)忘记对破坏性行为做出反应并实施积极实践;(3)没有时间完成直接行为评级以监控进度。问题解决小组将每个障碍与具体解决方案联系起来:(1)确定行为技能训练课程的时间,该时间不与规定的教育活动(如测试)冲突,并确保各方达成协议,即比利参加行为技能训练是优先事项,不应受到干扰;(2)创建每日提示和提醒,以防止弗兰克老师忘记与比利一起使用积极实践程序;(3)通过学生参与的独立活动来协助保护教学单元结束时的时间,以便让弗兰克老师腾出手来完成直接行为评级。

4. 干预保真度和评分者一致性

干预保真度数据是通过创建一个简短的观察工具收集的,该工具将行为技能训练和积极实践分解为其核心组成部分,并提供这些组成部分的操作定义,以使其可观察和可测量。其中一名问题解决小组成员负责每周进行一次观察,以收集保真度数据。有一次,另一名小组成员也参加了观察,以收集评分者之间的一致性(interobserver agreement, IOA)数据,验证观察数据的可靠性。通过这种方式,在提供行为技能训练和积极实践干预的同时收集数据。两种干预措施的保真度数据表明,在四周的过程中,核心部分的保真度为 87.5%。此外,一致性数据表明,两位评分者的一致性为 100%,这表明数据是可靠的。保真度最低的干预部分是行为技能训练的回顾成分,有 50%的保真度。其中五种成分的保真度为 100%。总的来说,数据表明比利基本上按计划接受了两种干预(表 7.4)。

表 7.4 行为技能训练和积极实践的干预保真度数据

组成部分	3月2日所在周	3月9日所在周	3月16日所在周	3月23日所在周	各项完成度
行为技能训练					
讲述	X	X	X	X	100%

(续表)

组成部分	3月2日所在周	3月9日所在周	3月16日所在周	3月23日所在周	各项完成度
展示	X	X	X	—	75%
实践	X	X	X	X	100%
反馈	X	X	X	X	100%
回顾	—	X	X	—	50%
积极实践					
回应问题行为	X	X	X	X	100%
冷静地私下沟通	—	X	X	X	75%
反复训练目标技能	X	X	X	X	100%
周保真度	75%	100%	100%	75%	总计完成度=87.5%

(三) 干预结果及分析

1. 干预结果数据

进度监测数据的结果以图表的方式显示出来,以便问题解决小组成员可以进行可视化分析,从而做出以数据为导向的决策。虽然在基线期间时,任务行为的平均持续时间为55%,但在过去四次测量中,其平均持续时间增加到81%,这增加了26个百分点。在检查破坏性行为的进度监测数据时,问题解决小组注意到,与基线相比,干预阶段的破坏性行为明显减少,这表明干预取得了积极效果。在这个案例中,基线检查时破坏性行为的平均频率为9次,实施干预计划后,在过去四次测量中,平均发生频率降低到3.25次。总体而言,对比基线阶段与干预阶段的表现水平的可视化分析表明,比利的行为水平发生了显著变化。此外,目标线达标情况表明无论在任务行为,还是破坏性行为方面,比利的表现都达到了预定的目标(图7.2)。

2. 干预效果总结

问题解决小组致力于使用上述两种数据来源评估对比利的干预的效果:(1)干预保真度数据;(2)进度监测数据。他们试图回答的问题是:"干预计划有效吗?"他们使用下面的表格,使用这两个数据源来指导他们的决策。正如我们所见,当学生表现出足够的反应和良好的干预效果时,问题解决小组的讨论集中在维持或逐渐退出干预方面。当学生反应不够时,问题解决小组决定有必要确定干预保真度数据。如果保真度

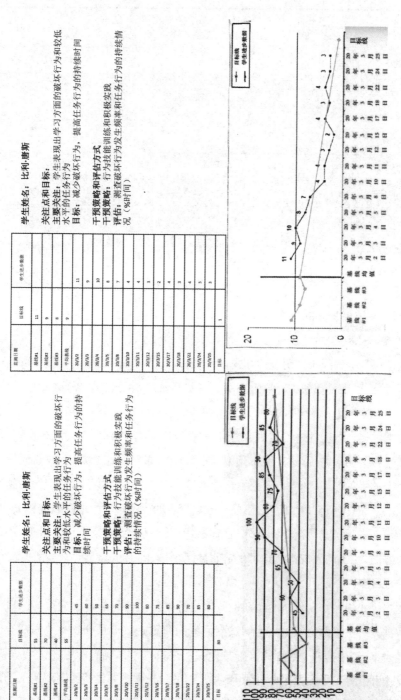

图 7.2 任务行为和破坏性行为的进度监控图

100

不足,那么问题解决小组的决定可能涉及重新审查实施计划并确定如何提高保真度。如果保真度足够,那么决定将重点放在改变干预措施的某些方面,或者坚持到底,因为学生还没有充分接触到干预措施,以至于干预效果没有显现出来(图7.3)。

		保真度达标	保真度不足
进步监测	反应达标	保持或者结束 (1) 保持/继续干预 (2) 转换目标 (3) 开始撤除干预	提升保真度或者结束 提升保真度 该生结束干预
	反应不足	(1) 改变干预 (2) 考虑升级至上位干预	提升保真度 解决特定干预部分落实的障碍

图 7.3 基于数据的决策网格的保真度数据

问题解决小组采用结构化的会议方式来评估比利的干预计划。这一结构允许每个小组成员有时间(三分钟)独立审查数据,选择由数据支持的合理决策,并与小组讨论为什么他们选择基于数据的特定决策作为支持比利的最佳下一步。这一结构化过程的目标是让问题解决小组就小组大多数人认为根据数据得到最有说服力的决定达成共识。

每个小组成员都审查了进度监测数据和干预保真度数据。在每个人轮流分享他们的决定后,大家一致认为,通过比较基线数据和进度监测数据可知,比利的行为水平发生了可观察到的变化,比利对干预措施做出了积极的反应。干预保真度数据也证实了这一点,该数据表明比利通常在四周内基本上按计划接受干预。然后,他们讨论了下一步将采取什么行动。他们认为现在停止干预还为时过早,但他们想降低行为技能训练课程的频率,因此他们将其减少到每周一次。他们计划在未来四周继续按计划实施干预,届时他们将再次开会作出决定。问题解决小组对弗兰克老师和比利进行访谈,以确定他们对干预的接受程度。弗兰克老师表示,保持一致性很有挑战性,但总的来说,干预是值得的,因为比利的行为正在改善,他有更多的时间投入到教学和课堂上的其他学生。比利说,相比较在课堂上练习技能和行为,他更喜欢行为技能训练课程。总而言之,问题解决小组认为这一干预是成功的。

3. 干预可接受性

问题解决小组采用了一种标准方法来评估学生和教职员工对干预措施的看法,并就如何调整干预措施使其更适合和更易于在未来使用收集反馈意见。具体而言,他们采用干预措施使用情况评分表(Usage Rating Profile-Intervention, URP)和儿童使用情况评分表(Children's Usage Rating Profile, CURP)来收集干预措施可接受性的数据。为了进行更有效的评估,问题解决小组只实施了 URP 可接受性和 CURP 个人合意性分量表中的项目。他们了解到,实施干预措施的工作人员发现这两种干预措施总体上都可以接受。其中,行为技能训练被认为比积极实践更容易接受。实施积极实践干预的教师建议,在问题行为发生后,为学生提供更多的灵活方式进行反复实践,这样就不会分散其他学生的注意力,从而提高该干预的可接受性。学生报告说,行为技能训练是可以接受的,但积极的实践干预不太符合个人意愿。这是意料之中的,因为积极实践能够发挥作用的一个潜在方面是惩罚性应急措施,它会根据问题行为引入不想要的体验,这可能会给孩子带来不愉快的感受。

(四)干预注意事项

比利的个案研究证明了进行根本原因分析以确定特定问题发生的原因的重要性。正如本章所述,许多学生在社会、情感和行为方面都存在困难,因为他们缺乏满足学校社会和学习需求的必备技能和行为。因此,学校必须采取以习得为基础的干预措施,如行为技能训练和积极实践,作为学校为有假设习得性缺陷的学生提供的连续支持的一部分,这些假设习得性缺陷可以解释为什么会出现社会、情感和行为问题。有效的技能习得干预可以帮助学生在预期和需要的时间和环境中习得技能、提升熟练度,并最终使用新的行为和技能。很多时候,单纯地对行为进行干预往往达不到这一目的。然而,行为技能训练与积极实践的结合为有习得需求的学生提供了有效的教学干预。

四、结论

行为技能训练和积极实践是支持学生获得和应用新行为和技能的有效干预措施,使他们能够在学校取得更大的成功。在比利的案例中,解释破坏性行为发生的假设根源是习得困难。习得性缺陷反映了学生之所以会出现社会、情感和行为技能问题,是因为他们还没有掌握必要的先决技能,无法满足特定的表现环境(如课堂)的要求。对于有习得性缺陷的学生,干预必须是教学性质的,并涉及有效的教学方法,从而支持学生获得和概括行为和技能,使他们在学校取得更大的成功。

(陈秋妍 译)

参考文献

Alexander, K., Entwisle, D., Blyth, D., & McAdoo, H. (1988). Achievement in the first 2 years of school: Patterns and processes. *Monographs of the Society for Research in Child Development*, 53(2), 1-157. doi:10.2307/1166081.

Arthur, M., Briney, J., Hawkins, J., Abbott, R., Brooke-Weiss, B., & Catalano, R. (2007). Measuring risk and protection in communities using the Communities That Care Youth Survey. *Evaluation and Program Planning*, 30(2), 197-211.

Christ, T. J., Riley-Tillman, T. C., & Chafouleas, S. M. (2009). Foundation for the development and use of Direct Behavior Rating (DBR) to assess and evaluate student behavior. *Assessment for Effective Intervention*, 34(4), 201-213. doi:10.1177/1534508409340390.

Collier-Meek, M. A., Sanetti, L. M. H., & Boyle, A. M. (2016). Providing feasible implementation support: Direct training and implementation planning in consultation. *School Psychology Forum*, 10(1), 106-119.

Cook, C. R., Williams, K. R., Guerra, N. G., Kim, T. E., & Sadek, S. (2010). Predictors of bullying and victimization in childhood and adolescence: A meta-analytic investigation. *School Psychology Quarterly*, 25(2), 65-83. doi:10.1037/a0020149.

Durlak, J. A., Weissberg, R. P., Dymnicki, A. B., Taylor, R. D., & Schellinger, K. B. (2011). The impact of enhancing students' social and emotional learning: A meta-analysis of school based universal interventions. *Child Development*, 82(1), 405-432. doi:10.1111/j.1467-8624.2010.01564.x.

Greenberg, M. T., Domitrovich, C., & Bumbarger, B. (2001). The prevention of mental disorders in school-aged children: Current state of the field. *Prevention & Treatment*, 4(1), Article 1a. doi:10.1037/1522-3736.4.1.41a.

Hinshaw, S. P. (1992). Academic underachievement, attention deficits, and aggression: Comorbidity and implications for intervention. *Journal of Consulting and Clinical Psychology*, 60(6), 893.

Hootman, J., & DeSocio, J. (2004). School nurses' important mental health role. *Behavioral Health Management*, 24(4), 25-29.

Lattimore, J., Stephens, T. E., Favell, J. E., & Risley, T. R. (1984). Increasing direct care staff compliance to individualsed physical therapy body positioning prescriptions: Prescriptive checklists. *Mental Retardation*, 22, 79-84.

Marchand-Martella, N. E., Martella, R. C., Modderman, S. L., Petersen, H. M., & Pan, S. (2013). Key areas of effective adolescent literacy programs. *Education and Treatment of Children*, 36(1), 161-184.

McIntosh, K., & MacKay, L. D. (2008). Enhancing generalization of social skills: Making social skills curricula effective after the lesson. *Beyond Behavior*, 18(1), 18-25.

Miles, N. I., & Wilder, D. A. (2009). The effects of behavioral skills training on caregiver implementation of guided compliance. *Journal of Applied Behavior Analysis*, 42(2), 405-410. doi:10.1901/jaba.2009.42-405.

Mitchell, M., & Bradshaw, C. (2013). Examining classroom influences on student perceptions of school climate: The role of classroom management and exclusionary discipline strategies. *Journal of School Psychology*, 51(5), 599-610. doi:10.1016/j.jsp.2013.05.005.

Nigro-Bruzzi, D., & Sturmey, P. (2010). The effects of behavioral skills training on mand training by staff and unprompted vocal mands by children. *Journal of Applied Behavior Analysis*, 43(4), 757-761.

Reid, D. H., O'Kane, N. P., & Macurik, K. M. (2011). Staff training and management. In W. W. Fisher, C. C. Piazza, & H. S. Roane (Eds.), *Handbook of applied behavior analysis* (pp. 281-294). New York: The Guilford Press.

Reid, D. H., Rotholz, D. A., Parsons, M. B. M. L., Braswell, B. A., Green, C. W., & Schell, R. M. (2003). Training human service supervisors in aspects of positive behavior support: Evaluation of a state-wide, performance-based program *Journal of Positive Behavior Interventions*, 5(1), 35. doi:10.1177/10983007030050010601.

Rosales, R., Stone, K., & Rehfeldt, R. A. (2009). The effects of behavioral skills training on implementation of the Picture Exchange Communication system *Journal of Applied Behavior Analysis*, 42(3), 541-549. doi:10.1901/jaba.2009.42-541.

Sanetti, L., Collier-Meek, M., Long, A., Kim, J., & Kratochwill, T. (2014). Using implementation planning to increase teachers' adherence and quality to behavior support plans. *Psychology in the Schools*, 51(8), 879-895. doi:10.1002/pits.21787.

Skiba, R., Arredondo, M., & Williams, N. (2014). More than a metaphor: The contribution of exclusionary discipline to a school-to-prison pipeline. *Equity & Excellence in Education*, 47(4), 546-564. doi:10.1080/10665684.2014.958965.

Ward-Horner, J., & Sturmey, P. (2012). Component analysis of behavior skills training in functional analysis *Behavioral Interventions*, 27(2), 75-92. doi:10.1002/bin.1339.

Weems, C., & Costa, N. (2005). Encyclopedia of behavior modification and cognitive behavior therapy. In M. Hersen, J. Rosqvist, A. M. Gross, R. S. Drabman, G. Sugai, & R. Horner (Eds.), *Encyclopedia of behavior modification and cognitive behavior therapy* (pp. 961-962). Thousand Oaks, CA: SAGE Publications. doi:10.4135/9781412950534.n2092.

第八章　行为动量

一、前言

行为动量（Behavioral Momentum, BM），俗称"行为惯性"，借助于物理学的动量原理来理解，意指当一个行为已经发动或正在完成的过程中，有延续下去的倾向。不仅仅是单个的行为，甚至可能是一连串的相关行为都有类似倾向。遵循老师的指令是学生在课堂上取得成功所必需的基本技能。遵从性通常被认为是一个关键行为或在其他行为和情境中产生积极结果的行为，对于学习更复杂的技能是必要的（Banda, Neisworth, & Lee, 2003）。不遵守教师的指令是儿童和青少年表现出的较常见的行为问题之一（Lipschultz & Wilder, 2017）。不遵守规定可能会抑制学习，限制参与课堂活动的机会，对同伴关系产生负面影响，并升级为更严重的破坏性行为形式，如攻击行为。此外，即使教室里只有一个学生不遵守纪律，也会耗费教师的时间和资源，这可能会导致学业和社交教学机会的损失。

学校心理老师在寻找一种主动、易于实施的策略来让学生遵守纪律时，可以考虑行为动量的方法。行为动量利用高概率指令序列（High-Probability Command Sequence, HPCS）来增加学生遵守低概率命令的可能性。更具体地说，行为动量是指在发出学生有可能遵守的指令之前，先发出一组学生更有可能遵守的简单指令，然后再发出遵守概率较低的指令。例如，在要求学生在作业本的上方写下自己的名字（低概率指令）之前，教师可能会要求学生将椅子移动到离桌子更近的地方，与教师击掌，并在要求学生在学习单顶部写上她的名字（低概率指令）之前拿起铅笔（都是高概率指令）。此外，在学生遵守每个指令后，通常会跟进简短的表扬。

开发提高遵从性的高概率命令序列主要基于以下原则，即在提出低概率指令之前，进行一系列高概率指令—响应—强化（Request-Response-Reinforcement, RRR）试验会增加遵从低概率指令的概率(Oliver & Skinner, 2002)。高反应率和强化率(即遵守高概率指令,然后根据遵从性进行强化)会被认为是产生遵从性的动力,这可能会增加对低概率指令的遵从性(Lipschultz & Wilder, 2017)。从理论上讲,行为动量还能提高作为一种反应类别(即具有相似功能的反应或行为)的遵从强化率,并建立一个学习历史,通过学生以前使用高概率命令序列的经验,增加遵守未来高概率命令序列的可能性(Axelrod & Zank, 2012)。

研究综述表明,利用高概率命令序列和行为动量的干预措施对改善从学龄前儿童到成年人的个人行为是有效的(Lee, 2005)。研究还表明,这些干预措施改善了各种环境下的个体的行为(Lipschultz & Wilder, 2017)。具体到学校环境,高概率命令序列和行为动量已被证明可以改善学生的行为(Knowles, Meng, & Machalicek, 2015)。例如,阿克塞尔罗德和赞克(Axelrod & Zank, 2012)表明,基于排序高、低概率指令的干预可能对在普通教室里两个行为异常的学生的遵从性产生深远影响。研究人员指出,"基于行为动量的干预措施使得教师能够主动管理不听从指令的行为,也许能够防止问题行为升级"。

二、个案研究
(一) 背景介绍及分析
1. 背景信息

凯西(Casey)是岩溪小学(Rock Creek Elementary School)五年级的学生。由于在遵从成人指令方面存在问题,他被转介到学生援助小组。当凯西接受干预时,他没有接受特殊教育服务。一级方案包括由学校辅导员在普通教育环境中为凯西和他的班级提供标准的社会/情感学习课程,以及全校范围的积极行为干预和支持模式,该模式强调根据个人和集体行为(如协助同伴、适当排队、完成家庭作业)给予小额奖励。之前尝试过的二级干预包括他的班主任老师每天实施的签到/签退,以及凯西和学校心理老师共同制定的应急契约。这两项二级干预的目标是遵守成人指令和防止由于不遵守指令导致的问题行为升级(例如,持续的不遵守指令,对老师和同伴的身体和言语攻击或离开教室)。两项二级干预措施分别实施了六周,并在一起实施了四周。根据凯西的老师布伦纳(Brenner)的说法,随着二级干预措施的实施,凯西对成人指令的遵从情况略有改善。然而,布伦纳老师指出,遵从指令的频率仍然远低于预期。此外,凯西在不遵从指令后,继续出现值得注意的行为问题。根据布伦纳老师的报告和评估数据,凯西的学习能力与同年级学生相当。

这是布伦纳老师担任五年级教师的第六年。他承认自己几乎没接受过应用行为分析方面的培训,也没有在个人或小组层面实施过行为干预。这个班有24名学生。马丁(Martin)老师担任助教,她在教学方法和课堂管理技术方面受过培训,每天在阅读和数学课上与学生一起学习。

2. 问题行为描述

学校心理老师就凯西的不听从指令的行为对班主任老师进行了问题识别访谈。遵守指令被定义为在成人口头发出指示后的10秒内做出,在教职员工认为的适当时间内完成成人指令的行为。不遵守指令被定义为做出除所要求行为以外的行为(比如和老师争论、口头拒绝完成任务、走开)。布伦纳老师还指出,当要求没有被满足时,凯西经常升级他的行为。具体来说,他经常做出具有攻击性或争论性的行为,或者在布伦纳老师重申口头指令后离开教室。最后,布伦纳老师表示,在阅读和数学教学时间以及独立的课堂作业期间,凯西最有可能在成人发出指令时出现不服从的行为。阅读教学时间和独立的课堂作业时间一般是在上午,时间为45分钟。数学教学时间和独立的课堂作业一般是在下午,时间为45分钟。布伦纳老师指出,凯西在这些时间里很少收到积极的反馈或同伴的注意。紧随在不遵从指令行为之后的后果性事件通常包括无法完成任务,无法参加喜欢的活动,以及获得老师或同伴的关注。

学校心理老师使用 A-B-C 叙事观察方案,在阅读、数学教学和独立作业中进行了多次课堂观察。表8.1总结了从观察结果中收集到的定性数据。学校的心理老师还收集了关于凯西的行为频率和一个男同学遵守低概率和高概率指令的数据。

表8.1　在课堂观察期间收集的 A-B-C 数据汇总表

课堂活动	先前的指令	行为	结果
独立课堂作业(阅读)	老师指令,坐在椅子上。	学生说"不"。	老师重新发布指令。
独立课堂作业(阅读)	老师发出指令,把玩具放在桌子上,再回到任务上。	学生继续玩玩具。	老师重新发布了指令,拿走了玩具。
数学教学指令	老师指令,走回书桌。	学生继续使用卷笔刀和同伴交谈。	老师重新发出指令,学生继续交谈。
阅读指令	老师发出了指令,要求他停止与同伴说话,向前坐。	学生遵循指令。	老师称赞学生遵守指令。
阅读指令	老师发出了阅读段落的指令。	学生说"不"。	老师重新发布指令。

学校心理老师注意到,布伦纳老师每15分钟向凯西发出一次指令,频率略高于其他同学,凯西遵守大约50%的指令,明显低于同学。学校心理老师还报告说,凯西的升级行为大约每隔一天就会发生,也比同龄人更频繁。

3. 问题分析

学校心理老师假设正强化(教师的关注、获得有形物品)和负强化(回避学习任务)都会使凯西的不听从指令的行为持续下去。此外,问题解决小组还提出假设,在问题行为最频繁发生的时段之前,教师和同伴的有限关注会起到激励作用。最后,问题解决小组得出结论,凯西的学业技能水平不太可能导致问题行为。学习任务符合凯西的学习水平,对他的支持也被认为是适当的。

学校心理老师决定收集数据来确定高概率的指令。根据李、贝尔菲奥尔和布廷(Lee, Belfiore, and Budin, 2008)的说法,这样做的目的是"识别出能被快速完成,并通常会听从的任务"。布伦纳老师列出了一份他知道凯西可以独立完成的40项常见课堂指令清单。在为期两周的时间里,他在阅读、数学课和独立课堂作业期间,随机向凯西发出指令共10次。所有指令都是明确的启动指令(做或开始做某事)。两周后,学校心理老师计算了每次指令的依从率。根据以往研究的标准(例如,Axelrod & Zank, 2012),问题解决小组决定将高概率指令分类为80%或更多时间听从的指令。表8.2提供了两周内高概率指令的百分比。

表8.2 凯西遵守高概率指令的百分比

指令	百分比(%)
组成五人小组	100
拿起书写用具(如铅笔、钢笔、彩色铅笔)	100
微笑	100
滑动椅子更靠近桌子	100
站起来	90
放下写字用具	90
将橡皮擦从桌子的一边移动到桌子的另一边	90
把手放在膝盖上	90
把手放在桌子上	90

(续表)

指令	百分比(%)
阅读段落中的句子	80
把名字写在纸上	80
静坐或站立	80
看着我的眼睛/给我一个眼神交流	80
把计算器放在桌子上	80

(二) 干预计划及实施

1. 干预目标

学校心理老师和布伦纳老师合作确定了与目标行为相关的目标,期待凯西遵循老师发布低概率指令的行为经过三周干预达到60%,经过六周干预(不包含基线三天)达到80%。对于问题行为的升级,凯西的攻击性行为、争吵以及不听从指令后离开教室的频率,预计在干预的第四周每周为2次,在干预的第六周每周为1次,到干预的第八周每周为0次。

2. 测量目标行为、收集数据、监测进度

学校心理老师和布伦纳老师选择衡量凯西遵从低概率指令的百分比。达标百分比的计算方法是:达标次数除以达标次数加上不达标次数,再乘以100。布伦纳老师要求问题解决小组也跟踪由于凯西不听从指令而导致的升级行为的频率。升级行为指身体或言语攻击,在指令发出后立即争论,以及未经允许离开教室。

附录A提供了一个频次记录表的示例。布伦纳老师和马丁老师负责每天收集进度监测数据。学校心理老师对他们进行了行为观察数据收集方法的培训,包括如何使用每份频次记录表格。培训包括20分钟的演示,然后练习使用数据收集表格来收集数据。

观察时间与课堂上安排实施行为动量干预的时间一致(即阅读、数学教学和独立课堂作业时间)。在与学校心理老师协商后,布伦纳老师和马丁老师根据每位专业人员在观察期间的职责,确定了合理的观察时间安排。

目标达成量表(Goal Attainment Scale, GAS)也被用来衡量学生的进步情况(见Coffee & Ray-Subramanian, 2009)。学校心理老师和布伦纳老师针对遵守低频行为指令这一目标行为,按照五级量表(-2至+2)确定了目标和相应的基准(见表8.3)。

在所有阶段(基线、干预、随访),布伦纳老师每天下午都要填写目标达成量表。他被告知要考虑凯西一整天遵从低概率指令的情况,而不仅仅是在阅读、数学教学和独立的课堂作业期间。

表 8.3 目标达成量表

达到水平	具有低概率指令的遵从百分率
(−2)远低于预期	凯西对低概率指令的遵从行为少于20%。
(−1)略低于预期	凯西对低概率指令的遵从行为少于20%—40%。
(0)预期结果水平	凯西对低概率指令的遵从行为少于40%—60%。
(+1)略高于预期	凯西对低概率指令的遵从行为少于60%—90%。
(+2)远远超出预期	凯西对低概率指令的遵从行为多于90%。
评论:	

3. 干预计划

在整个干预过程中分为几个"阶段"或条件。最初是为期三天的基线条件,随后是持续15天的基本指令条件,高低概率指令比例为3∶1。第二个三天基线之后,采用1∶1的高概率与低概率指令比例进行基础管理。问题解决小组决定,最初将高概率指令与低概率指令的比例从3∶1降为1∶1,以便最终使干预措施更接近课堂环境中通常发生的情况。然而,在第26天之后,凯西对低概率指令的依从性逐渐下降,因此,问题解决小组决定从1∶1提升到2∶1。在第39天,凯西在四天中有三天的遵从率达到了80%的目标,问题解决小组让布伦纳老师恢复了1∶1的比例。

干预措施是在阅读、数学课以及独立课堂作业期间进行的。在高概率与低概率指令比例为3∶1的情况下,布伦纳老师发出了3次高概率指令,然后是一个低概率指令。在高低概率与低概率比例为1∶1和2∶1的情况下,他分别发出了1次和2次高概率指令,然后是1次低概率指令。布伦纳老师选择了适合课堂活动情境的指令。凯西在遵守低概率和高概率指令后,会得到针对具体行为的表扬(例如"谢谢你把你的椅子靠近你的桌子""拿起你的铅笔,你做得很好")。布伦纳老师在表扬凯西遵守指令后的五秒钟内发出指令。他继续通过表扬、重述、重新引导和有计划的忽略来管理凯西的不遵守行为,并在事件发生后立即行为升级,联系学校校长。

4. 干预保真度和评分者一致性

马丁老师每周两次使用行为动量程序检查表来评估干预保真度(见表8.4)。学校心理老师在每周的一次干预过程中使用相同的检查表独立评估干预保真度。一致性百分比(即保真度)是通过将一致次数除以一致次数加上分歧次数,再乘以100来计算的。在观察期间,干预保真度为97%。此外,布伦纳老师和马丁老师都表示,在学校上课的每一天都实施了干预措施。综上所述,问题解决小组认为,干预得到有效实施。

学校心理老师在基线阶段和干预阶段,使用与主要评分者相同的数据收集表,每周独立观察一个干预期,评估遵守低概率指令的评分者一致性。评分者一致性(Interobserver agreement, IOA)的计算方法是将一致除以一致加上分歧,再乘以100。在观察期间,评分者间的一致性为96%,表明数据是可靠的。

表8.4 3∶1情况下的行为动量程序检查表

步骤	程序	已完成(圈出)		
1	与学生进行眼神接触	是	不	
2	发出第一个高概率指令	是	不	
3	对10秒内的遵从行为予以表扬	是	不	N/A*
4	发出第二个高概率指令(5秒内表扬)	是	不	
5	对10秒内的遵从行为予以表扬	是	不	N/A
6	发出第三个高概率指令(5秒内表扬)	是	不	
7	对10秒内的遵从行为予以表扬	是	不	N/A
8	发出低概率指令(5秒内表扬)	是	不	
9	对10秒内开始遵从并在适当的时间内完成任务的行为予以表扬	是	不	N/A
10	对于不遵从情况(圈出所有适用的情况):重述教学指令	是	不	N/A
	重申指令			
	计划内的忽略			
11	对于不遵从后的行为升级	是	不	N/A

*N/A 该条目对其不适用。

(三) 干预结果及分析

1. 干预结果数据

(1) 遵从低概率指令的百分比

图 8.1 直观显示了凯西在干预过程中遵从低概率指令的百分比,他在基线三天内遵从低概率指令的平均百分比约为 37%(范围:33.33%—40%)。数据总体稳定,因此使用 3∶1 比率实施行为动量干预。凯西在 3∶1 比率阶段的平均百分比遵从指令性略低于 64%(范围:45.45%—77.78%)。在 3∶1 比率条件下观察到的最低数据点高于基线期间的最高数据点。小组决定在 3∶1 的条件下 15 天后回到基线,这与第一个目标(即干预三周后,低概率指令的遵从率达到 60%)的时间一致。凯西在基线期后三天遵从低概率指令的平均百分比略低于 50%(范围:40%—54.55%),高于凯西在初始基线阶段的遵从性百分比,但低于他在 3∶1 条件下的遵从指令的百分比。

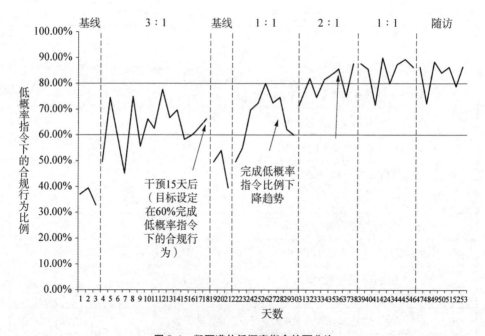

图 8.1 凯西遵从低概率指令的百分比

在第一个 1∶1 的条件下,凯西遵从低概率指令的平均百分比为 66.5%(范围:50%—80%)。他的遵从性比例在第 26 天达到 80% 的峰值,然后在第 30 天稳步下降到 60%。该小组决定在第 30 天之后,将高概率与低概率的指令比调整到 2∶1。在 2∶1 条件下,凯西对低概率指令的遵从率为 80%(范围:72.73%—87.5%)。在第 38

天观察到的对低概率指令的干预遵从率高达87.5%后,布伦纳老师回到了1∶1条件下,在第二个1∶1条件下,凯西对低概率指令的平均遵从率为84.59%(范围:71.43%—90%)。从第36天开始,当第二个干预目标时,凯西在11天中有9天达到了80%的低概率指令遵从性。

在随访阶段(即最终回到基线),凯西遵守低概率指令的平均百分比为82.77%(范围:71.43%—87.50%)。在随访阶段(7天)只有一次他的遵从率下降到80%的目标线以下。在凯西对低概率指令的遵从性达到或超过80%的五天后,布伦纳老师和问题解决小组决定停止数据收集。

(2) 由于不听从指令行为而导致的升级行为的频率

表8.5提供了关于凯西在干预期间不遵从行为发生后行为升级的频率的数据(如攻击性行为、争吵、离开教室)。在初始三天的基线时期,凯西每天行为升级的比率数据为0.67。在3∶1比例阶段,每天行为升级的比率减少到0.27。在重新引入基线的三天里,凯西的行为升级了1次。在1∶1、2∶1和第二个1∶1比例阶段,凯西的行为升级次数分别为每天0.22次、0.13次和0次。在随访阶段,凯西并没有在不听从指令后升级他的行为。基于这些数据,凯西在干预的第八周达成了干预目标,即不听从指令后行为升级次数为0。

表8.5 按条件而升级行为的频率

条件(天数)	升级次数	每天升级行为比率数据
基线(3天)	2	.67
3∶1比率(15天)	4	.27
返回到基线值(3天)	1	.33
1∶1比率(9天)	2	.22
2∶1比率(8天)	1	.13
1∶1比率(8天)	0	0
随访(7天)	0	0

(3) 目标达成量表

图8.2提供了可视化路径展现凯西遵从低概率指令的百分比的进展,该百分比通过布伦纳老师每天完成的目标达成量表测量。这些数据与其他测量结果相吻合(比

如,直接观察其对低概率指令的遵从情况),表明凯西在干预过程中取得了进步。最值得注意的是布伦纳老师在2∶1比例、第二个1∶1比例和后续条件下行为的评分,特别是布伦纳老师认为凯西在这些情况下的所有日子行为表现都超出了预期。

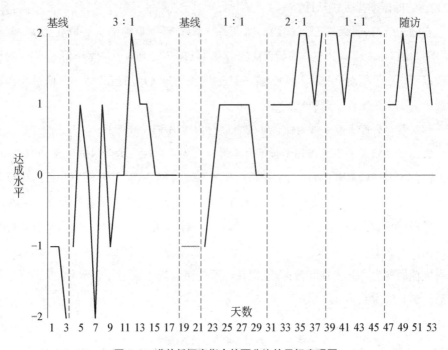

图 8.2　遵从低概率指令的百分比的目标实现图

2. 干预效果总结

基于上述数据,凯西对低概率指令的遵从性在干预期间显著增加,并在干预最终退出时保持了一个适当的水平。也许更重要的是,来自目标达成量表的数据表明凯西对低概率指令的总体遵从情况有了明显改善,而不仅仅是在实施干预的时候(阅读、数学课以及独立课堂作业时间),这在一定程度上说明了行为的泛化。此外,当干预措施撤除后,凯西的不遵从导致行为升级情况下降到零。综合来看,布伦纳老师和问题解决小组认为凯西达到了所有干预目标。

最后,采用个案实验设计(比如,ABACDCA 设计)来证明行为动量干预对目标行为的影响,并建立干预与观察到的目标行为变化之间的因果关系。考虑到 ABAB 设计的变化以及异常高的干预保真度值,该问题解决小组得出结论,行为动量干预可能是凯西提高低概率指令依从性的原因。换句话说,布伦纳老师和问题解决小组认为凯西对行为动量干预的反应非常好。

3. 干预可接受性

布伦纳老师和马丁老师分别填写了一份干预反馈调查表(见附录B)。他们都非常支持行为动量干预在改善凯西对指示的遵从性和减少他因不遵从指令而导致的行为(即攻击、争吵、离开教室)方面是有效的。

他们还表示,他们很有可能对表现出类似行为问题的学生再次使用干预,并向同事推荐它作为提高学生遵守教学要求的策略。布伦纳老师和马丁老师都认为该干预措施易于实施。两人都对数据收集过程易于实现持中立态度。最后,布伦纳老师和马丁老师对行为动量干预的结果感到满意。总的来说,问题解决小组一致认为布伦纳老师和马丁老师都高度接受干预。但是,大家都认为,考虑到问题解决小组成员的工作责任,数据收集过程可能比较繁琐。

(四) 干预注意事项

本个案研究展示了如何在普通教育教室中应用行为动量。然而,行为动量对学龄前和初高中学生的不遵从指令行为也有同样的效果。李(Lee,2005)在其行为动量的文献综述中表示,这些不同年龄段的学生在接受源自HPCS的干预后,遵从性水平相当。行为动量也可以用于普通教育教室外的其他场合。研究发现,在为有严重行为障碍的学生开设独立教室和特殊教育资源室中,行为动量是一种有效的干预措施(Knowles等,2015)。同时,这种干预措施也可能成功地应用于学生接受成人指导下的任何环境中(如餐厅、操场、走廊)。最后,行为动量还可以解决涉及延迟开始任务或遵从指令、上学期间的过渡(比如,一项活动到另一项活动的转换),以及完成学业等问题。在针对学业作业完成情况时,教师可以在低概率任务(如作为教学目标的技能)之前,设计一系列高概率任务(如处于维持阶段的技能)。例如,在难度较高的两位数乘法问题(即低概率任务;见附录C)之前,可以紧接着安排几个较简单的乘法问题(即高概率任务)。

行为动量适用于所有水平的多层方法以改善学生的行为问题(如对干预措施的反应)。本个案研究是在学生对全校性和普通教育方案或第二级的个性化干预措施无效后,在第三级的干预措施中实施的。然而,行为动量可以很容易在全校范围内的第一级层面实施(比如教师课堂管理系统的一部分),或者应用于普通或者特殊教育中的几个孩子。此外,行为动量可以与其他循证干预相结合,特别是当行动动量本身不能提高学生遵从性时。例如,在学生遵从高概率指令后,将针对特定行为的表扬与奖励制度结合起来,就可以很容易地纳入班级管理干预方案,或者在特定的技能指导之后立即进行班级管理。

本个案研究的另外两点对实践很重要。第一,使用单例实验设计方法建立因果关系。具体来说,采用 ABACDCA 设计来确定干预效果。一般来说,正式建立因果关系并不是大多数实践者的优先考虑事项,但在对个别学生作出高风险决策时,它确实增强了责任,而且优先于以往的报告。不过,应该指出的是,在实践中,采用 ABAB 设计并不总是按计划进行。本个案研究说明,有时需要在考虑数据后再决定改变阶段或条件。例如,初始计划要求设定基线阶段,然后是 3∶1 高概率到低概率指令比例,第二个基线,1∶1 比例,以及后续或最终返回基线阶段。然而在实施 1∶1 的比例时,学生没有做出适当的反应,因此问题解决小组决定实施 2∶1 的指令比例。这种通过持续的数据分析做出的基于数据的决策过程是学校心理学实践的一个标志。第二,干预可接受性数据表明,数据收集过程对于教师和助教来说可能是比较困难的。考虑到大多数教育者的责任,连续 10 周,每天进行 90 分钟的行为观察可能不现实。在这种情况下,问题解决小组可能会考虑将进行观察的责任分配给更多的人,或者使用录像来记录学生的行为和教师对干预的实施情况。

学校心理老师和其他教育者在使用行为动量作为干预措施时,可以考虑以下事项。第一,在实施干预之前,应该确定高概率指令。对高概率指令的低遵从性,可能导致对低概率指令的低遵从。因为遵从快速 RRR 系列试验是增加遵从低概率指令可能性的先决条件(Axelrod & Zank 2012)。在本个案研究中,教师系统地发布了 40 个普通的课堂指令,以确定高概率的指令(见上文的问题分析部分)。实践者可能会选择不同的高概率指令或重新评估指令,以确定他们的完成概率。选择高概率指令的其他因素包括学生完成指令所需的时间和反应的努力程度(Oliver & Skinner, 2002)。当然,低难度的快速反应是最初的首选。

第二,高概率 RRR 试验之间的时间间隔最初应该在 1—5 秒之间。此外,低概率指令应该在一系列高概率 RRR 试验后立即发布,以确保建立和保持"动量"。在最初设计干预时应注意这些细节,它们有助于取得积极效果。此外,时间间隔应包括在干预保真度清单中,当实施行为动量干预的人未能遵循本指南时,应提供反馈。

第三,在遵从高概率和低概率指令的情况下,应立即对特定行为进行表扬。当干预未能产生改善时,应考虑其他形式的强化物(如有形物品、食品、活动、非语言手势),特别是遵从低概率指令的情况下。例如,可以在代币法(TE)中实施行为动量,其中学生通过遵从高概率和低概率指令来获得代币。使用代币法的老师甚至可以为遵从低概率指令赋予更多的价值，来让学生为这些特定行为获得更多的代币。

第四，实践者应该仔细考虑在行为动量干预中使用的高概率指令与低概率指令的比例。虽然大多数研究采用3∶1的比例(Knowles等，2015)，但对于哪种比例对表现出不遵从指令问题的学生最有效，文献几乎没有提供指导。我们鼓励实践者采用基于数据的决策方法，从合理的比例开始(如3∶1)，在收集了几个结果数据点后再考虑改变。在本个案研究中，小组从3∶1的比例开始，在取得一定成功后改为1∶1的比例，然后决定将比例再提高到2∶1。改用2∶1比例的原因是凯西遵从低概率指令的百分比呈下降趋势。此外，在完全取消干预措施之前，实践者应该考虑系统地减少高概率指令的数量(例如，将比例从3∶1降为1∶1)。在教师下达低概率指令之前，学生可以继续获得强化(即教师表扬)，以遵从高概率指令，从而有助于效果的维持(Axelrod & Zank，2012)。其他推荐的促进维护的方法包括减缓强化的速度(例如，提供需要更多时间来完成或需要更多努力的高概率指令，增加提供每个高概率指令之间的间隔时间，增加完成最终高概率指令和低概率指令之间的间隔时间)，减少高概率强化数量(例如，在最终的高概率指令后加强遵从性)，以及逐渐减少遵从高概率指令和强化之间的时间(详见Oliver & Skinner，2002)。实践者应该记住，干预的目标是让学生在没有高概率指令序列支持的情况下遵从教师的要求。

三、结论

研究发现，行为动量是一种解决学生难以遵从教师指令问题的有效方法(Knowles等，2015；Lipschultz & Wilder，2017)。本章的个案研究与文献类似，都表明高概率指令可以提高学生对低概率指令的遵从性。利用一系列快速高概率指令—响应—强化试验产生的"动量"，教师和其他教育工作者可以主动针对特定学生的不遵从指令的行为进行干预，避免不遵从指令行为的发生。这一点尤其重要，因为不遵从指令的行为可能会迅速升级为其他更严重的问题，并且通常使用的被动行为管理策略(如剥夺特权)有可能会成为造成其他行为升级(比如，攻击、争吵)的前兆。除了提高遵从性，本个案研究说明了行为动量如何影响学生最初的不遵从指令行为引发的值得注意的问题行为。行为动量有可能减少不遵从指令行为，进而减少问题行为升级的频率。

附录A:频次记录表

观察学生:凯西

老师:布伦纳老师　　年级:5

日期:3月5日　　观察员:马丁老师

开始时间:10:15　　结束时间:11:00

目标行为及定义:遵从:在10秒内响应指示,在适当的时间内完成指示。不遵从:从事要求行为之外的其他行为。升级:攻击、争吵、离开课堂。

行为	发生记录	总数
遵从低概率指令	||||	5
不遵从低概率指令	|||	3
不遵从指令并升级	|	1

遵从低概率指令的频率 = $(5 \div 8) \times 100 = 62.5\%$

附录B:干预反馈调查表

为了获得有关干预措施的反馈,请您完成此简短调查。这些信息将有助于学生援助团队在未来考虑、制定和实施类似的干预措施。

	非常同意	同意	中立	不同意	非常不同意
行为动量干预容易完成。					
收集数据容易完成。					
我对行为动量干预的总体结果满意。					
行为动量干预增加了凯西的遵从行为。					
行为动量干预改善了凯西不遵从行为的情况(如攻击、争吵、逃离)。					
我认为行为动量干预适用于有类似行为问题的学生。					
我会推荐行为动量干预给希望提升学生遵从行为的同事。					

附录C:乘法工作表

学生姓名:(   )   日期:(   )

高概率任务	高概率任务	低概率任务	高概率任务	高概率任务	低概率任务
4 ×4	3 ×6	12 ×6	2 ×5	8 ×3	19 ×4
5 ×8	7 ×4	23 ×5	6 ×4	8 ×4	43 ×3
9 ×2	3 ×5	38 ×5	7 ×7	9 ×7	33 ×4
2 ×2	6 ×5	52 ×7	7 ×3	9 ×3	21 ×2
8 ×2	9 ×3	15 ×4	6 ×6	4 ×5	45 ×6

(陈秋妍 译)

参考文献

Axelrod, M. I., & Zank, A. J. (2012). Increasing classroom compliance: Using a high-probability command sequence with noncompliant students. *Journal of Behavioral Education, 21*, 119–133. doi:10.1007/s10864-011-9145-6.

Banda, D. R., Neisworth, J. T., & Lee, D. L. (2003). High-probability request sequences and young children: Enhancing compliance. *Child and Family Behavior Therapy, 25*, 17–29. doi:10.1300/J019v25n02_02.

Coffee, G., & Ray-Subramanian, C. E. (2009). Goal attainment scaling: A progress-monitoring tool for behavioral interventions. *School Psychology Forum: Research in Practice, 3*, 1–12.

Knowles, C., Meng, P., & Machalicek, W. (2015). Task sequencing for students with emotional and behavioral disorders: A systematic review. *Behavior Modification, 39*, 136–166. doi:10.1177/0145445514559927.

Lee, D. L. (2005). Increasing compliance: A quantitative synthesis of applied research on high-probability request sequences. *Exceptionality, 13*, 141–154. doi:10.1207/s15327035ex1303_1.

Lee, D. L., Belfiore, P. J., & Budin, S. G. (2008). Riding the wave: Creating a momentum of school success. *TEACHING Exceptional Children, 40*, 65–70. doi:10.1177/004005990804000307.

Lipschultz, J. L., & Wilder, D. A. (2017). Behavioral assessment and treatment of noncompliance: A review of the literature. *Education and Treatment of Children, 40*, 263 - 298. doi:10.1353/etc.2017.0012.

Oliver, R., & Skinner, C. H. (2002). Applying behavioral momentum theory to increase compliance: Why Mrs. H. RRRevved up the elementary students with the hokeypokey. *Journal of Applied School Psychology, 19*, 75 - 94. doi:10.1300/J370v19n01_06.

第九章　响应努力和矫枉过正

一、前言

在童年早期就出现问题行为的儿童,如果没有得到早期的干预,往往会在以后的学习生活中继续表现出行为问题(Hart 等,2016)。具体而言,出现挑战性行为的儿童,有更大的风险会与同伴和教师发生负面关系,而且更有可能在以后的学习中遭遇失败(Coleman 等,2013)。因此,早期行为问题的识别和干预对于学生在学校的长期顺利发展非常有必要。

针对幼儿行为问题的干预措施包括从普遍预防到高度个性化的行为支持计划。许多早期儿童教育项目都在积极行为干预和支持的框架下(PBIS),组织开展连续的服务。在此框架内,普遍干预措施应符合大部分儿童的行为需求。对于那些尽管得到了课堂上的支持,但仍然在课堂环境中艰难进步的学生,我们会制定有针对性的强化干预措施。对于出现最具挑战性或最严重行为问题的孩子,要进行功能性行为评估(FBA),用以制定个人干预计划。功能性行为评估 FBAs 是一种循证策略,用于确定教育环境中可以改变的部分,以帮助预防问题行为的发生,强化适度行为,并且当问题行为发生时,持续处理问题行为(Dunlap & Fox, 2011)。

执行某种行为所需的努力是影响个人在反应选项中做出选择的一个重要因素。在多种环境下,改变响应努力能有效减少问题行为。弗里曼和波林(Friman & Poling, 1995)在有关响应努力的文献综述里,讨论了使用增加响应努力来替代基于惩罚的干预措施,以及减少响应努力来促进目标行为的方法。然而,当以强化为基础的计划对于减少儿童问题行为不够有效时,通常会使用惩罚程序。在制定干预措施的这一阶段采用的一种惩罚程序就是矫枉过正。

(一) 矫枉过正

矫枉过正被定义为一种包含积极惩罚元素的行为策略,它要求学生"能够直接或者间接地参与处理那些因为个人行为问题所引发的破坏,而这些是需要个体付出努力的"(Cooper, Heron, & Heward, 2019, p.796)。矫枉过正有两种不同类型——恢复性矫枉过正和积极实践性矫枉过正。当学生的问题行为对教育环境造成破坏,并要求他或她修复该行为的影响时,就会使用恢复性矫枉过正(Carey & Bucher, 1981)。这种方法可以用于学生破坏学校财产,要求学生清理受影响的地方,然后做一些额外的事情,使环境处于比以前更好的状态。积极实践性矫枉过正要求学习者练习与问题行为不相容的恰当行为(Carey & Bucher, 1981)。例如,如果学生在走廊上奔跑,他就要多次练习适当的行走行为。矫枉过正与其他惩罚程序不同,它包含了适当行为的"教育"部分(Axelrod, Brantner, & Meddock, 1978)。然而,迄今为止的研究还没有发现矫枉过正和适当行为的增加之间存在一致的联系(Peters & Thompson, 2013)。

  研究人员已经证明,无论是单独使用,还是作为综合干预措施中的一部分,矫枉过正都可以有效地帮助学龄前儿童(Doke & Epstein, 1975)、学龄期儿童(Azrin & Powers, 1975)和可能表现出适应和智力缺陷的成年人(Singh & Bakker, 1984),解决不当行为。通过矫枉过正来纠正其行为的儿童包括:在普通教育课堂上接受教育的功能正常的学生,以及在替代教育或医院环境中接受教育的有医疗/教育障碍(如自闭症)的学生。使用矫枉过正程序的一般指导原则包括:向学生直接说明矫枉过正的程序,在整个过程中密切监控学生,在程序中限制对正确反应的表扬,以及在问题行为发生后尽快实施矫枉过正(Cooper 等,2019)。当其他基于强化的干预措施无效,并且有必要迅速终止问题行为时,矫枉过正通常会被使用(McAdam & Knapp, 2013)。

  矫枉过正已被用于解决各种行为问题,包括自伤行为(SIB),如抠眼睛(Conley & Wolery, 1980)、撞头(Harris & Romanczyk, 1976)、抠指甲(Freeman, Graham, & Ritvo, 1975),以及降低干扰行为的概率(Azrin & Powers, 1975)。此外,矫枉过正还被用于解决拍脸、如厕训练(例如,Brown, & Middleton, 1998; Butler, 1976; Doan & Toussaint, 2016; Foxx & Azrin, 1973)、异食癖(e.g., Singh & Bakker, 1984)、刻板行为(Peters & Thompson, 2013)、不恰当的手口行为(如吮吸拇指)(Doke & Epstein, 1975)和不适当的性行为(Clay, Bloom, & Lambert, 2018)。用于自伤行为和刻板行为的程序通常包括使用积极实践和身体指导进行矫枉过正。例如,诸如拔指甲之类的自伤行为发生时,干预者会用身体引导被干预者的手向下放在身体两侧,并保持一小段时间。或者,也可以引导被干预者拿起玩具或其他喜欢的物品,并利用身体引导来启动与物品的适当互动,以代替不适当的行为(Peters & Thompson, 2013)。对异食癖和咬手指的治疗同样包含积极的过渡性矫枉过正的做法，通常与分级指导相结合（Foxx & Martin, 1975）。程序通常包括指导被干预者停止或排出物体，然后根据目标行为，指导他在特定时间内用消毒剂刷牙或漱口（Doke & Epstein, 1975）。为帮助儿童参与指定的顺序，会提供最少的身体指导。出现不当行为（如乱说话或未经允许离开座位）时，会立即或延迟进行过度纠正，包括在学生课间休息时练习适当的举手和坐姿行为。另一种有助于降低反应率的策略是增加执行行为所需的努力或力量（Cooper 等, 2019）。

（二）响应努力

响应努力（Response Effort）被定义为一个人为了有效完成一项特定任务所必须付出的努力，并被假设为影响个人在反应选项中做出选择的重要因素（Friman & Poling, 1995）。响应努力提高了适当行为的效率，降低了不适当行为的效率。这种方法可以作为惩罚不当行为的一种替代方法，在不引入厌恶刺激或剥夺享受刺激的情况下减少行为（Friman & Poling, 1995）。在有关响应努力的文献综述中，弗里曼和波林（Friman & Poling, 1995）建议使用增加响应努力的方法作为基于惩罚的干预的替代方案，因为它能持久、快速地减少行为。

改变响应努力已被证明可以有效地减少在多种环境中的问题行为。例如周、戈夫和岩田（Zhou, Goff, & Iwata, 2000）的研究证明，通过套袖来使用嘴舔手更费力，可以减少四名成人的自伤行为，并增加适当的客体管理。皮亚扎、罗恩、基尼、博尼和阿布特（Piazza, Roane, Keeney, Boney, & Abt, 2002）增加了参与异食癖项目所需的响应努力。在这项研究中，当接触异食癖物品的难度增加时，异食癖行为会降低。在另一项研究中，研究人员使用腕带使拍脸更费力，并有效减少拍脸的发生（Van Houten, 1993）。增加反应的努力已经被成功地用于减少不适当的行为，包括攻击、自伤行为、吮吸拇指和频繁的任务转换（Friman & Poling, 1995）。研究人员已经证明，降低期望行为所需的努力可以促使食物摄入（Patel, Piazza, Layer, Coleman, & Swartzwelder, 2005）、再次运用（O'Connor, Lerman, Fritz, & Hodde, 2010）和治疗师安全行为等方面的适当行为（Casella, Wilder, Neidert, Rey, Compton, & Chong 等, 2010）。

虽然改变付出努力的程度对于干预者来说是一个很好的工具，但在改变响应努力程度的同时，训练适当的行为和提供额外的强化可能也是必要的。菲谢蒂等（Fischetti 等, 2012）在一项关于自闭症儿童依从性的研究中描述了这一点。虽然研究人员在要求孩子们把玩具放好时，缩短了他们与玩具箱的距离，但仅凭这一点并不足以提高对要求的遵从性。当响应努力与喜欢的食物匹配时,遵从性增加;但是,在没有响应努力的情况下,食品不足以维持所需的遵从率(Fischetti 等,2012)。这表明,响应努力对干预必不可少,但更多的因素对整体成功也至关重要。

研究人员已经利用响应努力与功能性沟通训练相结合来解决攻击行为(Richman, Wacker, & Winborn, 2001)。里奇曼(Richman)和他的同事们针对一名患有发育障碍的三岁儿童的攻击行为进行研究。研究人员使用干预方案来教孩子使用请求卡或用语言表达"请",而不是打大人。结果表明,请求卡比攻击行为更有效,但口头表达比请求卡更有效,因为在口头语言表达阶段,适当的行为的水平最高(Richman 等,2001)。需要较少响应努力的功能性沟通技能更有可能被目标个体所利用。在制定干预方案时,考虑这一点很重要,因为可能存在可以使用的响应成本较低的行为。例如,研究人员使用功能性沟通训练来获得"帮助"(即指向"帮助"标志),从而确定哪种沟通方式需要最小的响应努力(Lira, Browder, & Sigafoos, 1998)。作者建议制定干预措施,帮助儿童获得最适当的反应,并使其所需的响应努力最小。

二、个案研究
(一)背景介绍及分析
1. 背景信息

塔米(Tammy)是一名患有唐氏综合征的三岁非洲裔美国女孩,第一次上学前班是在当地一所大学开办的学习中心。塔米的语言能力有限,经常掐或抓别人来玩或引起同伴的注意。

这家全纳学前班招收的学生来自不同的人群。学校采用以儿童为导向和以教师为基础相结合的学习方式,并遵循高范围课程(即"计划—实施—反思"非结构化时间、小组活动、大组活动)。每个班级大约有 15 名儿童,配有一名班主任老师、两名助理教师和一名实习教师。相关服务提供者(即语言病理学家、职业治疗师、物理治疗师)为那些在其个性化教育计划(IEP)中安排了此类服务的学生提供推入式服务。塔米所在的半日制班级有 11 名同学,一名班主任老师和一名助理教师。包括塔米在内,班里共有三名有缺陷的学生。没有缺陷的同龄人是四岁,而有缺陷的同龄人在三至五岁之间。教室配备了多个探索区域(如积木中心、操作中心、戏剧游戏中心)供学生互动,学生还可以在教师的带领下进入操场和活动室。

2. 问题行为描述

学校心理老师对任课教师进行了问题识别访谈,并确定塔米会在教室或操场对同伴掐(用手指对另一个人的身体施加压力)、抓(用一只或两只手或手臂环绕他人的身体部位并施加压力)或推(用一只或两只手平放在他人的身体上,使那个人的身体移动)。这些行为被统称为攻击行为。老师们不确定这种行为的作用,但注意到塔米经常因此受到同伴和老师的关注。然后,学校心理老师在课堂环境中观察塔米,通过A-B-C记录和行为频率记录收集更多关于行为的信息(Cooper等,2019)。学校心理老师指出,他人的关注和玩耍都是塔米行为的结果,这在表9.1的A-B-C记录中有所体现。

表9.1 A-B-C班级观察数据

事件	经过	行为	结果
在活动室独立玩耍	同伴拿走塔米的玩具车。老师离开塔米和其他孩子交谈。	塔米跟着同伴并拉着同伴的胳膊,塔米把同伴推倒在地上。	同伴掉落了玩具,塔米拿起来;老师和塔米沟通推人是不好的并且讨论如何道歉。
独立玩耍	班级被告知去发现一个可以玩耍的区域。	塔米坐在同伴旁边玩积木,并且抓住同伴的胳膊,伸手去拿积木。	同伴给了塔米三个积木。
室外玩耍	同伴们正坐在午餐桌旁边玩娃娃家。	塔米掐了其中一个同伴的后背3次。	同伴离开桌子,塔米坐了下来。
室外玩耍	老师正在与一个同伴谈论树叶。	塔米抓住同伴的手腕,从他那里拿走了树叶。	老师要求塔米把树叶还回去,并帮助塔米找到她自己的树叶。

3. 问题分析

学校心理老师推测,来自同伴和老师的关注以及玩耍的机会都是塔米行为的起因。塔米在非结构化时间(即"计划—实施—反思"),当没有得到他人的关注和没有需要完成的任务时,她会掐、抓或推他人。这些非结构化时间里出现目标行为的次数最多。塔米的老师同意这种行为的假设功能。学校心理老师进一步推测,因为塔米的语言能力有限,她会使用这些行为来获得注意力和玩耍。

(二)干预计划及实施

1. 干预目标

通过与班主任老师合作,干预的短期目标是在两周内将攻击行为从平均每小时6次减少到每小时4次,并能够在30%的尝试中适当使用图片卡。长期目标是将攻击性行为减少到零,与同伴的行为保持一致,塔米将在90%的尝试中适当地使用卡片来获得玩耍或他人的关注。

2. 测量目标行为、收集数据、监测进度

(1) 攻击行为

学校心理老师和班主任老师在一小时的非结构化游戏时间内收集目标行为的频率。攻击行为包括掐(用手指对他人施加压力)、抓(用手对他人施加压力)和推(用两只手推另一个人,导致其身体移动)。这些行为发生率很高,但持续时间很短,因此频率计数是一种合适的测量方法(Cooper等,2019)。鉴于这些行为具有危险性,所以每周收集两次关于目标变量的数据,以密切监测进展。问题解决团队一致认为,如果塔米没有达到上述短期目标,就会调整干预措施。

(2) 正确使用卡片

卡片系统的正确使用也被记录。正确的卡片使用包括在挂绳上找到正确的卡片,并在不表现出攻击性的情况下向他人展示卡片。班主任教师使用以下公式计算比率:[卡片的正确使用/(卡片的正确使用+目标行为)]×100。

3. 干预计划

学校心理老师和班主任老师认为功能性干预最适合塔米。学校心理老师选择了一种图片交换系统,让塔米可以通过交换卡片以获得关注或玩耍的机会。这种干预发挥其功能,但方式要适当。塔米已经使用卡片来获取食物、水和上卫生间的机会。此外,图片交换系统已成功用于语言受限的唐氏综合征儿童(Davis, Camarata, & Camarata, 2016; Foreman & Crews, 1998)。当目标行为出现时,将实施过度矫正,以过度矫正图片卡的使用。

为了促进适当的沟通技巧,塔米在干预前接受了使用卡片的培训。她能够成功地使用卡片来获取食物或水、使用卫生间和获得一般帮助。班主任老师对该系统十分熟悉,因为塔米曾使用卡片来传达这些需求。学校心理老师随后又训练塔米学习另外两张卡片:玩耍和拥抱。这两张卡片可以让塔米玩耍,从同伴或老师那里获得关注。这些卡片被装在一个圆环里,连在塔米随身携带的挂绳上。这些卡片是在基线期间添加的。塔米接受了类似戴维斯和卡马拉塔(Davis & Camarata, 2016)以及福尔曼和克鲁(Foreman & Crews, 1998)所述的卡片使用培训。学校心理老师会用游戏来引诱塔米,或者转过身远离她,引诱她寻求关注。当塔米伸出手与学校心理老师接触时,班主任老师会引导塔米的手拿起正确的卡片,并将其交给学校心理老师。然后,学校心理老师会用游戏或拥抱来奖励塔米的正确反应,并说出塔米给她的卡片的名字。

一旦塔米能够在没有提示的情况下使用这些卡片,班主任老师就会教导其他学生,当塔米给他们一张卡片时,卡片意味着什么。学生围成一圈,班主任老师向全班展示了这些卡片,并解释了每张卡片的含义。然后,班主任老师向全班同学分发卡片,并询问他们卡片的含义,以此进行练习。在经过两次10分钟的练习后,全班的准确率达到了85%。然后准确率高的同学将卡片的使用推广到课堂上的其他同学。班主任老师会观察塔米与同伴的互动。当她正确使用卡片时,老师会进行表扬。如果塔米没有正确使用卡片,或表现出目标行为,班主任老师就会使用矫枉过正来促进卡片的练习。班主任老师会提示她使用卡片,在她使用卡片时给予表扬,并允许她玩30秒或拥抱一下。这个矫枉过正的过程会重复两次。

响应努力措施也被用于减少掐和抓的行为。这些行为可能会对同伴造成危险,因此增加做出这些行为所需的努力是确保塔米同伴安全的关键。塔米的手上戴着带衬垫的连指手套,这样就很难用足够的力量去掐和抓同伴,进而伤害同伴。塔米必须脱下手套才能做出目标行为,但塔米仍然可以有效地使用卡片,因为它们在一个圆环上,仍然可以翻阅。通过这种方式,目标行为不再像使用卡片那样有效。

4. 干预保真度和评分者一致性

学校心理老师通过在观察干预时完成的检查表收集依从性数据。每周监测一天(20%的干预)的依从情况,以确保干预的依从性。在训练塔米使用片卡时,平均依从性为90%。在干预期间,平均依从性为95%,目标是至少达到90%。

在基线和干预阶段,学校心理老师和上述教室环境中的班主任老师在30%的时间间隔内进行了评分者一致性(IOA)测量,高于建议的20%(Kennedy, 2005)。使用总计数IOA,其中较小的计数除以较大的计数,然后乘以100以获得IOA百分比。观察者对攻击行为的认同度平均为94.3%,对卡片使用的认同度平均为95.8%,超过了80%的标准(Kennedy, 2005)。

(三)干预结果及分析

1. 干预结果数据

如图9.1所示,塔米的行为的平均基线率为每小时6次目标行为。两周后,塔米每小时出现3次攻击目标行为。图9.2显示了塔米有效使用卡片的尝试百分比。在基线检查期间,塔米没有使用这些卡片。但是经过培训后,塔米在大约50%的尝试中正确使用了卡片。塔米确实达到了学校心理老师和班主任老师设定的短期目标。经

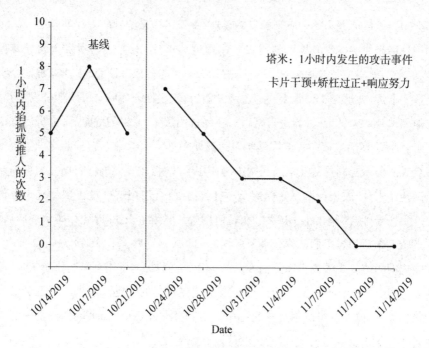

图9.1 一小时内攻击行为事件

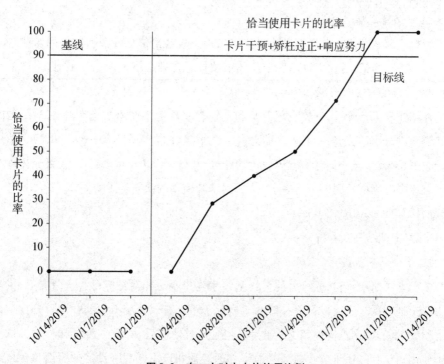

图9.2 在一小时内卡片使用比例

过四周的干预,塔米每小时表现出的攻击行为为 0 次。塔米使用卡片的正确率达到了 100%。塔米确实达到了学校心理老师和班主任老师设定的长期目标。

2. 干预效果总结

根据上述数据,干预措施有效地减少了塔米对同伴的攻击行为,并增加了可接受的替代行为。基线期和干预期之间的水平有显著差异。最初在干预阶段,在干预的第一周,攻击行为水平与基线水平相似。班主任老师和助理教师讨论了这个问题,这很可能是因为塔米仍在学习卡片使用技能,并将其推广到课堂上。不过,塔米仍然达到了短期目标,干预措施保持不变。塔米继续适当地使用卡片技巧,并实现了长期目标。

3. 干预可接受性

社会效度是通过干预评级量表的改编版本(改编自 Witt & Elliot, 1985)来衡量的,该表由班主任老师完成,以评估干预的可接受性。如表 9.2 所示,在 15 至 90 分的评分范围中,教师对干预可接受性的评分为 78 分。这一数字表明,干预措施的可接受性很高。该干预措施是在学校心理老师和班主任老师的共同努力下创建的,这可能提高了干预措施的可接受程度。

表 9.2　社交有效性:干预评级量表 - 15

项　　目	等级
1. 对于孩子的需求来说,这是个可行的干预方式。	非常同意
2. 大多数教师觉得这个干预方式对于有类似需求的孩子是可行的。	同意
3. 干预在支持孩子需要方面被证明是有效的。	非常同意
4. 我会推荐这个干预方式给其他老师。	同意
5. 干预方式的使用让孩子的需要被保证。	同意
6. 大多数教师发现这个干预是适应孩子需要的。	非常同意
7. 我会在班级内使用这个干预。	同意
8. 干预方式适合各种类型的孩子。	一般同意
9. 过去在班级环境中我已经考虑过使用这些干预。	同意
10. 这个干预对于满足孩子的需求来说,是一种公正的方式。	同意
11. 这个干预对于孩子的需求来说是合理的。	同意
12. 我喜欢在干预中被使用的过程。	同意

(续表)

项 目	等级
13. 这个干预是一个很合适的处理孩子的需求的方式。	同意
14. 总体而言，这个干预对孩子是有益的。	非常同意

（四）干预注意事项

本个案研究展示了使用响应努力和矫枉过正作为干预方案，以改善患有唐氏综合征的学龄前儿童的适当沟通。虽然没有使用成分分析来确定干预措施的哪些方面最有效，但已发现这些干预措施成分作为与沟通培训有关的其他干预措施的一部分是有用的。该学生预先接受了使用卡片的培训，因此与另一名之前未接触过该系统的学生相比，需要的培训较少。此外，这名学生就读于一所师生比例较低的幼儿园，因此可以在不占用其他学生时间的情况下，忠实地实施所有干预内容。该干预方案使用循证实践来满足学生的需求。

三、结论

塔米是一名患有唐氏综合征的学龄前儿童，为了获得他人关注和玩耍机会，她会掐、抓和推同伴。学校心理老师和塔米的老师合作制定了一套干预措施，包括沟通培训、矫枉过正和响应努力。虽然塔米最初在干预期间表现出类似的攻击性行为，但塔米达到了减少攻击行为和增加使用卡片的短期目标。然后，塔米实现了长期目标，即攻击行为为零，卡片使用率超过90%。班主任老师对干预措施的评价是"高度可接受"。

（李薇薇　译）

参考文献

Axelrod, S., Brantner, J.P., & Meddock, T.D. (1978). Overcorrection: A review and critical analysis. *The Journal of Special Education*, 12(4), 367-391. doi:10.1177/002246697801200404.

Azrin, N.H., & Powers, M.A. (1975). Eliminating classroom disturbances of emotionally disturbed children by positive practice procedures. *Behavior Therapy*, 6(4), 525-534. doi:10.1016/S0005-7894(75)80009-8.

Brown, G., & Middleton, H. (1998). Use of Self-as-a-model to Promote Generalization and Maintenance of the Reduction of Self-stimulation in a Child with Mental Retardation. *Education and Training in Mental Retardation and Developmental Disabilities*, 33(1),

76-80.

Butler, J. F. (1976). Toilet training a child with spina bifida. *Journal of Behavior Therapy and Experimental Psychiatry*, 7(1), 63-65. doi:10.1016/0005-7916(76)90045-8.

Carey, R. G., & Bucher, B. (1981). identifying the educative and suppressive effects of positive practice and restitutional overcorrection. *Journal of Applied Behavior Analysis*, 14(1), 71-80. doi:10.1901/jaba.1981.14-71.

Casella, S. E., Wilder, D. A., Neidert, P., Rey, C., Compton, M., & Chong, I. (2010). The effects of response effort on safe performance by therapists at an autism treatment facility. *Journal of Applied Behavior Analysis*, 43, 729-734. doi:10.1901/jaba.2010.43-729.

Clay, C. J., Bloom, S. E., & Lambert, J. M. (2018). Behavioral interventions for inappropriate sexual behavior in individuals with developmental disabilities and acquired brain injury: A review. *American Journal on Intellectual and Developmental Disabilities*, 123(3), 254-282. doi:10.1352/1944-7558-123.3.254.

Coleman, J. C., Crosby, M. G., Irwin, H. K., Dennis, L. R., Simpson, C. G., & Rose, C. A. (2013). Preventing challenging behaviors in preschool: Effective strategies for classroom teachers. *Young Exceptional Children*, 16(3), 3-10. doi:10.1177/1096250612464641.

Conley, O. S., & Wolery, M. R. (1980). Treatment by overcorrection of self-injurious eye gouging in preschool blind children. *Journal of Behavior Therapy and Experimental Psychiatry*, 11(2), 121-125. doi:10.1016/0005-7916(80)90009-9.

Cooper, J., Heron, T., & Heward, W. (2019). *Applied behavior analysis* (3rd edition). Columbus: Prentice Hall/Merrill.

Davis, T. N., Camarata, S., & Camarata, M. (2016). Cross modal generalization of receptive and expressive vocabulary in children with Down syndrome. *Journal of Down Syndrome & Chromosome Abnormalities*, 2(1), 1-9.

Doan, D., & Toussaint, K. A. (2016). A parent-oriented approach to rapid toilet training. International Electronic *Journal of Elementary Education*, 9(2), 473-486.

Doke, L. A., & Epstein, L. H. (1975). Oral overcorrection: Side effects and extended applications. *Journal of Experimental Child Psychology*, 20(3), 496-511. doi:10.1016/0022-0965(75)90122-8.

Dunlap, G., & Fox, L. (2011). Function-based interventions for children with challenging behavior. *Journal of Early Intervention*, 33(4), 333-343. doi:10.1177/1053815111429971.

Fischetti, A. T., Wilder, D. A., Myers, K., Leon-Enriquez, Y., Sinn, S., & Rodriguez, R. (2012). An evaluation of evidence-based interventions to increase compliance among children with Autism. *Journal of Applied Behavior Analysis*, 45(4), 859-863. doi:10.1901/jaba.2012.45-859.

Foreman, P., & Crews, G. (1998). Using augmentative communication with infants and young children with Down syndrome. *Down Syndrome Research and Practice*, 5(1), 16-25. doi:10.3104/reports.71.

Foxx, R. M., & Azrin, N. H. (1973). Dry pants: A rapid method of toilet training children. *Behaviour Research and Therapy*, 11(4), 435-442. doi:10.1016/0005-7967(73)90102-2.

Foxx, R. M., & Martin, E. D. (1975). Treatment of scavenging behavior (coprophagy and pica) by overcorrection. *Behaviour Research and Therapy*, 13, 153-162. 10.1016/0005-7967

(75)90009-1.

Freeman, B. J., Graham, V., & Ritvo, E. R. (1975). Reduction of self-destructive behavior by overcorrection. *Psychological Reports, 37*(2), 446–446. doi:10.2466/pr0.1975.37.2.446.

Friman, P. C., & Poling, A. (1995). Making life easier with effort: Basic findings and applied research on response effort. *Journal of Applied Behavior Analysis, 28*, 583–590. doi: 10.1901/jaba.1995.28-583.

Harris, S. L., & Romanczyk, R. G. (1976). Treating self-injurious behavior of a retarded child by overcorrection. *Behavior Therapy, 7*(2), 235–239. doi: 10.1016/S0005-7894(76)80281-X.

Hart, K. C., Graziano, P. A., Kent, K. M., Kuriyan, A., Garcia, A., Rodriguez, M., & Pelham, W. E. (2016). Early intervention for children with behavior problems in summer settings: Results from a pilot evaluation in head start preschools. *Journal of Early Intervention, 38*(2), 92–117. doi:10.1177/1053815116645923.

Kennedy, C. H. (2005). *Single-case designs for educational research*. Boston: Pearson/A & B.

Lira, L., Browder, D. M., & Sigafoos, J. (1998). The role of response effort and motion study in functionally equivalent task designs and alternatives. *Journal of Behavioral Education, 8*, 81–102. doi:10.1023/A:1022816824572.

McAdam D., & Knapp V. M. (2013). Overcorrection. In Volkmar F. R. (Ed), *Encyclopedia of autism spectrum disorders*. Springer, New York, NY.

O'Connor, R. T., Lerman, D. C., Fritz, J. N., & Hodde, H. B. (2010). Effects of number and location of bins on plastic recycling at a university. *Journal of Applied Behavior Analysis, 43*, 711–715. doi:10.1901/jaba.2010.43-711.

Patel, M. R., Piazza, C. C., Layer, S. A., Coleman, R., & Swartzwelder, D. M. (2005). A systematic evaluation of food textures to decrease packing and increase oral intake in children with pediatric feeding disorders. *Journal of Applied Behavior Analysis, 38*, 89–100.

Peters, L. C., & Thompson, R. H. (2013). Some indirect effects of positive practice overcorrection. *Journal of Applied Behavior Analysis, 46*(3), 613–625. doi:10.1002/jaba.63.

Piazza, C. C., Roane, H. s., Keeney, K. M., Boney, B. R., & Abt, K. A. (2002). Varying response effort in the treatment of pica maintained by automatic reinforcement. *Journal of Applied Behavior Analysis, 35*, 233–246.

Richman, D. M., Wacker, D. P., & Winborn, L. (2001). Response efficiency during functional communication training: Effects of effort on response allocation. *Journal of Applied Behavior Analysis, 34*(1), 73–76.

Singh, N. N., & Bakker, L. W. (1984). Suppression of pica by overcorrection and physical restraint: A comparative analysis. *Journal of Autism and Developmental Disorders, 14*(3), 331–341. doi:10.1007/BF02409583.

Van Houten, R. (1993). The use of wrist weights to reduce self-injury maintained by sensory reinforcement. *Journal of Applied Behavior Analysis, 26*(2), 197–203. doi: 10.1901/jaba.1993.26-197.

Witt, J. C., & Elliott, S. N. (1985). Acceptability of classroom intervention strategies. In TR Kratochwill (Ed.), *Advances in school psychology* (Vol. 4, pp. 251–288). Hillsdale, NJ: Lawrence Erlbaum Associates.

Zhou, L., Goff, G. A., & Iwata, B. A. (2000). Effects of increased response effort on selfinjury and object manipulation as competing responses. *Journal of Applied Behavior Analysis, 33*, 29–34.

第十章　响应成本抽奖和神秘激励因素

一、前言

优秀教师拥有使教学和学习看起来简单明了的技能和知识。然而,当今公立学校的教学是一个复杂的过程。高质量的教育要求教师支持 25 名或更多有不同文化背景和经历的学生,营造积极而吸引人的课堂文化,掌握学业内容和年级标准方面的专业知识,了解最佳教学实践,回应每个学生在学习和社会情感需求方面的多种需求,并定期进行评估和差异化教学,以确保每个学生在学业上成长。教师们一致表示,学生的破坏性行为是他们最头疼的问题之一,这不仅会对有行为障碍的学生的学习产生负面影响,还会影响他人的学习和教师提供优质教学的能力。因此,有必要实施有效的、循证的社会/情感/行为干预,以支持教师满足所有学生的教育需求。此外,由于循证的干预措施的实施往往依从性不高,也不能长期坚持,因此,学校管理者、学校心理老师和教师的合作是必要的,以便建议和指导教师以高质量和可持续的方式依从地实施循证的干预措施,特别是班级干预措施。

教师主动应对课堂上经常出现或涉及多名学生的行为挑战,方法之一就是实施班级范围的行为干预。有两种全班范围的干预措施已被证明能有效解决行为挑战,它们是响应成本抽奖和神秘激励因素(Burns, Riley-Tillman, & Rathvon, 2017)。因为这两种干预措施都可以设计为小组应急措施,所以它们特别适合用于整个班级或学生小组。

当教师对整个班级使用响应成本抽奖时,干预开始时,每个学生在干预初始时收到指定数量的奖券。然后,在整个干预期间,当学生从事挑战性行为时,奖券就被收走,剩余的奖券被放入抽奖箱。在一周(或每个干预期)结束时,从抽奖箱中抽出一张奖券,奖券上有名字的学生有机会从抽奖清单中选择一个奖品。如果抽到一张带有

"小组"字样的奖券,那么全班同学都可以获得班级奖品,如班级派对、自由活动时间或家庭作业通行证。响应成本抽奖可以很容易地适用于个人、小组或全班。在个人层面上,响应成本抽奖已被证明在解决初中生(n=4)出现破坏性行为方面是有效的(Proctor & Morgan, 1991)。类似地,在幼儿园教室中使用响应成本干预措施也减少了破坏性行为(Conyers等,2004)。

神秘激励因素采用了类似的正强化原则,让整个班级都有机会获得有意义的奖励。然而,与响应成本抽奖不同,获得奖励的机会是间歇性的,而不是固定的(即学生并不是在每个干预期结束时都有机会获得奖励)。首先,教师为全班创建一份日历,并在某些日子随机插入一个神秘的M,以指定一个神秘激励日(M对全班同学是不可见的,因为它要么用便条纸遮住,要么用隐形墨水书写)。然后,全班同学确定一个班级目标(例如,作业完成率达到75%)。在每个干预期结束时,全班同学会确定是否达到了目标,如果达到了目标,就会有一名学生揭示当天是否有M。如果有M,全班同学会从强化图表中选择奖励。如果没有,老师就会表扬学生的努力,并提醒他们在下一次干预期间还有机会获得奖励。研究表明,神秘激励因素在解决学龄前(Murphy, Theodore, Aloiso, Alric-Edwards, & Hughes, 2007)、小学(Kowalewicz & Coffee, 2014)和中学(Schanding & Sterling-Turner, 2010)课堂中的破坏性行为方面非常有效。

下面的个案研究展示了一个心理健康团队(学校心理老师、学校实习心理老师)、两名小学课堂合作教师和一名学校校长之间的合作,通过交替治疗设计在全班范围内实施、监测和评估响应成本抽奖和神秘激励因素的结果。

二、个案研究

(一)背景介绍及分析

1. 背景信息

向日葵小学(Sunflower Elementary School)是一所社区小学,拥有从幼儿教育到五年级的590名学生。每个年级有3—4个班级,师生比为1:27。向日葵小学的所有学生都在一个多层次的系统中接受学业、行为和社会—情感支持。在各年级中,第一级学业教学主要由任课教师提供。此外,学生从教学干预专家和特殊教育教师那里获得第二级和第三级学业支持,特殊教育教师会在教室之间轮换,并进入教室,与任课教师共同教学,并在教室内的小组环境中提供差异化教学。

行为和社会—情感支持也主要由任课教师提供,并由学校的积极行为干预和支持(PBIS)协调员、学校心理老师、学校实习心理老师、学校心理学实习生和学校管理人员(校长和副校长)提供进一步支持。在第一级,向日葵小学采用全校积极行为支持模式,所有班级都使用班级道场(Class Dojo, 2020)作为支持积极行为和促进与教师和家庭沟通的框架。此外,任课教师每天举行晨会,重点是关注团体建立,PBIS协调员和学校心理老师为每个班级提供全班范围的课程,重点关注社会—情感应对、正念、问题解决/冲突化解和预防欺凌。最后,PBIS协调员和学校工作人员设计并监督结构化的游戏和休息时间,以增加亲社会游戏的机会(Playworks, 2020)。

在第二级和第三级,学校心理老师、学校实习心理老师、学校心理学实习生(向日葵小学的心理健康小组)协助开展社会—情感学习(SEL)小组活动,专注于帮助学生发展应对技能和亲社会行为。小组由3—5年级的学生组成,他们在秋季普遍实施的BASC-3行为和情感筛查系统(BESS; Kamphaus & Reynolds, 2015)中内化和/或总分处于极高范围,还有由年级小组转介的1—2年级学生。心理健康小组还为需要额外支持的学生提供个性化的直接干预,并不断与任课教师协商,以促进学生将在心理健康小组的课程中学到的技能迁移到课堂上,或间接支持学生在课堂上获得和保持行为技能。最后,心理健康团队和学校管理部门合作,为学生危机处理和与纪律相关的恢复性实践的使用提供支持。

最近,向日葵小学二年级团队的合作教师蒙罗(Munro)和蒙托亚(Montoya)联系了他们的教学指导老师[邓恩(Dunne)老师,学校校长]和学校心理老师[科菲尔德(Coffield)博士],就学生在数学课上出现的行为寻求指导。他们注意到教室里有几个学生有类似的行为,他们担心这些行为会影响所有学生的学习。蒙罗老师和蒙托亚老师每天下午共同教授数学,轮流进行全班授课和小组授课。教室的物理布置包括灵活的座位安排,学生可以选择坐在教室前面的地毯上,在地毯上写作业;放低的桌子,座位在地板上;标准桌子,座位在标准椅子或工作椅上;小桌子,座位在标准椅子上。每节数学课有30名学生。蒙罗老师和蒙托亚老师总会持续关注学生在做数学题时,尤其是在独立作业时间里的一些行为,包括发出声音、与同伴谈论任务之外的话题、画画、玩桌子上的东西、在椅子上转来转去、东张西望。全组的数学教学之后,每天有大约20—30分钟的独立作业时间。

2. 问题行为描述

心理健康团队和邓恩老师合作对蒙罗老师和蒙托亚老师进行了问题识别访谈,以识别和定义重点目标行为。蒙罗老师和蒙托亚老师描述了他们在独立作业时间观察到的行为，并估计大约75%的学生在大部分时间里出现了偏离任务的行为。研究团队共同假设，如果首先解决发出声音和与同伴交谈的行为，那么其他已确定的行为或许也会减少，对学业任务的参与就会增加。在独立工作时间发出可听见的声音和与同伴交谈被确定为任务外的言语行为，并被定义为"任何不允许和/或与指定的学习任务无关的可听见的言语"（Shapiro, 2011, p. 44）。例如，在未经老师允许的情况下发出任何可听见的声音，如哼唱、唱歌或叫喊，以及与同伴谈论任何话题。蒙罗老师和蒙托亚老师分享说，通常在全组教学结束后，当老师安排学生独立完成数学作业时，学生们就会立即开始互相交谈。相反，任务中的言语行为被认为是安静地完成老师布置的数学作业。

学校心理老师和学校心理学实习生通过将学校学生行为观察（BOSS）模型应用于整个课堂，对任务外言语行为和任务内言语行为进行了系统观察（Shapiro, 2011）。基线观察在每天的数学独立作业时间进行，时长30分钟，为期一周。对任务外言语行为的测量和记录采用间隔记录法，每15秒一次；对任务内言语行为的测量和记录采用瞬间时间取样法，每15秒一次。评分者一致性（IOA）为100%，每日基线数据如图10.1所示。在基线数据收集的一周内，学生在独立作业时间内出现任务外言语行为的时间平均占观察时间间隔的80%，出现任务内言语行为的时间平均占观察时间间隔的20%。

为了补充通过BOSS收集的数据，学校心理老师和学校实习心理老师在独立的作业时间完成了A-B-C叙事观察，以确定学生出现任务外言语行为的环境因素（表10.1）。在学生出现任务外的言语行为之前，主要的前因是蒙罗老师和蒙托亚老师完成了整个小组的教学，并指导学生独立完成数学作业。在出现重点目标行为后，学生立即与同伴进行对话，而教师要么与学生小组一起学习，要么在教室里走来走去帮助学生。当教师通过口头指示学生"复位"来重新引导学生时，学生们安静地学习了1—3分钟，然后又逐渐开始说话。当学生们与一小群人和他们的一位老师坐在桌旁时；当他们的一位老师站在他们身旁时，或者当他们的老师特别表扬他们安静地学习时，学生们也会安静地做作业。最后，在基线数据收集期间，教师还计算了每天独立作业时间内完成数学作业的百分比（每个学生每天完成一项作业）。平均每天有30%的学生完成数学作业。

表 10.1　A-B-C 观察数据

经过	行为	结果
蒙罗老师已经结束了小组课程,并指导学生完成数学练习。	学生们开始转向其他桌并彼此讲话。	蒙罗老师口头指示学生"重置"来重新引导学生学习。
蒙罗老师在教室走动指导学生。	学生们彼此谈话。	蒙罗老师口头表扬了安静学习的学生。
蒙托亚老师和一个小组一起学习。	学生们在桌边安静学习。	蒙托亚老师口头表扬了安静学习的学生。

学科:数学(独立学习时间)。

3. 问题分析

一周结束时,心理健康小组、邓恩老师和班主任老师再次开会,回顾和分析基线数据。他们共同假设学生出现任务外的言语行为是通过获得同伴的关注和避免完成数学作业来维持的。相反,学生在任务内的言语行为是通过教师的靠近和教师的关注(例如,"复位"指令和具体表扬)来维持的。鉴于数学教学和作业是根据每个学生的教学水平进行区分和调整的,该团队认为任务难度不会影响学生在独立作业时间的行为。

鉴于在基线数据收集期间收集和分析的数据表明,全班学生都存在行为挑战,心理健康团队与蒙罗老师和蒙托亚老师一起讨论了两种全班干预方案:响应成本抽奖和神秘激励因素(Burns 等,2017)。在回顾和讨论这两个方案后,蒙罗老师和蒙托亚老师对这两种干预措施都表示了兴趣,并询问心理健康团队和邓恩老师是否有可能同时尝试这两种干预措施,以确定哪一种最容易被学生接受,哪一种最适合在独立作业时间实施,以及哪一种在解决目标行为方面最有效。该团队同意为课堂教师合作设计一个干预方案,以实施这两项干预措施。

(二) 干预计划及实施

1. 干预目标

心理健康团队、邓恩老师和任课教师利用基线数据为下一步提供依据,确定了三个目标:第一个目标侧重于减少任务外言语行为,第二个目标侧重于增加任务内言语行为,最后一个目标侧重于提高作业完成度。在三周的干预后,全班学生的任务外言语行为不超过观察时间间隔的 60%;在六周的干预后,不超过观察时间间隔的 40%;在八周干预后,不超过观察间隔的 20%。此外,在三周的干预后,班级中至少有 40%的学生在观察时间段内有任务内言语行为,在干预六周后,至少有 60%的学生在观察时间段内有任务内言语行为,在干预八周后,至少有80%的学生在观察时间段内有任务内言语行为。最后,在三周的干预后,至少60%的学生会完成每日作业;干预六周后,至少80%的学生会完成每日作业。

2. 测量目标行为、收集数据、监测进度

团队商定,心理健康小组将在每天的独立作业时间内完成对任务外言语行为和任务内言语行为的系统观察,观察时间为30分钟。与基线数据收集一致,心理健康团队使用学生在校行为观察(BOSS;Shapiro,2011)完成了对任务外言语行为和任务内言语行为的观察,并计算了在每个观察期内学生出现行为的观察间隔的百分比。学校心理老师、学校实习心理老师和学校心理学实习生轮流观察,以便每个小组成员在不同的干预阶段完成相同数量的观察。为了测量作业的完成情况,蒙罗老师和蒙托亚老师独立统计了每天完成作业的数量,并计算出完成作业的百分比。

3. 干预计划

鉴于蒙罗老师和蒙托亚老师有意在班级范围内实施响应成本抽奖和神秘激励因素干预,干预计划包括两个阶段和三个子阶段,采用交替处理设计(Kazdin,2011)。第一阶段是在干预实施前(第1周)进行的基线数据收集。第二阶段是干预阶段,包括三个子阶段(第2—9周):响应成本抽奖、基线和神秘激励因素。在第二阶段,两种干预措施在每周内平衡进行,以最大限度地减少延续效应,最大限度地暴露每种干预措施,并允许在整个实施过程中纳入一个简短的基线子阶段。蒙罗老师和蒙托亚老师在第2、4、6、8周的周一和周二实施了响应成本抽奖,在周四和周五实施了神秘激励因素。相反,他们在第3、5、7、9周的周一和周二实施了神秘激励因素,在周四和周五实施了响应成本抽奖。为了平衡干预实施,蒙罗老师和蒙托亚老师每人每周只在一天领导实施每种干预措施。例如,在第2周,蒙罗老师在周一实施了响应成本抽奖,而蒙托亚老师在周二实施了响应成本抽奖。同样,蒙罗老师在周四实施了神秘激励因素,而蒙托亚老师在周五实施了神秘激励因素。在接下来的几周里,任课教师轮流上课。两项干预措施都没有在周三实施,因此每周有一天作为基线子阶段。为了准备和实施工作,校长为蒙罗和蒙托亚提供了额外的计划时间,同时也提供了实施干预所需的资源和设备。

在第二阶段之前,心理健康团队对每一种干预措施的准备和实施进行了讲解、建模和辅导,班主任老师也向数学课教师介绍了干预措施。具体来说,在单独的响应成本抽奖和神秘激励因素的子阶段干预期开始时,课堂老师向课堂宣布当天将实施哪些干预措施,显示相应的视觉效果(例如,抽奖奖品清单、神秘激励因素日历),并分发相关材料(如奖券)。

4. 干预保真度和评分者一致性

蒙罗老师和蒙托亚老师使用两份不同的干预保真度核对表对干预保真度进行了测量和记录:响应成本抽奖每日保真度检查表(附录A)和神秘激励因素每日保真度表(附录B)。心理健康小组的一名成员也会使用相同的检查表来测量和记录干预的响应度,每周一次。例如,在第二周,心理健康团队(与班主任一起,但独立于班主任)在周二测量了响应成本抽奖的干预保真度,并在周四测量了神秘激励因素的干预保真度。在两位教师实施两种干预措施的过程中,对干预保真度的观察是平衡的。逐点一致性(Kazdin, 2011)的计算方法是将心理健康团队成员和任课教师之间在检查表上的一致数量除以一致和不一致的总和,再乘以100。在观察期间,响应成本抽奖的干预保真度为98%,神秘激励因素的干预保真度为97%,这表明两种干预措施在实施过程中都有很强的保真度。

对于任务外言语行为和任务内言语行为以及作业完成情况的观察,也采用逐点一致法(Kazdin, 2011)计算了IOA。每个干预阶段和子阶段,由两名心理健康小组成员完成30%的观察,以确定IOA的估计值。在30%的观察中,任务外言语行为的IOA为99%,任务内言语行为的IOA为100%,这表明观察数据是可靠的。同样,蒙罗老师和蒙托亚老师对已完成作业的日常测量的评分者间一致性为100%,表明作业完成数据可靠。

(三) 干预结果及分析

1. 干预结果数据

(1) 任务外言语

图10.1和10.2分别显示了学生任务外和任务内言语行为的结果数据。在第一阶段(第1周)收集的基线数据显示,学生在平均80%的观察时间间隔内(范围:76%—88%)出现了任务外言语。第二阶段(第2—9周)每周三收集的基线数据显示,在平均72%的观察时间间隔内(范围:63%—80%),学生出现了任务外言语,这表明当两种干预措施都被移除时,学生恢复到接近基线的水平。根据确定的干预目标,学生在第二阶段第4周的59%—63%的观察时间间隔内,第二阶段第7周的38%—41%的观察时间间隔内,以及第二阶段第9周的15%—21%的时间间隔内出现了任务外言语。此外,任务外言语的出现度在两种干预措施之间没有显著差异。也就是说,在第二阶段

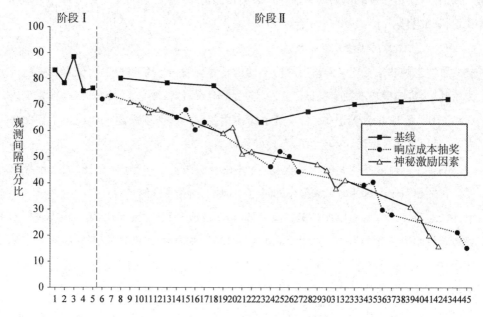

图 10.1　任务外言语

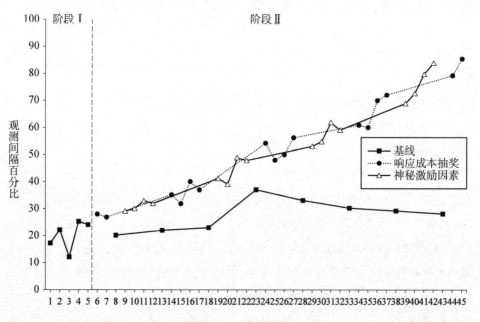

图 10.2　任务内言语

的所有周中,在实施响应成本抽奖和实施神秘激励因素的过程中,学生在平均47%的观察时间间隔内出现了任务外言语。

每个数据点代表在第一阶段(第1周)和第二阶段(第2—9周)每个教学日,在数学独立作业期间,学生在课堂上出现任务外言语的观察间隔的百分比。每五个教学日代表一个星期。

每个数据点代表第一阶段(第1周)和第二阶段(第2—9周)每个教学日,在数学独立作业时间中,学生出现任务外言语的观察间隔的百分比。每五个教学日代表一个星期。

(2) 任务内言语

在第一阶段(第1周)收集的任务言语行为基线数据显示,学生在平均20%的观察间隔(范围:15%—27%)内出现任务内言语。第二阶段(第2—9周)每周三收集的基线数据显示,学生在平均29%的观察时间间隔(范围:22%—36%)内出现了任务内言语,这表明当两种干预措施都被移除时,学生恢复到接近基线的水平。根据确定的干预目标,学生在第二阶段第4周的37%—41%的观察时间间隔、第7周的59%—62%的观察时间间隔和第9周的79%—85%的观察时间间隔内出现了任务内言语。与任务外言语的发生类似,任务内言语的出现在两种干预之间没有显著差异。也就是说,在第二阶段的所有周中,在实施响应成本抽奖和实施神秘激励因素期间,学生出现任务内言语的平均时间间隔为52%。

(3) 作业完成情况

图10.3显示了学生完成作业的结果数据。第一阶段(第1周)收集的基线数据显示,30%的学生完成了每日作业(范围:23%—37%)。第二阶段(第2—9周)每周三收集的基线数据显示,36%的学生完成了每日作业(范围:29%—40%),这表明在取消两项干预措施后,学生恢复到接近基线的水平。根据确定的干预目标,58%—63%的学生在第二阶段第4周完成了日常作业,80%—90%的学生在第二阶段第7周完成了日常作业。学生在第二阶段的剩余时间内完成了作业。作业完成情况在两种干预措施之间没有显著差异,并且在第二阶段期间保持或增加。也就是说,在实施响应成本抽奖和实施神秘激励因素期间,平均有72%的学生在第二阶段的所有周内完成了日常作业。

每个数据点代表第一阶段(第1周)和第二阶段(第2—9周)的每个教学日,在独立作业时间内完成每日数学作业的学生的百分比。每五个教学日代表一周。

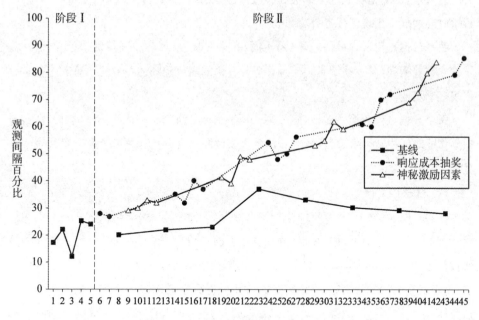

图 10.3 作业完成情况

2. 干预效果总结

在这个全班个案研究中,响应成本抽奖和神秘激励因素的实施和评估是在交替处理设计中进行的,这种单一案例实验设计,直接促进两种或两种以上干预措施的评估(Kazdin, 2011)。交替处理设计特别适合本个案研究,因为两种干预措施都在不实施的日子里产生延续效应,并且在不实施干预措施的情况下,目标行为(即言语行为和作业完成情况)的变化也不可能产生持久效应。平衡两种不同干预措施的实施以及干预措施的实施人(即蒙罗老师和蒙托亚老师),保持高度的干预保真度,并建立评分者之间的高度一致性,也最大限度地减少了对有效性的威胁,并有助于建立每个干预措施与目标行为变化之间的因果关系。因此,在第一阶段和第二阶段,通过系统观察收集的数据和作业完成情况表明,在实施响应成本抽奖和实施神秘激励因素的过程中,全班范围内的任务外言语减少,任务内言语和作业完成情况增加。目测水平和趋势的变化与干预目标一致,数据的变异性极小。所有的干预目标都已达到,并且没有观察到两种干预措施的不同效果。

3. 干预可接受性

在第二阶段结束时,心理健康团队和邓恩老师共同对蒙罗老师和蒙托亚老师进行了一次计划评估访谈,以了解他们对数学独立作业时间实施响应成本抽奖和神秘激励因素的经验和看法。蒙罗老师和蒙托亚老师还独立完成了针对每项干预措施的行为干预评定量表(BIRS)的改编版本(Elliott & Von Brock Treuting,1991;附录C)。蒙罗老师和蒙托亚老师都对两项干预措施的可接受性、有效性和见效时间表示非常满意。从质量上讲,任课教师注意到,在实施响应成本抽奖时,最初拿走奖券有些尴尬,但当他们注意到拿走奖券似乎没有对学生产生负面影响时,他们变得更加得心应手。在实施神秘激励因素时,教师和学生都喜欢确定一个班级目标,并为之共同努力。蒙罗老师和蒙托亚老师还表示,学生们似乎很喜欢这些干预措施。教师们也发现,将每天的实施时间限制在课堂行为更具破坏性的短时间内是有价值的,因为这样干预措施就不会失去其新颖性,学生们也会对干预措施保持兴奋。重要的是,教师们表示,他们从校长那里获得的规划时间和资源十分宝贵。

(四) 干预注意事项

为了增加干预措施长期有效和可持续的机会,学校心理老师等变革推动者应该考虑增加成功实施可能性的关键因素。校长和其他行政人员的支持;教师的支持;财政资源;高质量的培训和技术援助;干预措施与学校理念、目标、政策和其他计划的一致性;干预措施对关键利益攸关方影响的可见性;以及制定处理学校工作人员和行政人员更替的方法,都被视为支持成功实施循证干预措施(Evidence-Based Interventions, EBIs; Forman 等,2013)的关键。校长和学校心理老师在鼓励、促进和加强教职工改变以往的传统职责方面扮演着重要的领导作用(Eagle 等,2015)。学校心理老师提供与循证干预、心理健康问题和系统解决问题程序的内容知识相关的专业知识。学校校长提供组织系统、学校文化、专业发展和教学最佳实践方面的专业知识。学校心理老师和校长可以共同发挥领导作用,以成功实施干预措施。

行政人员对干预措施的支持为成功和可持续性发展创造了环境。行政人员的支持确保学校教职工将通过分配资源(例如,时间、激励、培训)、传达期望和解决可能减少资源的竞争做法来支持实施(Blase & Fixsen,转引自 Mathews 等,2014)。学校领导始终就财务资源、专业发展、纪律政策和辅导机会方面做出决策。学校领导以身作则,对成年人如何与学生互动和建立关系提出期望。当前工作的核心动机是如何分配学校和团体心理健康资源,特别是支持教师改善课堂,以此对儿童产生更大影响(Cappella 等,2011)。鉴于此,一个由学校校长和学校心理老师组成的强大团队可以塑造和传播与学生关系和干预措施实施相关的学校价值观。学校领导和学校心理老师可以确保所有教师都能获得专业发展,并在课堂管理和社会情绪干预方面掌握过硬的技能。他们可以确保辅导工作为教师提供机会,使他们能够获得支持,并提高他们实施具有保真度的干预措施的能力。学校心理老师和校长之间的这种伙伴关系可以创造一种环境,使教师能够接受并掌握有效实施干预措施的技能。

一旦教师接受了专业培训,具备了实施干预的技能,甚至获得了认同,要使干预措施的实施取得成功并长期持续下去,持续的辅导是必要的。学校心理老师接受过专业培训,拥有丰富的专业知识,他们完全有能力担任辅导员的角色,并为干预措施的进度监控提供支持。校本咨询可以应用实施驱动因素来支持多个层面的变革,包括学生个人(以来访者为中心)、教室(以咨询者为中心)、教学楼或学区(系统层面;Eagle 等,2015)。有了这种支持,实施工作就能不断完善,因为学校人员在应对不断变化的情境需求时,可以成功地将实践与具体情况相结合(Baker、Gersten、Dimino, & Griffiths,转引自 Mathews 等,2014)。在校长、学校心理老师和教师决定实施干预措施,并对教师进行干预培训后,合作助力的校长将创建一种支持和解决问题的文化。然后,学校心理老师(作为社会—情感专家)和教师(作为教育专家)以顾问的身份共同实施干预,收集数据,监测进展,并做出调整,以支持学生的成功。团队需要能够提供关键内容,同时保持足够的灵活性,以满足需要更多支持的教师(Reinke 等,2013)。虽然每个工作人员都有自己的角色——行政人员负责设定目标、制定方案和确保资源;学校心理老师提供培训、指导和进展监测;教师在课堂上实施干预。正是这种合作关系增加了干预措施实施的保真度,以及实施得以持续的可能性。

学校是一个复杂的环境,即使有行政人员的支持、强大的系统、专业发展和辅导,教师往往仍然难以依从地实施干预措施,而学生往往不能像预期的那样对干预措施做出反应。多项研究发现,在学校实施 EBI 的水平很低(Atkins, Frazier, Adil, & Talbott, 2003; Gottfredson & Gottfredson, 2002),这为学校心理学实施和推进实施科学的重要性提供了令人信服的理由(Forman 等,2013)。实施科学的目标是了解实施的障碍和促进因素,开发改善实施的新方法,并研究干预措施与其影响之间的关系。实施科学侧重于了解在特定类型的环境(如学校)中成功整合 EBIS 的相关过程和因素。在实施科学范式中,校长和学校心理老师在能力(学校心理老师)和组织(校长)驱动因素方面提供独特的专业知识,并在领导力驱动力方面提供互补和协作技能(Eagle 等,2015)。学校心理老师扮演着变革推动者的角色,他们拥有在学校组织和社会系统背景下有效沟通(EBIs)的知识和技能,因此有可能增加和改善 EBIs 在学校的实施。

学校心理老师与学校校长合作,在使用实施科学来支持课堂干预的有效性方面处于独特的地位。当学校心理老师与校长和教师合作实施干预措施时,使用实施科学的步骤可能是有益的:

1. 在探索阶段,学校团队明确问题,研究可能的解决方案,并考虑采用或实施新的干预措施;

2. 第二阶段是实施准备阶段,学校团队开展培训,并就干预措施的实施方案或流程达成一致;

3. 在初始实施阶段,学校团队开始使用干预措施,收集有关实施保真度和结果的数据,并根据需要对方案/流程进行修改;

4. 最后是全面实施,学校团队在多个班级和整个学校全面实施干预措施。通过这一过程,学校心理老师和校长可以支持实施,同时进行调整,以提高干预成果和可持续性。

三、结论

当学校心理老师与教师合作实施响应成本抽奖和神秘激励因素干预时,他们应该与学校校长密切合作,同时也为教师提供支持。除了专业发展和资源外,还必须考虑学校的价值观和制度,以提高干预成果。此外,学校心理老师应从战略上规划他们将如何为实施干预措施的教师提供持续的建议和辅导,以及校长如何支持干预措施的实施。最后,实施科学是支持干预措施实施保真度和可持续发展的有用工具。

附录 A 响应成本抽奖每日保真度检查表

响应成本抽奖步骤	完成情况 （每一个循环重复步骤）			教师备注
1. 宣布班级将会开展响应成本抽奖活动。	是	否	—	
2. 呈现抽奖奖励表单。	是	否	—	
3. 分配抽奖奖券给学生。	是	否	—	
4. 学生们出现非任务言语行为时，拿走其抽奖奖券。	是	否	—	
5. 在干预期结束时，把剩下的券放进奖券箱。	是	否	—	
6. 在干预期结束时，从奖券箱拿走一张券。	是	否	—	
7. 允许中奖的学生从奖品清单中选择一个奖品。	是	否	—	
8. 如果中奖奖券上写着"小组"，整个班级会得到一个班级奖励。	是	否	N/A	
9. 奖励班级的努力。	是	否	—	
10. 提醒班级，在下一个干预期，他们还有机会赢得奖励。	是	否	—	

附录 B：神秘激励每日保真度表

神秘激励步骤	完成情况 （每一个循环重复步骤）			教师记录
1. 宣布班级将会开展神秘激励活动。	是	否	—	
2. 呈现神秘激励日历。	是	否		
3. 呈现加强表格。	是	否		
4. 与班级共同确定一个日常的目标，集中于较少的出现非任务言语行为。	是	否		
5. 在干预期结束时，和班级共同讨论是否完成每日任务。	是	否		

(续表)

神秘激励步骤	完成情况 (每一个循环重复步骤)			教师记录
6. 如果任务完成,请一位同学揭示今天日历上是否有 M。	是	否	N/A	
7. 如果日历上有 M,允许班级从强化表格中选择一个奖励。	是	否	N/A	
8. 如果日历上没有 M,或者没有完成目标,鼓励班里的努力。	是	否	N/A	
9. 如果日历上没有 M,或者没有完成目标,提醒他们下一个干预期还有机会获得。	是	否	N/A	

附录C:行为干预评定量表(BIRS)

请圈出每个项目旁边的数字,表明你对干预措施的感受。

	非常不同意	不同意	一般不同意	一般同意	同意	非常同意
1. 这是一个可以接受的解决任务外言语的干预表格。	1	2	3	4	5	6
2. 大多数教师觉得这个干预是适合的。	1	2	3	4	5	6
3. 这个干预在改变任务外言语方面被证明是有效的。	1	2	3	4	5	6
4. 我会推荐给其他教师使用。	1	2	3	4	5	6
5. 任务外言语具有足够的破坏性,需要使用这样的干预方式。	1	2	3	4	5	6
6. 大多数教师觉得干预是适合解决任务外言语的。	1	2	3	4	5	6
7. 我会再次在班级中使用。	1	2	3	4	5	6
8. 在我的班级中,干预没有负面效果。	1	2	3	4	5	6
9. 这个干预对于不同的学生均有效。	1	2	3	4	5	6
10. 我在班级连续地使用这些干预。	1	2	3	4	5	6

(续表)

	非常不同意	不同意	一般不同意	一般同意	同意	非常同意
11. 干预在处理任务外言语时是一种公正的方式。	1	2	3	4	5	6
12. 干预的处理方式是合理的。	1	2	3	4	5	6
13. 我喜欢干预的过程。	1	2	3	4	5	6
14. 干预在处理任务外言语方面是一个合适的方式。	1	2	3	4	5	6
15. 总而言之,干预对我班级的学生是有益的。	1	2	3	4	5	6
16. 干预能够很快改善任务外言语。	1	2	3	4	5	6
17. 干预过程持续改善任务外言语。	1	2	3	4	5	6
18. 干预改善了任务外言语,并没有偏离到其他行为。	1	2	3	4	5	6
19. 在使用干预后,很快我发现在任务外言语方面有积极的改变。	1	2	3	4	5	6
20. 我相信即使干预没有继续下去,任务外言语也会保持在一个改善的状态里。	1	2	3	4	5	6
21. 使用干预不仅改善任务外言语,也对其他方面有作用。	1	2	3	4	5	6
22. 在独立学习数学期间,前后对比任务外言语,使用干预的效果是相似的。	1	2	3	4	5	6
23. 干预能够很好地改善任务外言语,以至于该行为不再是独立学习数学方面的问题。	1	2	3	4	5	6
24. 任务外言语所涉及的其他行为也可能被干预改善。	1	2	3	4	5	6

(李薇薇 译)

参考文献

Atkins, M.S., Frazier, S.L., Adil, J.A., & Talbott, E. (2003). School-based mental health services in urban communities. In M. D. Weist, S. W. Evans, & N. A. Lever (Eds.), *Handbook of school mental health: Advancing practice and research* (p. 165 - 178). New York: Kluwer Academic.

Burns, M. K., Riley-Tillman, T. C., & Rathvon, N. (2017). *Effective school interventions: Evidence-based strategies for improving student outcomes* (3rd ed.). New York: Guilford Press. ISBN: 978-1-4625-2614-7.

Cappella, E., Jackson, D. R., Bilal, C., Hamre, B. K., & Soule, C. (2011). Bridging mental health and education in urban elementary schools: Participatory research to inform intervention development. *School Psychology Review*, 40(4), 486–508.

Class Dojo. (2020). *Class Dojo*. Retrieved March 1, 2020, from https://www.classdojo.com.

Conyers, C., Miltenberger, R., Maki, A., Barenz, R., Jurgens, M., Sailer A., Haugen, M., & Kopp, B. (2004). A comparison of response cost and differential reinforcement of other behavior to reduce disruptive behavior in a preschool classroom. *Journal of Applied Behavior Analysis*, 37(3), 411–415. doi:10.1901/jaba.2004.37-411.

Eagle, J. W., Dowd-Eagle, S. E., Snyder, A., & Holtzman, E. G. (2015). Implementing a Multi-Tiered System of Support (MTSS): Collaboration between school psychologists and administrators to promote systems-level change. *Journal of Educational and Psychological Consultation*, 25, 160–177. doi:10.1080/10474412.2014.929960.

Elliott, S. N., & Von Brock Treuting, M. B. (1991). The behavior intervention rating scales: Development and validation of a pretreatment acceptability and effectiveness measure. *Journal of School Psychology*, 29, 45–51. doi:10.1037/t07574-000.

Forman, S. G., Shapiro, E. S., Codding, R. S., Gonzales, J. E. Reddy, L. A., Rosenfield, S. A., Sanetti, L. M. H., & Stoiber, K. C. (2013). Implementation science and school psychology. *School Psychology Quarterly*, 28(2), 77–100. doi:10.1037/spq0000019.

Gottfredson, D. C., & Gottfredson, G. D. (2002). Quality of school-based prevention programs: Results from a national survey. *Journal of Research in Crime and Delinquency*, 39(1), 3–35.

Kamphaus, R. W., & Reynolds, C. R. (2015). *BASC-3 behavioral and emotional screening system (BESS)*. Bloomington, IN: NCS Pearson, Inc.

Kazdin, A. E. (2011). *Single-case research design: Methods for clinical and applied settings* (2nd ed.). New York, NY: Oxford University Press. ISBN: 978-0-19-534188-1.

Kowalewicz, E., & Coffee, G. (2014). Mystery Motivator: A Tier 1 classroom behavioral intervention. *School Psychology Quarterly*, 29(2), 138–156. doi:10.1037/spq0000030.

Mathews, S., McIntosh, K., Frank, J. L., & May, S. L. (2014). Critical features predicting sustained implementation of school-wide positive behavioral interventions and supports. *Journal of Positive Behavior Interventions*, 16(3), 168–178. doi:10.1177/1098300713484065.

Murphy, K. A., Theodore, L. A., Aloiso, D., Alric-Edwards, J. M., & Hughes, T. L. (2007). Interdependent group contingency and mystery motivators to reduce preschool disruptive behavior. *Psychology in the Schools*, 44(1), 53–63. doi:10.1002/pits.20205.

Playworks. (2020). *Playworks*. Retrieved March 1, 2020, from https://www.playworks.org.

Proctor, M. A., & Morgan, D. (1991). Effectiveness of a response cost raffle procedure on the disruptive classroom behavior of adolescents with behavior problems. *School Psychology Review*, 20, 97–109.

Reinke, W. M., Herman, K. C., Stormont, M., Newcomer, L., & David, K. (2013). Illustrating the multiple facets and levels of fidelity of implementation to a teacher classroom management intervention. *Administration and Policy in Mental Health*, 40, 494–506.

Schanding, G. T., & Sterling-Turner, H. (2010). Use of the Mystery Motivator for a high school class. *Journal of Applied School Psychology, 26*(1), 38-53. doi:10.1080/15377900903379448.

Shapiro, E. S. (2011). *Academic skills problems* (4th ed.). New York: Guilford Press.

第十一章　自我管理

一、前言

除了管理和指导全班的学生,教师通常还负责行为干预。近年来,教师的工作负担成倍增长,这无疑加剧了他们的职业倦怠和留任问题。然而,教师不是支持学生行为的唯一干预者。对于许多学生来说,自我管理(Self Monitoring, SM)干预可能更适合改善他们的问题行为。自我管理干预包括几个关键特征:使用一个促使学生自我反思的线索工具(计时器)来衡量自己的行为,并通过自我评估来记录自己的行为。这些干预措施可以通过技术方法(如平板电脑、手机)或类似的方法灵活实施。不管采用何种方法,学生都需要系统地观察和评估自己的行为,然后记录这些行为在多大程度上符合可操作定义的目标。这个过程在指定的时间间隔内进行,学生在每个时间间隔结束时收到一个记录其行为的提示。自我管理干预的要点可以定制,例如,提示可以来自技术设备,也可以来自教师;记录方法可以包括技术设备或纸笔。自我管理干预的多样性可能是它最大的优点之一。

自我管理干预背后的理论基础是:在某种程度上,一个人自我调节或者自我管理的能力依赖于他监控自己状态的能力。因此,自我管理作为认知发展的一部分,是一个发展过程,它随着执行功能的发展而发展。然而,它也可以通过使用和实施自我管理干预来支持它,并使之得到发展。斯奈德(Snyder, 1974)在最早关于自我管理的研究中,将自我管理定义为一种受情境引发和社会期望共同驱动的自我反思和自我控制的结合。为了解释自我管理干预对学生行为的积极影响,人们提出了多种变革理论(Webber, Scheuermann, McCall, & Coleman, 1993)。斯奈德(Snyder, 1974)认为管理的过程有助于发展自我意识,增加行为改变以满足期望的可能性。坎弗(Kanfer, 1970)则认为自我管理的行为在本质上是自我强化或惩罚,从而导致行为的转变。不管改变的确切理论是什么，数十年来强有力的实证证据都支持基于技术和类似的自我管理干预在改善学生行为方面是有效的（全面综述见Bruhn等，2015；Sheffield & Waller，2010；Webber等，1993）。事实上，研究已发现自我管理在不同年龄组（如Gulchak, 2008；Wills & Mason, 2014）、不同学科领域（如Prater, Hogan, & Miller, 1992）和不同能力水平（如Rock, 2005）的学生群体中都是有益的。

自我管理干预属于对自己的管理干预的范畴——或者说是学生自主管理干预，而不是由教师管理干预。考虑到教师大量的工作任务，这种干预措施在实施的可行性方面具有明显的优势。除学生自我管理外，还可以通过使用技术手段来进一步促进和加强自我管理干预的实施（Schardt, Miller, & Bedesem, 2019）。像数字计时器、平板电脑、手机等电子设备都可以用来提示或记录行为。一些基于技术的自我管理干预措施通过利用平板电脑或便携式设备上的应用程序，能够以电子方式存储和以数字化方式显示数据，有助于验证干预措施的有效性。基于技术的自我管理干预措施可以简化实施，但它们只是一种选择。其他类似方法，包括教师或同伴的监督或口头提示、使用纸笔等方法，更普及，也更容易获得。这些方法可以在无法使用特定技术设备的情况下，使干预措施的实施更加可行。

与大多数行为干预一样，当学生可以识别自己的行为功能并利用其制定干预计划时，就能最大限度地提高自我管理干预的效果（Briere & Simonsen, 2011）。但实际上，自我管理干预非常灵活，不一定非要与学生行为的功能直接相关才能改善学生的行为。也就是说，虽然将学生行为的功能与自我管理干预相匹配是最佳的做法，但这对于证明学生行为的改善并不是充分必要条件（Bruhn等，2015）。

自我管理干预的多功能性使其适合于满足那些在完成任务方面表现出困难以及在达到课堂预期方面存在整体困难的学生的行为需求，包括有一般行为问题的学生以及患有行为障碍的学生。例如，有研究支持自我管理干预可被用于患有情绪行为障碍（Emotional Behavioral Disorders, EBD）（Blood等，2011）、自闭症谱系障碍（Autism Spectrum Disorder, ASD）（Legge, DeBar, & Alber-Morgan 2010）和注意缺陷与多动障碍的学生（Attention-Deficit/Hyperactivity Disorder, ADHD）（Reid等，2005；Wills & Mason, 2014）。在此，我们提供了对一名患有注意缺陷与多动障碍的中学生进行学业参与支持的个案研究。值得注意的是，自我管理干预的有效性并不局限于提高注意缺陷与多动障碍学生的参与度。事实上，那些有明显症状表现，但无法被确诊的注意力困难、整体脱离学习和破坏性行为的学生都可能从自我管理干预中获益（Davis 等，2016；Mooney 等，2005；Rafferty，2012）。此外，自我管理干预不局限于解决社会、情感或行为问题，它也可以有效地解决学业问题。

二、个案研究

（一）背景介绍及分析

1. 背景信息

凯（Kai）是一名六年级的学生，最近刚从华盛顿的一所规模较小的小学转到华盛顿中学（WMS, Washington Middle School）。他的班主任兼数学老师洛佩斯（Lopez）因为担心他在学校的学习表现，将其转介至学生干预小组。具体来说，凯的几位老师都发现，他似乎很难保持注意力并完成作业。他们注意到，凯似乎经常在课堂上做白日梦，眼睛盯着别处，没有跟上其他同学的步伐。他的课堂表现和回家作业都落后了。查阅了凯的档案后发现，他在二年级时就被儿科医生诊断为注意缺陷与多动障碍，但之前的学校没有为他提供任何额外的支持或服务。在华盛顿中学，一级支持被纳入了积极行为干预和支持（Positive Behavioral Interventions and Supports, PBIS）框架，包括明确的学校行为期望，即 SOAR（安全、完成作业、始终做到最好和有责任感）。除了对 SOAR 期望的直接指导和示范之外，华盛顿中学还使用一套系统来识别和表彰适当的行为（SOAR 奖券）；对不适当的行为做出反应（重申指令及转介至心理专家）。尽管规范地执行了一级支持的干预措施，年级组老师认为这对凯没有效果，他的学习行为低于预期。他需要二级支持，但洛佩斯老师表示她不知道该怎么办。

洛佩斯老师向学生干预小组表示，她在处理这类问题上的经验有限，她的大部分行为管理经验都是针对有破坏性行为的学生。她说她和年级小组的其他成员都不知道该做什么，也许她应该建议凯的父母考虑用药物来解决这个问题。学生干预小组向洛佩斯老师保证，他们可以支持她和年级组其他老师为凯制定干预措施，帮助他在学校取得更大的成功。

2. 问题行为描述

学生干预小组成员首先与凯所在年级组的老师会面，相互交流，并收集初步数据，以便更好地了解问题的本质。在确定问题所在的过程中，干预的主要目标是参与学习，即主动或被动地参与课堂活动。凯所在年级的每一位老师都估计，凯只有在不到 50% 的课堂教学时间参与学习，而且这种情况在不同的日子、不同的活动和不同的学科中都是一致的。为了更客观地评估凯当前的表现水平,年级的每一位老师都被要求完成一项直接行为评级表(Direct Behavior Rating, DBR)(Briesch 等,2016),来评估凯在课堂教学中参与学习的时间比例。在课堂上,老师们被要求在整节课期间从心理上监控凯的行为。然后,在下课的时候,他们以 0%—100% 的比率来评估凯在学业上投入的时间比例。他们每天都要填写直接行为评级表,为期一周。

3. 问题分析

在最初一周的数据收集后,干预小组对凯所在班级的老师的直接行为评级表评分进行了评估。教师们的直接行为评级表评分结果显示,凯在课堂上只有 45% 的时间投入学习。干预小组研究了访谈信息、行为评分和文件档案收集到的信息,并形成和评估了关于凯在课堂上注意力不集中的几个可能性假设。首先,小组假设凯的注意力困难是由于课堂内容对他来说太难或太简单,而对凯的成就测验数据、成绩和课堂作业的评估表明,情况并非如此。凯的课堂作业与他的学习投入水平基本匹配。其次,干预小组假设凯的注意力困难是由于技能缺陷或表现缺陷造成的,前者是指凯缺乏在课堂上正确集中注意力所需的技能,后者是指凯掌握了集中注意力所需的技能,但却不能始终如一地执行这些技能。学校心理老师建议,在这种情况下对凯进行自我管理干预,可能有益。显然,他有一定的执行能力,但没有始终如一地利用它,这更符合表现缺陷的情况。在这种情况下,自我管理干预可以帮助他提高自我意识,更好地保持注意力,同时也鼓励他更持久地使用这些技能。小组决定首先在洛佩斯老师的课堂上实施自我管理干预,将其作为一个起点,评估凯的反应,然后在其他课堂和环境中实施并推广该干预措施。

(二)干预计划及实施

1. 干预目标

基于直接行为评级表的基线结果,对凯的干预目标主要是增加他的学习时间和作业完成度。具体来说,预计在六周内,教师的直接行为评级表评分将反映出,凯将在平均 70% 的时间里投入学习(比基线提高了 25%)。此外,预计在六周内,凯将平均完成 70% 的课堂作业。干预小组希望凯的进度能在六周以内的时间内超过这些基准,但又希望确保有一个合理的起点。

2. 测量目标行为、收集数据、监测进度

考虑到学校资源有限,干预小组优先确保可行的数据收集程序,以监测凯对自我管理干预的反应。因此,直接行为评级表和一些固定项目内容可以作为过程监测方法。在直接行为评级表中,学习参与行为(Academically Engaged Behavior, AEB)被定义为:主动或被动地参与课堂活动(如写字、举手、看教材等)。在课堂结束时,洛佩斯老师只需简单地回顾她观察到的凯参与学习活动的大致时间比例,并按 0 分(从不)到 10 分(总是)的标准给出评分。然后,这些纸质的直接行为评级表会被交给学校心理老师,心理老师每周都会绘制数据图表。以上这些是主要的结果测量。同时,凯也用纸笔记录他的自我管理行为(见图 11.1)。这些数据同样作为干预措施的一部分,被收集和研究。最后,由于自我管理干预的最终目的不仅仅是确保凯在课堂教学过程中学习投入,而且还要确保他适当地完成相关作业,所以在课堂上完成的作业单形式的固定考核内容也会被收集和研究。每个项目都会被统计和分析,并绘制图表,以此作为辅助的结果测量。

3. 干预计划

在确定问题、分析问题、制定干预目标,并确定数据收集方法之后,干预小组开始制定干预计划。首先要确定并定义目标行为,并确定在数学课上(50 分钟的课堂时间)进行干预,以此作为起点。接下来,该小组设置自我管理形式,并决定使用提示器(一种在预定时间间隔内振动的电子设备)来提示凯测量和记录他的行为。干预小组认为使用提示器最好,因为它不会引人注意。考虑到凯的学习参与行为的发生率相对较低,他们决定将提示设置为一分钟间隔。在每次间隔结束时,提示器会发出嗡嗡声,凯会记录他是(+)否(-)在学习;或在 50 分钟的学习结束时,凯会计算自己在学习上的时间比例,然后把表格提交给洛佩斯老师。

接下来,干预小组考虑是单独实施自我管理干预,还是将其与强化或惩罚结合起来。虽然自我管理干预本身对学生有强化作用,但也可以增加外部强化。在学生准确记录了自己的行为或者达到了预期目标后,就可以使用外部强化。这样,学生就会获得奖励(如零食、物品或者一些特权),以鼓励他们做出正确的评分和继续完成任务。当学生没有完成目标时,就会受到惩罚(课间不能休息、额外的作业、失去一些特权),以激励他们在未来继续完成任务。虽然带有惩罚措施的自我管理干预也是一种选择,但在本案例中,干预小组最终采用了一种更为积极的干预方式,即有或没有外部强化的自我管理干预形式。干预小组从单独的自我管理干预开始,如果其本身不足以产生所需的变化,则再添加外部强化。

表 11.1 自我管理表

自我管理表		
姓名：	日期：	活动：

指导语：每当提示器响起时,如果你正在参与学习活动,请在表格中对应位置标记[＋]号;如果你没有在学习,请在表格中对应位置标记[－]号。请尽可能真实地回答问题。

学习参与(Academically engaged)　是指主动或被动地参与课堂活动,比如:写字、举手、回答问题、讨论问题、听讲、默读或看书。如果是以下的这些活动则不属于学习参与:看窗外、玩东西、画画、盯着他人看或交头接耳等。

时间间隔	1	2	3	4	5	6	7	8	9	10
学习参与										

时间间隔	11	12	13	14	15	16	17	18	19	20
学习参与										

时间间隔	21	22	23	24	25	26	27	28	29	30
学习参与										

时间间隔	31	32	33	34	35	36	37	38	39	40
学习参与										

时间间隔	41	42	43	44	45	46	47	48	49	50
学习参与										

A. "＋"号的总数_____
B. 干预周期_____
C. A/B=_____

C＊100=_____%今天在课堂上的学习参与度!

在确定了整个干预流程后,干预小组指导洛佩斯老师如何向凯介绍自我管理干预,并教会凯这个过程。对凯的培训包括以下几个步骤。首先,讨论以下内容:(1)描述干预的目的和重要性;(2)提供哪些属于参与学习行为的例子,哪些不属于;(3)介绍提示器及操作方法;(4)介绍自我管理表及其如何填写;(5)讨论具体目标。接下来,洛佩斯老师示范了如何使用这些材料,然后提供了一个练习环节,让凯有机会练习干预措施。在此期间,洛佩斯老师向凯提供反馈,并强调准确、诚实地记录他的行为的重要性。洛佩斯老师解释说,她会将凯每天的自我评分与她每天的直接行为评级表评分进行比较,如果有重大差异(超过10%),他们会进行讨论。为了评估自我管理干预的有效性,采用了ABABB的撤销设计。这种设计为数据解释工作增加了很大的优势,因为在这种情况下可以进行因果推断。在初始基线(A)阶段,洛佩斯老师使用直接行为评级表来估计凯在数学课期间参与学习活动的时间百分比。在第二阶段(B),凯接受了自我管理程序的培训,并在洛佩斯老师的帮助下实施了自我管理干预,洛佩斯老师继续评估凯的学习投入。在第三阶段(A),凯没有实施自我管理干预,但洛佩斯老师仍然评估他的学习投入。在第四阶段(B),凯独立实施自我管理干预,洛佩斯老师监督他的学习参与。基于凯在这个最后阶段的数据,小组决定增加一个额外的(B*)阶段,即继续自我管理干预,并添加外部强化,以鼓励凯实现每天至少70%的时间投入学习的目标。洛佩斯老师让凯完成了一个简短的调查,从而确定他会有动力去争取奖励。如果凯能在课堂至少有70%的时间投入学习,那么他就会立即从洛佩斯老师那里得到奖励。

4. 干预保真度和评分者一致性

干预保真度可以通过一些固定项目内容和自我管理保真度检核表来评估。固定项目内容包括凯填写的自我管理表和洛佩斯老师填写的直接行为评级表。保真度检核表包括了干预的每个步骤,由洛佩斯老师在每天的数学课中完成(见附录A)。鉴于洛佩斯老师对干预的认可,她非常热衷于实施干预。结果发现,干预的保真度非常高,洛佩斯老师的总体保真率达到了98%。

洛佩斯老师带教的实习老师每周计算两次评分者一致性,她也在数学课中观察凯,并完成了直接行为评级表评分。两者一致的标准是他们的评分在一个直接行为评级表评级点。也就是说,当直接行为评级表评分之间的差距在一个点以内时(如,洛佩斯老师的评分为8分,实习老师的评分为9分,这仍然算作一致),这就可以确定为充分的一致性。一致性百分比的计算方式是用一致的数量除以评分者一致性评级的总数量,再乘以100。调查发现,洛佩斯老师和她带教的实习老师在98%的情况下达成了一致。

(三) 干预结果及分析

1. 干预结果数据

(1) 直接行为评分

图 11.1 提供了整个干预过程中,凯在数学课上学习参与(Academic Engagement,AE)的直观描述。在基线测试期间,凯没有得到外界的干预或支持,洛佩斯老师照往常对凯进行课堂教学。在这一阶段,凯的学习参与至少比目标低 30 个百分点,最低的数据是这一阶段的最后一个数据,即凯出现学习参与行为的比例为 20%。平均而言,凯在基线期间只有 38% 的时间参与学习。在干预开始时,凯的学习参与水平立即从 20% 上升到 60%,这表明洛佩斯老师认为凯在数学学习方面的学习参与水平有了明显提高。这种积极趋势在整个阶段都在持续,而且凯能够在这个阶段的最后三节课中成功实现他的目标。在第一个自我管理干预阶段,凯平均有 66% 的时间投入在学习上。为了证实自我管理干预确实产生了积极的效果,干预小组决定暂时停止自我管理干预几天,同时继续监测凯的表现。这时,凯的学习参与比立刻从 70% 下降到 40%,

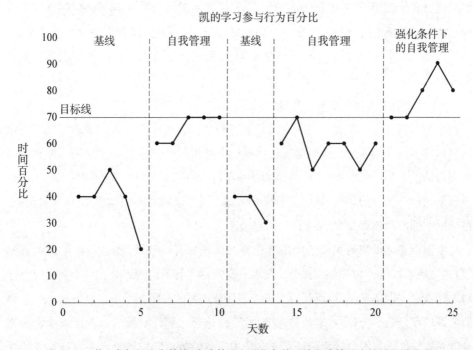

图 11.1 学习参与行为在基线、自我管理和强化条件下的自我管理中的时间百分比

再也没有上升到自我管理干预阶段观察到的水平。平均而言,当自我管理干预被撤销时,他只有37%的时间投入学习。因此,小组很快决定恢复自我管理干预,凯的学习参与再次出现了明显的水平变化,从30%提高到60%。虽然凯在这个阶段取得了进展,但他仍然没有达到自己的目标。在恢复自我管理干预期间,凯平均只有59%的时间在学习上投入精力。该小组首先评估了保真度数据,确定干预措施的保真度为100%。因此,该小组决定对自我管理干预进行轻微的修改,并在自我管理干预中增加强化因素。由于凯在完成目标后每天都会得到强化物,所以他在这个阶段的学习参与仍然高于目标线。在这种情况下,凯平均有80%的时间都投入在学习上,这表明这种干预条件是有效的,而强化的加入如干预小组所希望的那样,促使了凯学习表现的提升。

(2)固定项目内容

图11.2展示了凯在数学课上作业的平均完成率。为了评估凯的学习成绩,我们收集了一些固定项目内容(课堂作业单),并对其完成度进行监控。在实施干预之前,凯很难完成课堂上布置的数学作业,基线期间的第一周,他的平均完成率为35%。在自我管理干预开始时,凯的平均完成率几乎翻了一倍,达到62%。在第二个基线期,凯的平均完成率从62%下降到30%,低于原来基线的平均完成率。在再次引入自我管理干预后,凯的完成率恢复到50%。凯的最高学业完成率出现在自我管理干预和强化目标达成的情况。在这种情况下,凯在课堂上平均完成了80%的作业。总体而言,与洛佩斯老师对凯的学习参与评分所观察到的效果相似,在干预阶段,凯的课堂作业完成度有了显著提高。

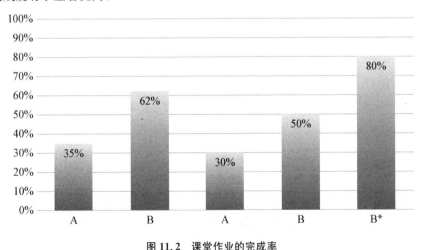

图11.2 课堂作业的完成率

A(基线);B(自我管理干预);A(基线);B(自我管理干预);B*(自我管理干预+强化)

2. 干预效果总结

根据获得的数据，凯在行为上有了实质性的改善。虽然单独实施自我管理干预获得了一些积极效果，但凯显然受益于增加的外部强化。由于这些改善，小组决定修改凯的目标，即除了80%的学习参与度，至少还包括80%的作业完成度。这种表现在数学课上持续了下来，然后干预小组就在凯的其他课上实施自我管理干预。最终，为了鼓励凯将过程内化并独立应用技能，自我管理干预将逐渐消退。

3. 干预可接受性

评估干预措施的社会效度绝对是至关重要的——实施者可以制定出世界上最好和最有效的干预措施，但如果它无法实施、不被用户所接受，它就是失败的。为此，洛佩斯老师和凯被要求完成一份简短的六项调查问卷，其内容与他们参与自我管理干预的经历有关。该问卷采用五级李克特量表，回答选项包括：非常不同意、有些不同意、一般、有些同意、非常同意。问题包括：(1)我发现这种方法是有帮助的；(2)这种方法对我来说很容易操作；(3)这种方法提供了有意义的信息；(4)我认为这种方法是帮助学生的好方法；(5)我将来会再次使用这种方法；(6)我喜欢这种方法使用的程序。凯和洛佩斯老师的回答都表明，他们认为自我管理的干预是可接受和可行的。他们对所有项目的回答从中立到非常同意不等，没有对任何项目表示有些或非常不同意。因此，自我管理干预的两位使用者都认为该干预具有较强的社会有效性。

(四) 干预注意事项

本个案研究概述了对一名患有注意缺陷与多动障碍的中学生进行的自我管理干预，这只是如何使用自我管理程序的一个例子。如前所述，这些方法可以以多种方式实施，在不同环境下，使用多种方法针对不同年龄段和身心障碍的学生的不同行为。

在多层支持系统(Multitiered System of Support, MTSS)框架中，自我管理干预可用于第一级的全班学生和第二级的目标学生，或作为第三级综合行为支持计划(Behavior Support Plan, BSP)的一部分。这种通用性使自我管理干预非常适合很多转介问题。然而在选择和实施自我管理干预措施时，还需要考虑其他因素。拉弗蒂(Rafferty, 2010)特别概述了几个重要的注意事项：第一，自我管理干预最适合表现缺陷，而不是技能缺陷。也就是说，单靠自我管理无法教会学生一项他们本身不会的新技能。在这种情况下，技能培训是绝对必要的。第二，自我管理干预不应该用于危险的行为(指那些对自己或他人造成潜在伤害的行为)。第三，实施人员应考虑学生的认知发展水平，以及他们是否能够理解目标行为和识别出他们的目标行为。第四，实施者应考虑学生的背景和目标行为是否符合学生的文化背景。例如,在某些文化中,增加目光接触可能不是一些文化上合适的目标行为。第五,实施者应该考虑自我管理干预的最佳实施模式,包括适当的提示和记录方法。

三、结论

数十年来已经有大量的研究支持自我管理干预的有效性。这些干预措施为支持学生行为提供了一种有效、灵活和可行的选择,并有助于减轻教师的压力和负担。自我管理干预帮助学生获得自我意识的基本技能,而自我意识是自我调节和自我控制的重要组成部分。自我管理干预具有很强的适应性,可用于应对与课堂行为或学业表现缺陷相关的诸多挑战。涉及自我管理技术使用的新应用程序也在不断发展,并为提示和记录行为提供了一种有前途的和简化的方法。当自我管理干预作为一种行为管理策略纳入多层支持系统时,它为支持学生的积极行为提供了许多独特的优势。

附录 A：保真度检核表：自我管理干预

教师姓名：　　　　　　　学生姓名：
星期：

干预步骤	周一	周二	周三	周四	周五
为学生提供自我管理表。	Y N	Y N	Y N	Y N	Y N
为学生提供动力援助。	Y N	Y N	Y N	Y N	Y N
引导学生开始自我管理。	Y N	Y N	Y N	Y N	Y N
课后与学生一起复习自我管理表。	Y N	Y N	Y N	Y N	Y N
比较学生评分和教师评分。	Y N	Y N	Y N	Y N	Y N
如果评分在10%以内，学生就会得到表扬。如果评分偏差超过10%，就会讨论并解决。	Y N	Y N	Y N	Y N	Y N
如果学生达到＿＿＿＿的目标，将给予适当的奖励。	Y N	Y N	Y N	Y N	Y N
A："Y"的总数					
B：观察到或适用的干预步骤总数					
A/B					

（罗丹　译）

参考文献

Blood, E., Johnson, J. W., Ridenour, L., Simmons, K., & Crouch, S. (2011). Using an iPod touch to teach social and self-management skills to an elementary student with emotional/behavioral disorders. *Education and Treatment of Children, 34*, 299–321. doi:10.1353/etc.2011.0019.

Briere III, D. E., & Simonsen, B. (2011). Self-monitoring interventions for at-risk middle school students: The importance of considering function. *Behavioral Disorders, 36*(2), 129–140. doi:10.1177/019874291103600204.

Briesch, A. M., Riley-Tillman, T. C., & Chafouleas, S. M. (2016). *Direct behavior rating:*

Linking assessment, communication, and intervention. New York: Guilford Press.

Bruhn, A., McDaniel, S., & Kreigh, C. (2015). Self-monitoring interventions for students with behavior problems: A systematic review of current research. *Behavioral Disorders, 40* (2), 102–121. doi:10.17988/bd-13-45.1.

Davis, J. L., Mason, B. A., Davis, H. S., Mason, R. A., & Crutchfield, S. A. (2016). Self-monitoring interventions for students with ASD: A Meta-analysis of schoolbased research. *Review Journal of Autism and Developmental Disorders, 3* (3), 196–208. doi:10.1007/s40489-016-0076-y.

Gulchak, D. J. (2008). Using a mobile handheld computer to teach a student with an emotional and behavioral disorder to self-monitor attention. *Education and Treatment of Children, 31*, 567–581. doi:10.1353/etc.0.0028.

Kanfer, F. H. (1970). Self-monitoring: Methodological limitations and clinical applications. *Journal of Consulting and Clinical Psychology, 35*, 148–152. doi:10.1037/h0029874.

Legge, D. B., DeBar, R. M., & Alber-Morgan, S. R. (2010). The effects of self-monitoring with a MotivAider ® on the on-task behavior of fifth and sixth graders with autism and other disabilities. *Journal of Behavior Assessment and intervention in Children, 1* (1), 43. doi:10.1037/h0100359.

Mooney, P., Ryan, J. B., Uhing, B. M., Reid, R., & Epstein, M. H. (2005). A review of self-management interventions targeting academic outcomes for students with emotional and behavioral disorders. *Journal of Behavioral Education, 14* (3), 203–221. doi:10.1007/s10864-005-6298-1.

Prater, M. A., Hogan, S., & Miller, S. R. (1992). Using self-monitoring to improve on-task behavior and academic skills of an adolescent with mild handicaps across special and regular education settings. *Education and Treatment of Children, 15*, 43–55.

Rafferty, L. A. (2010). Step-by-step: Teaching students to self-monitor. *Teaching Exceptional Children, 43*, 50–58.10.1177/004005991004300205.

Rafferty, L. A. (2012). Self-monitoring during whole group reading instruction: Effects among students with emotional and behavioral disabilities during summer school intervention sessions. *Emotional and Behavioural Difficulties, 17* (2), 157–173. doi:10.1080/13632752.2012.672866.

Reid, R., Trout, A. L., & Schartz, M. (2005). Self-regulation interventions for children with attention deficit/hyperactivity disorder. *Exceptional Children, 71*, 361–377.

Rock, M. L. (2005). Use of strategic self-monitoring to enhance academic engagement, productivity, and accuracy of students with and without exceptionalities. *Journal of Positive Behavior Interventions, 7*, 3–17. doi:10.1177/10983007050070010201.

Schardt, A. A., Miller, F. G., & Bedesem, P. (2019). The effects of CellF-Monitoring on students' academic engagement. *Journal of Positive Behavior Interventions, 21*, 42–29. doi:10.1177/1098300718773462.

Sheffield, K., & Waller, R. J. (2010). A review of single-case studies utilizing self-monitoring interventions to reduce problem classroom behaviors. *Beyond Behavior, 19*, 7–13.

Snyder, M. (1974). Self-monitoring of expressive behavior. *Journal of Personality and Social Psychology, 30*, 526. doi:10.1037/h0037039.

Webber, J., Scheuermann, B., McCall, C., & Coleman, M. (1993). Research on self-monitoring as a behavior management technique in special education classes: A descriptive review. *Remedial and Special Education, 14*, 38–56. doi:10.1177/074193259301400206.

Wills, H. P., & Mason, B. A. (2014). Implementation of a self-monitoring application to improve on-task behavior: A high-school pilot study. *Journal of Behavioral Education, 23*(4), 421-434. doi:10.1007/s10864-014-9204-x.

第十二章　认知行为疗法

一、前言

目前有非常多的实证支持认知行为疗法(Cognitive Behavioral Therapy, CBT)(David 等,2018；O'Donohue & Fisher, 2012)比其他任何心理干预疗法更有效,而且认知行为疗法也已被证明对不同年龄跨度、不同心理疾病都有效(Hofmann 等,2012)。现有证据证明,认知行为疗法可用于治疗情绪障碍、焦虑和创伤障碍、物质滥用、人格障碍、睡眠障碍、精神病性障碍、愤怒和攻击、成人多动症、躯体和疼痛障碍、饮食障碍以及生活和职业压力等各方面。目前有数百项精心设计的研究已证实认知行为疗法对成人有效,然而认知行为疗法对儿童和青少年的证据基础比较有限,但仍然令人印象深刻(Stallard, 2009)。

认知行为疗法可以追溯到亚伦·贝克(Aaron Beck, 1964)和阿尔伯特·埃利斯(Albert Ellis, 1958)的早期著作,这两位都将认知评估作为理解人类功能的核心,更具体地说,是理解适应不良的心理状况的核心。贝克(Beck, 1964)提出,决定人们感受的不是环境本身,而是他们感知环境的方式。埃利斯的理性情绪疗法(Rational Emotive Therapy, RET)强调了对事件感知的非理性信念在导致个体消极情感和行为反应中的因果作用(Walen, DiGiuseppe, & Dryden, 1992)。虽然这两种治疗系统都主要强调认知行为疗法的"认知"元素,但它们也都利用行为技术来帮助诱发来访者行为的改变。随着认知疗法变得越来越流行,并逐渐证明其在治疗心理问题方面的有效性,许多接受了传统行为方法的训练的理论家和临床医生(如 Kazdin, 1982)扩展了早期认知疗法的概念框架,强调更多的"行为"元素,特别是当认知行为疗法被应用于儿童和青少年时(Kendall & Braswell, 1997)。

尽管有大量的证据证明认知行为疗法的有效性,但其精确的操作定义仍然难以确定。认知行为疗法模型的核心是一种中介模型(Dobson, 2003),这意味着认知、情绪和行为内在地交织在一个因果的双向循环中:个人的情绪如何受他们感知和思考事件的方式影响,他们的行为如何受他们情绪的影响,他们的行为如何影响他们感知和思考事物的方式。认知行为疗法的实践差别很大,包括多种策略、实践和战术(包括本书中描述的许多干预措施和技术)。虽然认知行为疗法包括认知和行为两部分,但某些形式的认知行为疗法强调改变认知的首要作用,其他形式强调改变行为的重要性(Lorenzo-Luaces, Keefe, & DeRubeis, 2016)。苏格拉底式提问、对信念的替代性解释和认知重组等技巧属于认知范围,而暴露疗法、行为计划和角色扮演等技巧则更多地属于行为范围。虽然认知行为疗法学者对通过改变认知以改善症状的必要性存在激烈的实证辩论(Lorenzo-Luaces 等,2016),但在实践中,几乎所有认知行为疗法的主要模型都结合了包含认知和行为技术的混合策略。总之,认知行为疗法承认并强调认知(信念、期望)的重要性,但无论是在治疗中还是作为效果衡量标准,仍然关注行为(Kendall & Braswell, 1997)。

认知行为疗法可以被描述为一种合作经验主义模型,治疗师和来访者通过这种模式建立一种合作关系。在这种关系中,来访者与治疗师作为一个团队一起确定问题,并获得处理这些问题的技能(Wright, 2006)。认知行为疗法是以问题为中心(针对特定目标)、结构化的(有特定目的和确定任务)和有时间限制的(不是无限期的,通常一个疗程6—12次)。与其他疗法相比,认知行为疗法更倾向于带有一种明显的教学色彩,即治疗师向可能有治疗动机的来访者传授技能和自我评估方法。

二、个案研究

(一) 背景介绍及分析

1. 背景信息

卡拉(Karla)是一名14岁的九年级学生,就读于克里奥尔瀑布高中(Creole Falls High School),这是南伊利诺伊(southern Illinois)一所只有330名学生的小型乡村高中。卡拉是家中的独生女,和亲生父母同住。她的父亲经常外出工作,一出差就好几个星期。她的母亲是个家庭主妇。卡拉在八年级中期开始表现出明显的抑郁和焦虑情绪。她的母亲说卡拉性格孤僻,爱哭,睡眠增多,看起来更悲伤、更悲观。同时她还出现了同伴关系问题(如与朋友激烈争吵)和轻度拒学的情况。除了偶尔缺席,没有完成补课而导致作业完成不好外,卡拉几乎在所有课程都保持着优异的成绩,其中许多课程甚至是高年级课程或者竞赛课程。卡拉的母亲说,卡拉在家里如果要做补习作业,她经常会感到不知所措。卡拉的母亲曾多次带她去看儿科医生,但并没有发现明显健康问题。

九年级开始,卡拉升入高中。虽然初高中老师就卡拉的困难进行了沟通,但八年级时实施的干预措施在卡拉上高中后并没有继续下去。在刚开始的两个月里,卡拉尚能正常上学,但她的母亲已经注意到她有更多的抱怨及躯体症状,与此同时,缺课天数也在缓慢增加。当时,卡拉因感染了流感,在医生的建议下要连续请假5天在家休息。在这之后,虽然卡拉大部分不适症状已经得到明显缓解,但她仍然说自己感觉不舒服,要求待在家里。在母亲的劝说下,卡拉还是由母亲开车送到了学校。一到学校,卡拉就变得非常激动,恳求母亲让她在家里多待一天,母亲勉强同意了。之后卡拉的出勤率急剧下降,因为在之后的两周里,她每周平均上学不到两天。在此期间,卡拉的母亲约见了校长和一名高中特殊教育老师。在这次会面之后,学校针对卡拉采取了几项干预措施,包括:允许卡拉在家完成学校作业,卡拉每周放学后在当地图书馆见一次老师(卡拉自己要求的),允许卡拉只出勤几天而不受处罚,并选定了几个学校的成年人(包括学校图书管理员、学校辅导员、美术老师、助理校长等),以便在卡拉感到焦虑和不知所措时,可以和他们交谈。虽然这些干预措施实行了两周,但卡拉的出勤率并没有提高。

2. 问题行为描述

学校辅导员约见了卡拉和她的母亲,进行了一次临床受理访谈,共同确定问题所在。访谈包括收集卡拉逃学行为的历史和背景信息,对卡拉逃学行为进行功能评估,共同确定与拒学行为相关的各种常见和独特的情况,并让卡拉评估她自己在每种情况下的焦虑水平,从而创建一个初步焦虑分级体系。此外,学校心理老师约见了学校的团队(校长,卡拉最喜欢的老师和一个卡拉最不喜欢的老师)。

在访谈中,卡拉表示"喜欢学校",但大约从八年级中期开始,她开始在学校变得非常焦虑。因为当时她和最好的朋友,在其他好友在场的时候发生了激烈的争吵。她表示,在这件事之前,她在学校有一个"好朋友团体"(大约6到7个人),她每天都和她们互动。但在这件事之后,卡拉说她在前好友身边,或者一起在好朋友团体里时,就会感到很"尴尬"。她觉得她们一直在"看她,评判她,谈论她"。她试图与前好友和解,但没有成功。卡拉说:"事情已经每况愈下,现在已经失去了控制。"卡拉认为自己"情绪低落",没有任何朋友,一想到学校和学校里的人时,会感到"不知所措和焦虑"。据她报告,目前她很少有可以经常和她聊天的人。在学校里,她总是担心自己的学习成绩、考试和作业表现,以及别人对她的负面评价。在课堂上,如果有同学大声喧哗或不听老师讲课,卡拉会感到非常不舒服;在课间,卡拉"讨厌"走在拥挤的走廊上。此外,她还表示,由于长期缺课,学校的功课堆积得越来越多,她感到不堪重负。卡拉找到了几个重返学校的原因,包括她对学习的热爱,和她喜欢的老师在一起,结交朋友,以及满足她上一所好大学的愿望。卡拉的母亲认为抑郁、出勤率和对学业焦虑是她最关心的问题。

学校辅导员还采访了学校干预小组成员。采访的主题包括卡拉是一名优秀的学生,但要花很长时间完成作业,在课堂上难以接受反馈意见。一位老师指出,卡拉非常热心帮助别人,但有时太过了,这导致其他学生认为她"觉得自己无所不知",从而拒绝她的社交尝试。因为卡拉没有上学,所以无法收集观察数据。研究小组将出勤率确定为主要问题行为。

3. 问题分析

虽然卡拉之前经历过轻度到中度的拒学,但她现在的情况迅速升级,而且相对严重。在受理访谈中,学校辅导员给了卡拉和卡拉母亲一份修订版拒学评估量表(Kearney & Albano, 2018),该量表要求孩子和家长对一系列关于拒绝上学的可能的功能问题进行评分,该量表确定了四个功能:(1)避免负面刺激/情境(考试);(2)逃避消极的同伴情境或负面评价;(3)得到照顾者的注意;(4)校外活动的强化(接触电子游戏)。事实上,卡拉和她母亲对这两项负强化功能的评分都很高。尽管从平均分来看,来自照顾者的关注程度排在第三位,但卡拉的母亲认为前三个问题是经常发生的。从整体上看,校外活动的强化似乎对卡拉的逃避学校行为没有显著影响。

基于所有收集到的数据,干预小组假设卡拉的拒学行为主要归因于负强化,尽管正强化也有助于维持这一行为。具体来说,卡拉在学校时经历了强烈的焦虑,而回避(待在家里)学校使她减少了这种感觉。她能够避免她不喜欢的老师和负面的同伴评价。她还能避免那些让她感到不舒服的情况(走在拥挤的走廊上、处在嘈杂的教室里、考试时的表现)。此外,当她在家的时候,她可以看电视,和她的母亲聊天,和宠物玩耍,并参与其他喜欢的活动(从事艺术活动)。最后,卡拉报告说,当她缺课的时候,她会被大量必须补交的作业压得喘不过气来,甚至感觉无法开始学习,这进一步加剧了她的焦虑和逃避心理。

（二）干预计划及实施

1. 干预目标

由于问题与缺课有关，认知行为疗法的主要目标是尽快提高学校出勤率。卡拉的出勤目标是完全回到学校，每天都能到校上课。减少焦虑也是认知行为疗法的一个主要目标，因为干预小组假设，减少焦虑会直接影响拒学。干预小组认为，避免焦虑情绪是导致对学校回避的首要因素，而这反过来又导致了其他报告的问题，如抑郁和人际关系困难。因此，他们决定限制干预目标。如果没有社交场所，那么就很难建立人际关系。对大多数孩子来说，学校提供了这个建立社交关系的场所。同样，卡拉的抑郁可能是拒学和缺乏社会支持造成的。因此，如果卡拉能按时上学，她的同伴关系和抑郁情绪都可能会得到改善。这并不是说同伴关系的困难和抑郁没有导致她的焦虑和逃避学校，尽管认知行为疗法干预也将它们包括在内，但它们没有被优先考虑为主要目标。

认知行为疗法的主要目标是减少焦虑。我们假设学校出勤率和焦虑减轻之间存在双向关系。也就是说，研究小组假设通过认知行为疗法干预减少焦虑，会增加上学的可能性，相反，上学会通过暴露的方式减少焦虑。减轻焦虑的目标是卡拉报告她在学校最容易引起焦虑的情况下焦虑水平降低50%。

2. 测量目标行为、收集数据、监测进度

由于最终的目标是让卡拉每天都能全天在学校上课，所以测量出勤率的主要指标是卡拉每周全天上学的天数（并且在课堂上）。然而，由于卡拉在干预开始时很少上学，因此，部分出勤（定义为每天至少到校上课两小时）被认为是测量成功与否的潜在指标，也被记录在案。此外，考虑到她对一两个课程的喜爱，但对其他课程（和其他情境）的高度厌恶，我们假设卡拉可能在短时间内返回学校取得初步的成功（上她特别喜欢的课）。但在其他卡拉不太喜欢的上课时间（英语课）或情境（上午），增加出勤率可能更困难。因此，我们还测量了卡拉每周在学校的小时数（每周总共35小时）。学校出勤率是通过查看每个周末的学校出勤记录（这些记录是由校长在经过卡拉和卡拉母亲的同意后提供的），以及卡拉母亲保存的日志来衡量的。在学校的时间是从卡拉母亲的日志中收集的，因为她被要求记录卡拉每天上学和放学的时间。

测量焦虑的方法是让卡拉用"0—10"等级[主观痛苦单位（Subjective Units of Distress, SUDS）；0=不焦虑，10=极度焦虑]来评估她在最初确定的12种情境下的焦虑程度（见表12.1）。卡拉在每次认知行为疗法治疗开始时都会对上述情境下的焦虑

程度进行评估,这些评估是焦虑的主要测量指标。

表 12.1 第一次认知行为疗法治疗中卡拉的焦虑等级分级

情 境	等级(0—10)
一整天都在学校里*	10
早上走进教学楼*	10
一天的部分时间是在学校(至少 2 小时)*	9
课间在走廊里*	9
在学校上英语课*	9
在学校吃午饭*	8
在心理治疗中谈论学校/在学校向辅导员谈论学校	6
目前在学校上美术课	6
在学校图书馆里	6
放学后与老师会面	3
在心理治疗中谈论学校/放学后向辅导员谈论学校	2
在学校不上课的时候在教学楼内	2

注:星号标记的项目表示卡拉最相关的主观痛苦单位项目,这些项目是评估焦虑减少的主要指标,如图 12.3 所示。

小组采用干预后/推广阶段的 AB 设计来评估干预效果。在出勤率方面,认知行为疗法开始前的三周作为学校出勤率的基线数据,干预阶段持续六周,干预后阶段持续七周(干预后的第五周包括一次认知行为疗法强化治疗)。在每次治疗(12 次治疗加一次强化治疗)开始时,都会收集焦虑(主观痛苦单位)评分。

3. 干预计划

在实施干预的前一周,学校心理老师和学校辅导员共同确定并审查了基于证据的回避学校和焦虑的认知行为疗法策略。最终,学校辅导员根据卡拉的具体表现制定了一份个性化的认知行为疗法治疗手册,其中包括针对学校回避的标准认知行为疗法要素,包括:(1)心理教育;(2)放松和情绪调节;(3)认知重构;(4)暴露;(5)技能培养;(6)问题解决;(7)家长参与。认知行为疗法包括卡拉与学校辅导员会面,每周两次,每次 45—60 分钟,为期 6 周(12 次认知行为疗法治疗)。认知行为疗法治疗手册规定了每次治疗的主题,确定了治疗的具体内容,包括辅导员的脚本,并包含了每次治疗的书面材料(讲义、家庭作业)。学校心理老师和学校辅导员通过确定关键的策略或方法,角色扮演实施认知行为疗法,并在每次治疗前解决预期的实施问题,以此来回顾和练习治疗的实施。

考虑到卡拉离开学校的时间较长,以及尽快让她回到学校的重要性,有必要每周进行两次的治疗。卡拉的母亲也被要求参加认知行为疗法课程(有时是单独和辅导员一起,有时是和卡拉同时参加)来讨论认知行为疗法模式,检验卡拉的进展,讨论她可能实施的干预措施,回顾卡拉正在实施的策略以及其母亲如何支持这些策略,并解决治疗期间出现的问题,根据需要对治疗计划做出必要的调整。由于卡拉通常不在学校,这些治疗最初在校外的一个附属办公室进行。将治疗课程转移到学校是认知行为疗法的目标之一,这在第二周就开始了。我们还计划了干预后的"加强治疗"的可能性,这取决于最初认知行为疗法干预是否成功,以及卡拉在认知行为疗法结束后能否保持治疗效果。

虽然对 12 次认知行为疗法治疗中的每一次都进行深入描述超出了本章的范围,但本案例中大部分治疗的内容和材料都是从一些原始资料改编而来,我们鼓励感兴趣的读者查阅这些治疗手册,以获得对每一次治疗内容更详尽的描述(Heyne & Rollings, 2002; Kearney & Albano, 2018)。在本章的其余部分,我们将阐明在实施认知行为疗法时的一些重要主题,并提供一些疗程中的对话示例,以更深入地说明认知行为疗法的一些概念。

(1) 心理教育

心理教育是认知行为治疗中至关重要的第一阶段,因为它为之后的一切治疗奠定了基础。这不仅仅是简单地教育治疗对象思考、感受和行为是如何相互作用的(尽管这很重要)。心理教育,尤其是在本案例中,涉及为接下来干预措施的重要性提供理由,以及尝试为做困难的工作建立约定和动机。大多数人都会避免不愉快的事情,因此,将逃避和回避正常化是至关重要的。在典型人类行为的背景下构建学生的行为反应,可以大大有助于建立融洽关系、消除内疚和羞耻,并让学生期待"改善是可能的"。向学生解释逃避/回避作为一种短期应对策略,可以用来消除焦虑情绪,这通常证实了他们已经知道的东西。然而,同样重要的是,学生要明白,逃避会使焦虑循环持续下去,强化不合理的信念,而且,作为一种长期策略,它会限制强化、成长和生命非凡可能性的机会。下面的对话展示了卡拉和学校辅导员关于焦虑的心理教育的部分对话。

卡拉:一想到要走进那扇门,我就感到不知所措。我不由自主地颤抖。当我待在家里,我感觉好多了。

学校辅导员:毫无疑问!我完全理解上学的焦虑有多让人受不了。如果你不去,那种感觉会怎样,它消失了?

卡拉:是的,没错!

学校辅导员:那么,这有什么错呢,我们今天为什么要在这里讨论这个问题?

卡拉:是啊,为什么呢?[卡拉和学校辅导员笑]

学校辅导员:好吧,如果这是故事的结局,我们不会在这里了。但这不是故事的结局,对吧?我的意思是,是的,在短期内,你不会感到焦虑或不知所措,你会感觉更好。但从长远来看,这是个好策略吗?我的意思是,你错过了和朋友在一起、交朋友,和朋友一起欢笑,和其他人一起体验生活的兴奋和挑战,和你喜欢的老师在一起,学习让你兴奋的话题,为大学和成为一名儿科医生做准备。简而言之,你错过了生活中的一大块,你不觉得吗?

卡拉:是的,我知道……我想去,真的……只是……[长时间停顿]

学校辅导员:我知道!这很难,真的很难,让自己走进那扇门几乎是不可能的。那种压倒性的恐惧感,所有消极想法都侵入你脑袋,你会发抖,感觉不舒服。而且,你知道你有逃生口……如果你离开,或者不走进来,那种感觉就会消失,就像一块巨石从你的胸口移开。但你也知道为什么一定要去那里。每次你离开,每次你待在家里,你的大脑就会明白:不去会更容易。对吧?

卡拉:是啊,差不多就是这么回事!

学校辅导员:但我几乎可以向你保证,在你生命中的某个时刻,你曾有另一种恐惧,也许没有现在这么严重,但仍然很严重……也许是你第一次尝试骑自行车,也许是坐过山车,也许是在医生办公室打针……我不知道你当时是怎么想的,但我猜肯定有一些让你很害怕的事,但出于某种原因,你还是做了……也许你父母逼你……但你还是做到了……事后,你发现事情并没有你想象的那么糟糕。

卡拉:[笑]我以前很怕坐过山车!我不知道为什么。但现在我爱它们……我每年生日都要去六旗乐园(Six Flags),这样我就能玩遍所有过山车。

学校辅导员:看吧!除非你真的坐了过山车,否则你怎么会知道你头脑中关于过山车的想法是不正确的呢?你能想象如果你回避一切让你焦虑、紧张、恐惧或不舒服的事情,你的生活将会怎样吗?我们什么都做不了!好消息是,你以前已经控制了你的焦虑,可能比你自己知道的要多得多,我认为在帮助和支持下,你可以再次控制焦虑。

正如上面的对话所示,心理教育不是简单地向来访者呈现焦虑和回避的概念;它包括使其成为相关的、个人的和有意义的。卡拉和学校辅导员之间的对话包含了正常化的元素;认知、情绪和行为之间的联系;治疗的理由;唤起从事困难工作的动机(治疗性家庭作业和暴露)。虽然认知行为疗法本质上是教学性质的,但这并不意味着它不应该是合作的、互动的、参与的和个人兴趣的。研究一致表明,青少年参与认知行为疗法以及与辅导员的治疗联盟会对治疗结果产生积极影响;相反,手册化的认知行为疗法治疗始终优于常规治疗(非指导性、支持性治疗)。因此,当与儿童和青少年合作时,辅导员必须在参与度和认知行为疗法保真度之间取得平衡。

(2)放松

放松技巧在治疗焦虑症的认知行为疗法中至关重要,它可以降低唤醒的生理效应。深呼吸、渐进式肌肉放松和视觉想象被认为是核心技术,卡拉在治疗过程中都使用了这些技巧。我们发现,在对青少年进行认知行为疗法治疗时,必须使用多种放松策略,因为有些青少年对某些技巧无法产生共鸣,环境因素也会影响某些技巧的使用(在课堂上很难去听冥想指导语),而且不同程度的焦虑可能需要使用不同的技巧(或结合使用;例如,对于年轻人来说,深呼吸在刚开始焦虑的时候运用的效果可能比焦虑高度升级时更有效)。

(3)认知重构

认知重构有很多名字,有很多技术可以让学生检查他们的思维过程,并采用新的方式来感知和评估问题情境。在卡拉的认知行为疗法干预中,我们使用了几个认知重构原则,包括通过各种技术(检查常见的认知扭曲、检查想法/信念的证据、积极地应对陈述、"想法只是想法"的可视化练习)进行认知融合和认知重新评估。虽然每一种方法都有不同的认知重构假设和方法,但每一种方法的目标都是让卡拉改变对她焦虑的感知、体验和评估方式。下面的对话说明了这种技巧的一些细微差别。

学校辅导员:我们一直在回顾你过去几天的表现,并检查了你日志中的一些记录。让我问你一个问题,卡拉……你怎么知道你的想法是否准确?

卡拉:(长时间停顿)我不知道,我是说,它们就是我的想法。

学校辅导员:毫无疑问,我并不是说它们对你来说不真实……根本不是。我的问题更多的是关于你的想法的内容。让我举个例子来说明我的意思。你相信有圣诞老人吗?

卡拉:(微笑)不,我14岁了!我知道世上没有圣诞老人。

学校辅导员:对,我想……你还记得你相信有圣诞老人的时候吗?

卡拉:嗯,是啊,每个孩子小时候都相信圣诞老人的存在。

学校辅导员:没错。当你相信有圣诞老人的时候,你就知道圣诞老人是存在的,他每年平安夜都会来给你送礼物。你知道的,你绝对相信,对吧?

卡拉:是的,我想是的……

学校辅导员:但是……事实证明……你对圣诞老人的看法是错误的……如果你对学校的想法和信念是错误的呢?如果就像圣诞老人一样呢?如果你完全相信这是真的,但事实并非如此呢?

卡拉:(好奇的眼神)

学校辅导员:所以……你怎么知道你对学校的想法,那些当你在走廊上走的时候人们如何评价你的想法,考试考不好会有多大的打击……那些导致你对学校恐惧、担忧和焦虑的想法……你怎么知道它们是否正确?这真不是一个容易回答的问题。我们都以为自己的想法是正确的。但为了真正知道,我们不得不做一个"想法侦探。"

卡拉:你说的"想法侦探"是什么意思?

学校辅导员:嗯,你告诉我你害怕人们评价你,你在你的日志中写道,你相信他们认为你是一个"失败者"。你有什么证据吗?有人告诉过你吗?

卡拉:嗯,不,不完全是,但是我最好的朋友背叛了我,离开了我。

学校辅导员:好吧,我知道这一定让你很伤心,但这是否意味着你是一个失败者?

卡拉:也许……

学校辅导员:好吧,"也许"和"我肯定是个失败者"是不一样的。还有人说你是失败者或背叛你吗?

卡拉:嗯,不完全是,但是我的一些老朋友现在不和我说话了……他们和我的前好友一起出去玩。

学校辅导员:所以这意味着你是一个失败者吗?你能想到其他可能的解释吗?

卡拉:他们更喜欢她。

学校辅导员:好吧,即使这是真的,也不意味着你是一个失败者。也许他们和她在一起是因为他们对你很生气,或者认为你没有很好地处理这个事情,或者你没有真诚地道歉,或者一大堆其他的可能性……你能不能至少同意,你不能百分百确定他们认为你是一个失败者?

卡拉:嗯,你这么一说,是的,我想我同意。

学校辅导员:听起来有点像圣诞老人。除了你是个失败者之外,你还能想到学校里的人不怎么跟你说话的其他原因吗?

卡拉:我不知道……也许是因为我不怎么跟他们说话。也许是因为我有点害羞?

学校辅导员:说实话,这似乎比你是个失败者更有道理。你脑海中出现的想法并不意味着它们总是正确的。你必须成为一个想法侦探。你的想法和信念有什么证据?作为你家庭作业的一部分,我希望你把"想法侦探"写进你的日志里,好吗?

(4) 暴露疗法

暴露疗法是认知行为疗法的支柱,其主要用于治疗内化性疾患,对于中度至重度的拒学行为(长时间不上学),建议在干预过程的早期进行暴露疗法。孩子们尽快回到学校是至关重要的,所以在干预过程的早期实施逐级暴露,随着成功的积累和掌握程度的发展,暴露的挑战性越来越大。当然,在暴露之前(和暴露期间),要让学生做好充分准备,以应对他们的焦虑(通过教授应对策略和其他认知行为疗法策略)。在当前的认知行为疗法干预中,想象暴露在干预的第一周结束时开始,真实暴露在干预的第二周开始(卡拉和她的母亲在学校参加了治疗课程)。作为想象暴露的一个例子,卡拉被要求闭上眼睛,想象自己走进美术课堂,辅导员讲述了暴露的过程("想象自己沿着走廊走向美术教室……你走到门口……你拉开门,看到老师和其他学生正在入座……")。卡拉被鼓励使用一些在当前或之前的治疗中讨论过的应对策略,这些策略是由辅导员为一些暴露场景设计的("我希望你现在尝试深呼吸")。在第二周开始时,当治疗从校外转移到学校时,真实暴露练习开始了(认知行为疗法第三期),这对卡拉来说是非常困难的。为了帮助她更好地掌握,学校治疗的第一阶段是在上学前30分钟进行。卡拉的母亲陪着卡拉进入治疗,陪伴并鼓励她。这样做是为了确保当卡拉必须进入教学楼时,周围没有多少学生(如果有的话),同时也确保在第一次铃响时,她会出现在教学楼里(即使她在学校的辅导员办公室)。随后的治疗会根据卡拉的进展和在特定情况下的焦虑水平安排在一天中的不同时间(她的艺术课在下午,所以几次治疗被安排在下午,从大多数高中生上课的时候开始)。

(5) 家庭作业

从行为学的角度来看,治疗期间,如果学生能在疗程间隙,问题实际发生时,练习、实施或以其他方式积极使用这些技能和技巧,那么在治疗过程中讨论的技能和概念就更有可能被迁移运用。在当前的认知行为疗法干预中,几乎每节课都有一个作业环节。同样重要的是要认识到,青少年,尤其是那些拒学的青少年,往往不想完成家庭作业(青少年的认知行为疗法治疗作业完成率约为50%;Gaynor等,2006)。因此,辅导员必须努力为家庭作业提供有用的、可理解的、对个人有意义的理由。同样重要的是,辅导员在处理家庭作业没有完成的问题时,应采取合理的、有同理心的策略,并对未完成家庭作业进行功能评估(哪些变量是主要原因)的。对于解决不完成家庭作业的最佳方法,目前还没有达成共识,但尝试找出不完成作业的原因和解决潜在的障碍可以提高完成率(Jungbluth & Shirk, 2013)。附录A提供了一个卡拉治疗期间经常使用的家庭作业范例。

4. 干预保真度和评分者一致性

评估认知行为疗法保真度的"黄金标准"通常是由专家审查疗程的视频/音频治疗记录,在本案例中,保真度的评估并不是一项简单的任务。视频记录治疗是不可行的。因为缺乏时间和资源来培训工作人员,从而使他们熟练编码认知行为疗法会话记录,然后再花时间对一定比例认知行为疗法治疗的视频/音频记录进行检查和编码。此外,卡拉本人不同意对治疗进行录音。

我们采用三种策略来评估和增强保真度,代替了用编码对话来评估保真度。首先是使用治疗联盟和结果问卷(Therapeutic Alliance and Outcome Questionnaire, TAOQ)中的一些问题,该问卷由干预小组创建和设计,用于评估辅导员—来访者联盟、认知行为疗法实施和治疗满意度的方法(见附录B和C),其要求卡拉和她的母亲对辅导员在治疗过程中认知行为疗法技能的使用情况进行评估。第二种方法是使用监督行为演练。在这种方法中,辅导员在模拟治疗过程中与训练有素的模特/演员实施认知行为疗法技能,并由监督人员观察(直接或通过视频录像)。该方法比直接观察法更灵活,可作为直接方法(即通过对会议的观察进行编码)和间接方法(即自我报告;Beidas, Cross, & Dorsey, 2014)之间的中间步骤。由于无法通过训练一个演员来模拟来访者,所以在本案例中,对方法进行了改进。学校心理老师扮演一个学校回避焦虑症的青少年,学校辅导员实施认知行为疗法的核心要素,然后进行评估和反馈。第三种方法是,学校心理老师针对每周一到两次的认知行为疗法治疗,与学校辅导员一起进行每周的临床案例回顾,其中包括辅导员回答有关认知行为疗法保真度的问题(学校辅导员是如何实施技能、策略、主题或技巧的),以及学生(或其母亲)在干预期间的反应。

表 12.2 呈现了治疗联盟和结果问卷中学生量表中的三个问题和家长量表中的一个问题的结果,这些结果与认知行为疗法保真度相关。如表所示,学校的辅导员在对卡拉和她母亲的治疗过程中使用了认知行为疗法技术,并且卡拉和她母亲表现出高度的认同。在收集和填写的 11 个治疗阶段中,青少年和家长表格上的一个重复问题的评分者一致性为 91%。

表 12.2　治疗联盟和结果问卷评分

青少年	第 2 次治疗	第 12 次治疗	所有治疗
相处	4	5	4.7
目标合作	4	5	4.6
解释主题/技能 *	5	5	4.9
证明/练习技能/策略 *	5	5	4.9
理解认知/情绪/行为 *	4	5	4.7
帮助实现目标	3	5	4.4
愿意推荐给其他学生	4	5	4.8
父母	第 2 次治疗	第 12 次治疗	所有治疗
相处	5	5	5.0
融入感	4	5	4.9
了解进展	4	5	4.8
帮助我理解孩子的问题	5	5	4.9

(续表)

父母	第2次治疗	第12次治疗	所有治疗
帮助/演示提供帮助的战术/策略	5	5	4.9
感觉心理治疗在帮助孩子*	3	5	4.7
愿意推荐给其他家长	3	5	4.8

注:带星号的问题表示与认知行为疗法保真度相关的项目。第一阶段没有收集治疗联盟和结果问卷评分。"所有治疗"是所有阶段的治疗联盟和结果问卷项目的平均评级。

(三) 干预结果及分析

1. 干预结果数据

(1) 学校出勤率

图12.1和图12.2分别显示了全勤天数和部分出勤天数以及平均在校时长。在干预过程中,卡拉的学校出勤率在所有指标上都有所提高。正如预测的那样,相对于全天出勤率,部分出勤率迅速增加。在认知行为疗法治疗的第一周,卡拉能够参加三天的部分学校活动(相比之下,在整个三周的基线期阶段,她只有一天的部分时间到校活动),到认知行为疗法实施的第三周,她每天至少有一部分时间去上学,并在整个认知行为疗法干预过程中保持这种状态。然而,全天出勤率的增长较慢,卡拉直到认知行为疗法干预的第六周,也就是最后一周才完整上了一整周的课。有趣的是,在干预

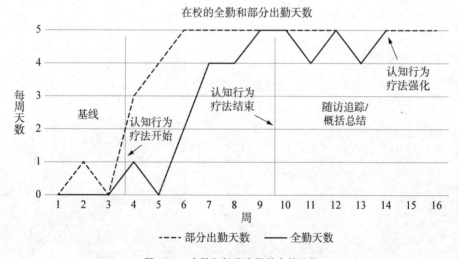

图12.1 全勤和部分出勤的在校天数

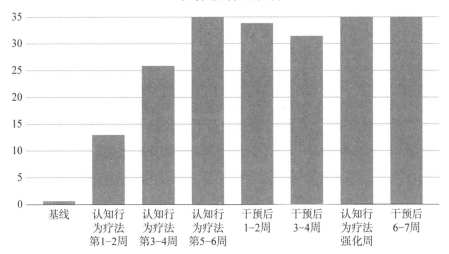

图 12.2　每周平均在校时间

的第四周和第五周,卡拉每天都在学校,但她并不总是去上她安排好的课,而是更喜欢去其他地方(图书馆)。卡拉在学校的时间也表现出了类似的模式,这也反映了她最初成功回到学校上她最喜欢的几门课。在认知行为疗法的第二周和第四周,她能够在学校参加其他比较中性的课程和活动,但在某些高度焦虑的情况下(英语课;在早上铃响或之前走进学校大门;请参阅下面的主观痛苦单位评级),她仍然很难到校参加活动。总体而言,卡拉的出勤率在随访期间保持了增长,尽管在认知行为疗法结束后的四周,全天和部分出勤率略有波动,需要在最初的认知行为疗法干预结束后的第五周进行"强化认知行为疗法"治疗。

(2) 主观痛苦单位评级

卡拉的主观痛苦单位评级如图 12.3 所示。卡拉在每次认知行为疗法治疗中都会对 12 种情境进行评分,图中显示了其中 6 种,因为这 6 种代表了最容易引发焦虑的情境。从图中可以看出,卡拉在认知行为疗法结束时,对所有情境下的主观痛苦单位评分都低于她最初的评分。然而,一些主观痛苦单位评分显示快速下降,而另一些即使在认知行为疗法结束时仍有所上升。她对去学校图书馆和去上美术课的主观痛苦单位评分(未在图中显示)在第三和第四次认知行为疗法治疗期间都从 6 下降到 3,这与这两次认知行为疗法治疗期间进行的真实暴露练习相对应。同样,她对上英语课的主观痛苦单位评分一直偏高,直到第八次治疗才有了明显的下降。在第七次认知行为疗

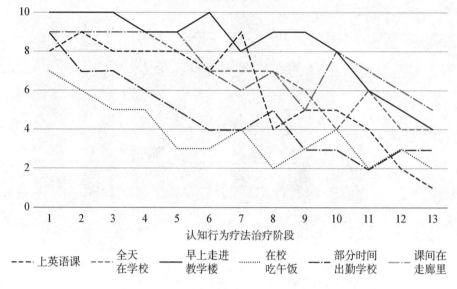

图 12.3 认知行为疗法治疗的主观痛苦单位评级

法治疗中,当辅导员和卡拉进行了一项真实暴露练习时(在英语课时,穿过走廊经过她的英语教室),卡拉的英语老师走出教室。在过去的一个多月里,她只上过一次他的课。英语老师看到她很惊讶,笑着说:"卡拉!我好想你!你去哪儿了?我希望你能尽快回到课堂……你是我最聪明的学生之一,我想念听到你的观点。"卡拉虽然只能勉强用眼神交流,但还是露出了灿烂的笑容,勉强说:"佛利斯特(Forrest)老师,我不知道你是这么想的。"后来,在辅导员办公室,卡拉和辅导员讨论了她对这位老师的看法如何与刚才的互动不符,并进一步进行了"想法侦探"的对话。卡拉同意第二天去上英语课(制定了一个计划,让她和另一个学生一起走进教室)。如果她能够做到这一点,她可以从预先确定的奖励中挑选一个(当地美术用品商店的 10 美元礼品卡,放学后与美术老师共度一小时)。这样一来,卡拉第二天去上英语课了。而且她在下一次治疗上报告说:"佛利斯特老师并没有那么糟糕……他只是非常固执己见,我并不总是同意他的观点,但他也不同意很多学生的观点,所以不只是我一个人的问题。"在干预过程中,除了课间她在走廊里的焦虑,她所有的主观痛苦单位评分下降了 50% 或更多,并且在加强阶段保持低水平,从第一次认知行为疗法治疗的 9 分下降到最后一次治疗的 6 分(加强阶段是 5 分)。部分因为这个原因,只要她在学校,她就被允许提前 5 分钟下课,以便避开拥挤的走廊。

2. 干预效果总结

认知行为疗法干预显著提高了卡拉在认知行为疗法治疗过程中的学校出勤率,并且在后续治疗中保持不变。在干预的过程中,全勤天数、部分出勤天数和在校时间都有所改善。正如假设的那样,部分出勤天数增加得更快,而在校时间和全勤天数增加得较慢。与此同时,卡拉对学校各种情境相关的焦虑报告也有所减少,除了一种情况(在走廊里),其他所有情况都比最初的评分下降了50%或更多。相对某些变量(部分出勤天数,中高度焦虑情况下的主观痛苦单位评分),干预效果是立竿见影的。但对最困难的情况(全天出勤,早上走进学校,上不喜欢的课,在学校的走廊里)的效果较为缓慢。

3. 干预可接受性

在整个干预过程中,卡拉和她的母亲都填写了治疗联盟和结果问卷,其中包括融洽关系、目标、认知行为疗法实施、有效性和满意度等问题(见表 12.2)。因为现有的联盟、结果、保真度和满意度测量要么成本太高,要么不能在一个测量中捕捉到所有感兴趣的元素,因此干预小组决定制作他们自己的测量方式。这些评分工作每周都要完成一次。卡拉和她的母亲都表示对认知行为疗法治疗和她的辅导员有很高的满意度。尽管联盟、融洽度和认知行为疗法实施评分显示了天花板效应(评分从一开始就很高,且几乎没有变化),但卡拉和她母亲对有效性的评分都显示了显著的改善,这也在意料之中,因为在前几次治疗期间卡拉不怎么去学校(见表 12.2 前、后和平均治疗联盟和结果问卷评分)。

(四)干预注意事项

也许与本书中其他的干预措施不同,认知行为疗法不是一种可以被大多数辅助专业人员、教师,甚至是所有学校心理老师或学校辅导员(如果他们没有接受过足够的认知行为疗法培训)轻易实施的干预措施。需要知识、培训和实践,认知行为疗法才能被执行得好。因为许多研究报告指出,当辅导员在缺乏培训和/或监督的情况下实施认知行为疗法时,治疗效果会显著下降。幸运的是,许多学校心理辅导员和学校心理老师都接受过认知行为疗法的培训。几乎所有针对青少年问题的循证认知行为疗法方案都被编成了手册,而且很多都是免费提供的(或可以以较低廉的价格获得),这为从业人员提供了充分的机会,使他们对针对学生的认知行为疗法干预措施有更多的了解。我们还注意到,尽管在进行认知行为疗法治疗时遵守认知行为疗法手册是重要的,甚至是至关重要的,但也必须以一种与学生产生共鸣的、吸引学生的方式实施手册的内容。特别是当辅导员对认知行为疗法的核心原则有深入的理解,在运用认知行为疗法方面有丰富的临床经验，并且加强临床监督时，他们可以也应该对任何特定的认知行为疗法手册中所描述的具体认知行为疗法方法进行补充、扩展、定制、修改、丰富，并且将其生活化。在我们看来，任何认知行为疗法实践者的最终目标都不是掌握各种治疗手册的内容，而是对几乎所有认知行为疗法治疗手册中固有的共同元素有丰富、透彻的理解。当学校考虑采用认知行为疗法或干预措施时，这一点尤其重要，因为任何一个人都不可能成为解决可能遇到的各种问题的认知行为疗法治疗的专家。然而，掌握认知行为疗法的核心要素可以使辅导员更容易理解和使用各种认知行为疗法手册，并在实施认知行为疗法干预手册的过程中更为灵活、个性化，从而增强来访者的参与度(Kendall & Beidas, 2007)。

对于拥有接受过认知行为疗法培训的辅导员的学校和学区，能够负担得起培训认知行为疗法专业人员，或者拥有认知行为疗法专业人员，来培训学校心理老师/辅导员，并为其提供临床监督，这样，认知行为疗法可以作为一个非常有价值的工具。考虑到实施认知行为疗法所需要的专业知识和努力，它可能更应该留给有严重行为、情感和/或社会问题，而且其他干预措施对他们没有效果的学生。同样值得注意的是，认知行为疗法可以以小组形式有效地进行，这将使从业者有能力接触到更多的学生，尽管还需要关注其他问题（参与者选择、小组规模、开放/封闭小组、管理小组所需的工作人员数量、同时从班级中抽调大量学生、小组成员的同质性等）。

三、结论

认知行为疗法是对各种儿童青少年问题研究最充分、最有效的干预手段之一。本个案研究展示了如何将认知行为疗法应用于一个14岁的九年级女生拒学的问题。对于学校工作人员来说，认知行为疗法是一种非常有效的工具，可以解决不同年龄段的各种问题。认知行为疗法的优点之一是全面性、灵活性、适应性和以问题为中心。正如本案例所示，认知行为疗法在很短的时间内针对问题行为采取了各种不同的干预措施。本案例在为期四周的研究中，引入了家长行为训练、学校—家庭沟通、心理教育、放松策略、认知重构和暴露策略等要素。此外，认知行为疗法的假设是，一旦成功，它会改变个体感知和处理环境信息的方式。因此，认知行为疗法固有的哲学基础是泛化的观念。在认知行为疗法结束后，个体通常会继续获得治疗效果，卡拉的情况就是如此。

附录A:治疗期间家庭作业范例

我的 TEB(思想 Thoughts/情绪 Emotions/行为 Behavior)日志

在接下来的一周中,请注意记录课程间隙发生的事情。这些事件大部分应该与上学/不上学有关。

事件:_____

_____

我的想法: 我的感受: 我的行为/表现:

_____   _____   _____

_____   _____   _____

_____   _____   _____

_____   _____   _____

主观痛苦单位　评级(0—10):

结果:_____

附录B:治疗联盟和结果问卷——青少年版

为了帮助我们了解我们所做的是否有效,请您尽可能诚实地回答以下问题。这些信息会与您的辅导员分享,但只是为了让他们更好地了解什么是有效的,什么是无效的,以及如何在治疗中更好地帮助您达到目标。

	非常同意(5)	同意(4)	中立(3)	不同意(2)	非常不同意(1)
我和我的辅导员相处得很好。					
我的辅导员和我讨论治疗目标的进展。					
我感觉我的辅导员用我能理解的方式向我解释了治疗主题或技巧的重要性。					
在治疗中的技能和/或策略被演示、练习和/或角色扮演。					

(续表)

	非常同意(5)	同意(4)	中立(3)	不同意(2)	非常不同意(1)
我的辅导员帮助我理解我的想法、感受和行为是如何导致我的困境的。					
我觉得心理治疗帮助我实现了我的目标。					
我会将认知行为疗法治疗推荐给其他有类似问题的学生。					

附录C:治疗联盟和结果问卷——家长版

为了帮助我们了解我们所做的是否有效,请您尽可能诚实地回答以下问题。这些信息会与您的辅导员分享,但只是为了让他们更好地了解什么是有效的,什么是无效的,以及如何在治疗中更好地帮助您达到目标。

	非常同意(5)	同意(4)	中立(3)	不同意(2)	非常不同意(1)
我和我孩子的辅导员相处得很好。					
我觉得我参与了孩子的治疗。					
我孩子的辅导员一直在关注她的进展。					
我孩子的辅导员帮助我更好地理解孩子的问题。					
我孩子的辅导员会帮助我实施技巧和策略来改善我孩子的功能。					
我觉得心理治疗正在帮助我的孩子实现她的目标。					
我会将认知行为疗法治疗推荐给有类似问题孩子的其他家长。					

(罗丹 译)

参考文献

Beck, A. T. (1964). Thinking and depression: Theory and therapy. *Archives of General Psychiatry*, *10*, 561–571. doi:10.1001/archpsyc.1964.01720240015003.

Beidas, R., Cross, W., & Dorsey, S. (2014). Show me, don't tell me: Behavioral rehearsal as a training and analogue fidelity tool. *Cognitive and Behavioral Practice, 21*(1), 1–11. doi: 10.1016/j.cbpra.2013.04.002.

David, D., Cristea, I., & Hofmann, S. (2018). Why cognitive behavioral therapy is the current gold standard of psychotherapy. *Frontiers in Psychiatry, 9*, 1–3. doi: 10.3389/fpsyt.2018.00004.

Dobson, K. (2003). *Handbook of cognitive-behavioral therapies* (2nd ed.). New York, NY: Guilford Press.

Ellis, A. (1958). Rational psychotherapy. *Journal of General Psychology, 59*, 35–49.

Gaynor S., Lawrence P., & Nelson-Gray, R. (2006). Measuring homework compliance in cognitive-behavioral therapy for adolescent depression: review, preliminary findings, and implications for theory and practice. *Behavior Modification, 30*(5), 647–672.

Heyne, D., & Rollings, S. (2002). *School refusal*. Leicester: British Psychological Society.

Hofmann, S., Asnaani, A., Vonk, I., Sawyer, A., & Fang, A. (2012). The efficacy of cognitive behavioral therapy: A review of meta-analyses. *Cognitive Therapy and Research, 36*(5), 427–440. doi:10.1007/s10608-012-9476-1.

Jungbluth, N., & Shirk, S. (2013). Promoting homework adherence in cognitive-behavioral therapy for adolescent depression. *Journal of Clinical Child & Adolescent Psychology, 42*(4), 545–553. doi:10.1080/15374416.2012.743105.

Kazdin, A. (1982). *Single-case research designs* (1st ed.). New York: Oxford University Press.

Kearney, C. A., & Albano, A. M. (2018). *When children refuse school: A cognitive-behavioral therapy approach/Therapist's guide* (3rd ed.). New York: Oxford University Press. doi:10.1093/med-psych/9780190604059.001.0001.

Kendall, P.C., & Beidas, R.S. (2007). Smoothing the trail for dissemination of evidencebased practices for youth: Flexibility within fidelity. *Professional Psychology: Research and Practice, 38*(1), 13–20. doi:10.1037/0735-7028.38.1.13.

Kendall, P., & Braswell, L. (1997). *Cognitive-behavioral therapy for impulsive children* (2nd ed.). New York, NY: Guilford Press.

Lorenzo-Luaces, L., Keefe, J., & DeRubeis, R. (2016). Cognitive-behavioral therapy: Nature and relation to non-cognitive behavioral therapy. *Behavior Therapy, 47*(6), 785–803. doi: 10.1016/j.beth.2016.02.012.

O'Donohue, W., & Fisher, J. (2012). The Core Principles of Cognitive Behavior Therapy. In W O'Donohue & J Fisher (eds), *Cognitive behavior therapy: Core principles for practice*, 1–12. Hoboken, NJ: Wiley. doi:10.1002/9781118470886.ch1.

Stallard, P. (2009). *Anxiety: Cognitive behaviour therapy with children and young people*. London: Routledge.

Walen, S.R., DiGiuseppe, R., & Dryden, W. (1992). *A practitioner's guide to rational-emotive therapy* (2nd ed.). New York: Oxford University Press.

Wright, J. (2006). Cognitive behavior therapy: Basic principles and recent advances. *Focus, 4*(2), 173–178. doi:10.1176/foc.4.2.173.

第十三章　暴露疗法

一、前言

治疗焦虑症的一个核心内容是暴露干预。暴露，也被称为暴露和反应预防（Exposure and Response Prevention, ERP）或暴露疗法，是一种解决引发恐惧的刺激的循证疗法（Craske, Treanor, Conway, Zbozinek, & Vervliet, 2014）。认知视角将焦虑概念化为自动的、消极的、恐惧的想法，而行为分析的角度则假设当引起一个人的焦虑或恐惧行为的刺激消除时，焦虑或者恐惧行为会被负强化。反复去除（或回避）引发恐惧的刺激，最终会形成对这些刺激的逃避或回避反应。如果不能适应引起恐惧的刺激，或在没有恐惧拒绝行为的情况下降低焦虑水平，则会进一步加剧与焦虑相关的问题。因此，暴露包括让个体停留在厌恶刺激中或接近厌恶刺激，直到他们的逃避/回避行为不再被负强化，并最终消失。暴露疗法可以使用逐级增强的刺激模型，并通过影像或个人体验来实施（Merrell, Ervin, & Gimple, 2006）。

暴露疗法虽属于认知行为疗法（Cognitive Behavioral Therapy, CBT）的范畴，但通常不涉及认知重建，认知重建是 CBT 的核心原则。更确切地说，暴露疗法包括识别个体最严重、最具侵入性的担忧，并建立恐惧等级。与一个人的恐惧相关的焦虑是用主观痛苦量表（Subjective Units of Distress Scale, SUDS）来衡量的，计分通常从 1 到 10 或从 1 到 100，1 表示很少或没有焦虑，10 或 100 表示严重焦虑（Marazziti & Consoli, 2010）。使用 SUDS 测评，个人的恐惧会从最不痛苦到最痛苦被排序，且治疗师和来访者会制定一个暴露计划表，以确定在后续的会谈中会引入哪些引发恐惧的刺激。

一旦建立了恐惧等级和暴露计划表，就要求来访者反复面对引起焦虑的情况，直到逃避或回避行为消失并维持反应预防。也就是说，一个人必须暴露在引起恐惧的刺激下，直到他或她的焦虑通过习惯化的过程自然减少。按照标准的做法，来访者和治疗师从低等级的恐惧刺激开始,逐级到高等级的恐惧刺激(Pence, Sulkowski, Jordan, & Storch, 2010)。

实施暴露时,需要考虑两个重要的概念:焦虑敏感性和焦虑适应性。焦虑敏感性是指相信焦虑和与焦虑相关的身体感觉可能会导致有害的社会、心理或生理后果(Epkins, Gardner, & Scanlon, 2013)。焦虑敏感性因人而异,取决于包括基因组成和生活经历在内的多种因素。此外,还须考虑焦虑适应性。暴露疗法中,焦虑适应性是指对重复刺激引起的生理和/或情感反应的减少(Foa等,2002),这经常发生在暴露10到45分钟的时间里,因为来访者在适应性方面表现出不同的个体差异。在暴露疗法中,必须提前与来访者沟通暴露过程会引发不适,这些不适是适应过程的重要部分。

系统脱敏(Systematic Desensitization, SD)是一种特殊的治疗方式,已被证明可以有效地治疗焦虑和焦虑相关障碍。SD最初由沃尔普(Wolpe, 1961)提出,是一种逐级暴露的方法,个体通过缓慢和系统地暴露在引发恐惧的刺激下,来减少对厌恶刺激的焦虑反应(Lang, 2017)。SD建立在经典条件作用理论的基础上,通常包括三个组成部分:放松训练、恐惧层级构建和对刺激的脱敏(Wolpe, 1961)。本章记录了SD疗法在一名青春期女孩的焦虑和逃避行为中的应用。

二、个案研究

(一) 背景介绍及分析

1. 背景信息

安娜(Anna)是大平原高中(Great Plains High School)的高二学生。最初被推荐到学生援助小组是因为与同伴关系相关的拒绝上学和社交焦虑。安娜之前没有通过个人教育计划(Individualized Education Program, IEP)接受过特殊教育服务,也没有通过504法案计划(美国另一项特殊教育)接受过保护。她最近开始在一个综合行为保健诊所接受心理医生丹尼尔斯(Daniels)博士的治疗,在这之前,安娜参加过入院治疗和一次门诊治疗。安娜和丹尼尔斯博士在他们的第一次训练中就建立了她的恐惧等级,但还没有开始暴露治疗的部分。

为了帮助学生解决学习、社会情感和行为问题,安娜的学校使用了多层级支持系统(Multi-Tiered Systems of Support, MTSS)。MTSS系统根据提供支持的强度分为三级:第一级(普遍筛查)、第二级(针对性支持)和第三级(密集支持;Sulkowski, Joyce, & Storch, 2012)。第一级社会情感项目包括积极行为干预和支持(Positive

Behavior Interventions and Supports, PBIS)模型。通过 PBIS,学生可以通过单独或集体表现与项目相一致的亲社会行为获得奖励。第二级社会—情感—行为干预包括与心理老师的小组会谈,其中有类似需求的学生(例如:离婚,悲伤等),使用 CBT 疗法进行每周会谈。心理老师之前多次招募安娜加入一个应对技能小组,但是安娜拒绝参加,也没有得到她母亲的同意。

据安娜的班主任贝利(Bailey)老师(科学老师)反馈,当布置互动任务时,安娜旷课或逃课的频率更高。她注意到,当学生们被要求与同伴一起做实验作业时,安娜经常缺席或离开课堂。语言艺术老师李(Lee)老师也注意到了类似的现象,他指出,当学生们需要完成小组项目、讨论相关作业或给彼此的作业打分时,安娜经常缺课。有趣的是,数学老师梅洛迪(Melody)说,在她的课上,安娜几乎没有遇到任何困难。当然她表示,她的课堂上布置的大部分作业都是需独立完成的,她很少要求学生结对子。尽管她的成绩开始因为每周缺课几天而受到影响,但她的所有老师都认为她的学习成绩高于平均水平。

2. 问题行为描述

心理老师对安娜和安娜的老师进行了问题识别访谈。安娜在个别访谈中透露,她最开始对来学校感到紧张,是因为在她出现拒绝上学行为的几个月前,她和同龄人发生了一起事件。安娜说她 10 月份和朋友参加了一个聚会,并第一次尝试喝酒。喝了几杯之后,安娜开始感到恶心和恐慌。她问和她一起的朋友们是否可以回家,但她的朋友们不愿离开。她的朋友们表示,如果她承认他们喝酒了,他们会有麻烦,并阻止她给父母打电话。安娜描述了与惊恐发作相似的症状(例如,胸闷、呼吸浅、头晕,以及如"这种我要死了的感觉"的描述)。安娜表示,她感到无力、害怕和不被同龄人尊重,这导致她在空闲时间避开朋友。她感到内疚,把自己在派对上的经历告诉了母亲,母亲很生气。安娜注意到,她开始在任何时候见到朋友都感到紧张,而不仅仅是在周末和朋友在一起的时候。她担心母亲会认为她在和朋友们做"坏事",即使白天她在上学。

在得到这些信息后,心理老师和其他老师们就安娜的拒绝上学和回避行为进行了咨询。拒绝上学指由于孩子的动机而不是由于疾病或受伤而缺课(Kearney, 2008)。在这种情况下,拒绝上学是指包括每周因主动抵抗(例如,与母亲吵架、哭泣、上学途中掉头回家)或消极抵抗(如不起床、妈妈上班后再上床)等原因而导致一周缺课的天数共计两天或两天以上。同样,拒绝上学也被定义为难以在学校度过完整的一天(Kearney, 2008)。在安娜的例子中,拒绝上学是指安娜在学校待了一段时间,然后就回家了的事件。

心理老师从安娜的出勤数据中发现,安娜平均每周上学 2.04 天。换句话说,安娜有 40.8% 的时间在上学,缺席的时间约为 60%,约 20.72 小时,照此计算,安娜每月缺课 80 小时左右。在平均每周 35 小时的教学中,安娜上课大约 14.28 小时。

除了完全拒绝上学(如待在家里逃避上学),当母亲要求她上学时,安娜还经常试图逃跑。出勤数据显示,在八周的时间里,安娜平均每周离开学校约 2—3 次。因此,一周中,安娜有 45% 的时间在上学,然后离开学校,大约每个月要离开学校 9 次。

3. 问题分析

心理老师假设:安娜行为的功能是逃避或回避同伴,从而避免上学,并通过负强化来维持。具体来说,安娜的逃避维持行为包括旷课、早退、避免与同龄人的社交互动,以及当她感到焦虑时打电话给母亲让她回家,也包括拒绝上学(约每周 3 次),以及逃避上学,大约每周 2 次。

研究小组分析了安娜的认知能力和学业成绩与她的逃避或回避行为的关系。她的母语是英语,从幼儿园开始就在同一个学区上学。她的成绩始终高于平均水平,老师们也没有说她有潜在的学习障碍。研究小组确定,安娜的学校或同伴回避不太可能是因为她的学习能力。但是,安娜的成绩开始下滑,因为她开始频繁旷课。

建立恐惧层次

心理老师与丹尼尔斯博士合作,收集与学校相关的令人反感的刺激和焦虑数据。丹尼尔斯博士分享了他和安娜在第一次治疗期间建立的恐惧等级表(见附录 A)。丹尼尔斯博士帮心理老师识别安娜认为不那么令人厌恶的刺激(例如,看学校的照片)到令人厌恶的刺激(例如,连续 5 天全天在学校上课),确定与学校相关的暴露练习,这些练习可以在上学之前或上学期间进行。心理老师和丹尼尔斯博士还就调整一些潜在的暴露练习进行了协商,以便在学校环境中更容易实施。这些调整包括要考虑安娜的时间(例如,使用自习课的一部分来练习暴露练习)、确定一个实践暴露练习的地点,及要让安娜的老师参与练习,以避免老师迁就她(例如,不允许过多地去洗手间)。

(二)干预计划及实施

1. 干预目标

安娜的心理老师和其他老师参与了丹尼尔斯博士的持续咨询。协商确定经过八周的干预,期望安娜可以一周有 95% 的时间或 4.75 天上学。

然而,考虑到她的基线数据——5 天上课时间中只有 2.04 天上课,研究小组确定,在干预的第四周,80%的中期出勤率目标(5天中上课4天)比较合适,并设计了分层目标——第四周80%的出勤率和第八周95%的出勤率。

该团队还针对安娜逃避上学的行为制定了目标:每个月不能因为焦虑而早退超过一次(5%的时间)。这一目标延伸到留在课堂上(例如,不在课上去卫生间),每周需上95%的课。

2. 测量目标行为、收集数据、监测进度

研究小组选取了三个结果变量来衡量安娜的在校出勤情况:每周出勤天数、每天在校时间、每周自行离开学校的次数。心理老师负责获取安娜每天的总出勤数据,监控安娜在学校的时间,并跟踪她每周离开学校的次数。心理老师数据的收集表见附录B。

3. 干预计划

安娜曾被心理老师招募,参加一个针对内化障碍(如焦虑、抑郁)的第二级小组干预。安娜拒绝了,也没有得到她母亲的同意。考虑到安娜在参与第二级小组干预方面的困难,我们开发了第三级干预。该干预方法利用SD来解决安娜的逃避或回避行为和缺勤问题。

安娜的八周干预计划包括四个主要阶段,采用ABAB单一被试实验设计来评估其对结果变量的影响。干预计划的第一阶段是收集两周安娜拒绝和逃避学校的相关数据,作为基线。在基线条件下,进行干预阶段。这一阶段由分等级的暴露练习组成,用SD来解决安娜的出勤率和她白天在学校的问题。心理老师和丹尼尔斯博士密切合作,确定了安娜暴露练习中与学校相关的恐惧,可以系统地引入这些恐惧,以提高出勤率。

根据丹尼尔斯博士的建议和暴露疗法的治疗方案,研究小组决定按照从低到高的等级顺序来实施暴露练习,最终达成安娜连续5天全天上学的目标。研究小组决定在治疗方案进行到大约一半(第4周后)和干预结束时(第8周)的时候恢复到基线状态,以评估不包含暴露练习时安娜的行为。

暴露练习在课前和课中进行,每周5天。这包括安娜来学校、留在课堂上和限制自己离开学校。每天早上,安娜会和心理老师讨论当天要完成的暴露练习。每次心理老师都会向安娜提供关于焦虑的心理教育,解释暴露练习的基本原理,最终选择一个她觉得比较舒服的暴露练习。心理老师将安娜的日常暴露练习与她的老师进行了沟通,以确保他们理解当天的行为预期,减少他们对安娜的逃避和回避行为的适应。

除了课堂上，心理老师每天会安排在安娜自习的部分时间进行暴露练习。例如，在一次会谈中，安娜和心理老师创建了一个安娜经常经历的消极想法的暴露脚本。心理老师让安娜反复阅读脚本，直到她的焦虑程度至少减少到SUDS的10分中的2或3分。这个环节的目的是让安娜识别并适应她无意识的、消极的想法，直到它们不再引起焦虑反应（例如，感到紧张、呼吸增加、胸闷、头晕）。

最后，当安娜在门诊时，丹尼尔斯博士和她讨论了家庭作业。作业是暴露疗法的核心组成部分，是患者在治疗之外被要求完成的任务。为便于推广，可在多个环境中实施暴露相关作业（如家庭、学校、社区等）（Wheaton等，2016）。除了在丹尼尔斯博士的咨询中解决拒绝上学的问题外，安娜的作业还集中在增加与同龄人的互动上，因为在派对事件之后她害怕与他们互动。

4. 干预保真度和评分者一致性

每周使用改良版的延长暴露疗法（Prolonged Exposure Therapy, PE）保真度检查表来评估干预保真度（Foa, Hembree, & Rothbaum, 2007）。丹尼尔斯博士通过远程医疗观察干预过程，每周一次使用修改后的检查表评估心理老师的干预保真度（见附录C）。在丹尼尔斯博士观察的过程中，据计算，保真度为94%。根据评分者之间的一致性百分比，可以确定在干预期间，干预措施的实施是有效的。

除了保真度，评分者一致性（Interobserver Agreement, IOA）也被用来评估安娜的出勤情况。更具体地说，IOA的计算是为了检查评分者对安娜缺勤的认同（例如，她是否缺课，是否因焦虑而缺课）。在基线期和干预期，每周评估一次。经计算，评分者一致性为98%，表明评分者的高可靠性。

（三）干预结果及分析

1. 干预结果

（1）每周/每月上学天数

该团队收集了为期两周的基线数据。第1周，安娜在学校平均待了2.04天（40.8%）。第2周，安娜的平均出勤率为68%（3.4天）。从第3周起，进入第一个干预阶段（即SD），这一周，安娜上学3.84天，占典型的学校周（一周五天上学）的76.8%。第4周，她上学4.17天（83.4%）。第4周后回到基线，此基线期间，预计安娜每周上学4天。第5周，安娜上学4.48天，平均出勤率约为89.6%。第6周，研究人员再次测量到安娜的进步；本周她的平均出勤率为92.6%，即每周4.63天。第7周，进行暴露练习，安娜上学4.72天（94.4%）。在干预结束时（第8周），安娜每周上学 4.89 天,平均出勤率为 97.8%,超过了团队制定的每周 95% 出勤率的目标。因此,治疗团队选择停止数据收集和干预实施。

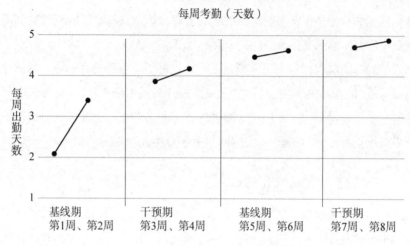

图 13.1　基线期和干预期安娜每周上学的天数

(2) 在校时间(小时)

第 1 周,安娜每周在学校接受指导 14.28 小时,平均上课时间 40.8%,这表明她每周缺失约 60% 的指导。基线期的平均上学时长为 17 小时,占正常上学周的 48.57%。接下来,研究小组采用暴露疗法干预(即系统脱敏)两周。第 3 周,安娜上课 24.57 小时(70.2%)。在第一个干预期(第 4 周)结束时,安娜每周在校 20.85 小时,平均占比 59.57%。回到基线期(第 5 周)后,安娜每周在学校的时间为 27.32 小时,平均在校时间为 78%,比初始基线阶段增加了 20% 以上。第 6 周,安娜每周在学校的时间为 23.15 小时,比例为 66.1%。此后,又回到干预期,持续大约两周。第 7 周,安娜上学时间 29.94 小时,约为上学周的 86%。第 8 周,安娜每周花 34.23 小时在学校上课,在一个月的时间里,安娜在 140 小时的教学中接受了 136.92 小时的教学。因此,安娜的平均在校时长为 97.8%,超过了团队预期的 95% 的上课时长。

(3) 自行离开学校的频率

安娜面临的另一个问题是由于焦虑加剧而提前离开学校。基线期,安娜每周离校 2—2.25 次(平均值为 2.13)。每次安娜离开学校后都没有回来。因此,安娜的离校率从 40% 到 45% 不等。干预团队因此设定了一个目标,每月不超过一次(95%)自动离校。在第 3 周和第 4 周,安娜每周会自动离校一次。在第一干预期后,回到基线期,持

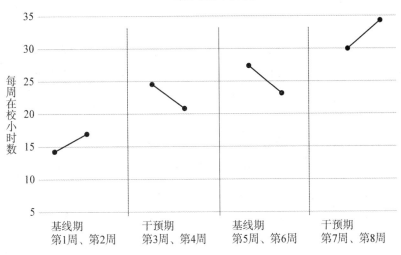

图 13.2 基线期和干预期安娜每周在校时长(小时)

续两周。第 5 周,安娜离校一次。在恢复到基线期时,她的平均出勤率为 80%,这表明尽管她感到焦虑,但她在学校的学习状况有所改善。第 6 周,安娜完全没有离开学校。团队又恢复了干预阶段大约两周。在第 7 和第 8 周干预期,安娜在校率 100%,这比她的干预团队设定的目标要高。

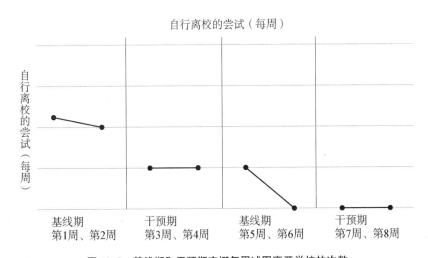

图 13.3 基线期和干预期安娜每周试图离开学校的次数

2. 干预效果总结

从本个案研究的数据结果来看，在干预期，安娜的拒绝上学、回避和自行离校行为明显减少。当回到基线时，干预效果不变，这表明安娜对与同龄人和学校有关的恐惧刺激的反应变少了。鉴于安娜出勤率方面的显著进步，研究小组得出结论，她已经达到了干预目标。此外，高干预保真度和高 IOA 说明暴露疗法对安娜的出勤率有积极影响。总之，研究小组得出结论：安娜对暴露练习反应积极，出勤率显著提高。

3. 干预可接受性

干预期结束，丹尼尔斯博士和安娜的老师完成了一份干预可接受性问卷，对暴露疗法干预的实施情况、质量和社会效度进行反馈（见附录 D）。结果表明，团队非常认同暴露疗法对提高出勤率和降低离校率有效，他们将在未来的学校环境中使用暴露疗法，并将这种干预推荐给其他教育人员。

心理老师和丹尼尔斯博士都强烈认同，在提供者之间持续的沟通协商是安娜成功的关键，这突出了心理老师和临床专业人员之间跨学科咨询的重要性。安娜的老师们认同沟通协商很重要，但没有像心理老师和丹尼尔斯医生那样强调临床指导的必要性。安娜的数学和语言艺术老师都认为干预容易实施，科学老师在一定程度上也认为干预容易实施。所有教师都强烈认为数据收集过程易于实施，表示对干预后的出勤率非常满意。因此，安娜的团队总结，这种干预措施是可以接受的，可以持续实施，以解决基于焦虑的拒绝上学和逃避上学。

（四）干预注意事项

本案例描述了在普通教育背景下暴露疗法对一名女高中生的使用。此外，本案例审查了一种更具临床导向的行为干预，以及如何调整来使它更好地在学校应用。本案例概述了暴露疗法对表现出拒绝上学和回避的高中生的作用，这种治疗方式也可以更广泛地用于表现出各种焦虑和相关障碍儿童。康普顿等（Compton 等，2004）的研究认为，焦虑是一系列经典条件反应的集合，这些反应是先前不良生活经历的结果。通过持续的负强化（即厌恶刺激的去除），焦虑行为得到强化和维持。幸运的是，行为治疗文献表明，焦虑反应可以通过反复暴露于引起恐惧的刺激和与焦虑不相容的反应来消除或反条件反射（Compton 等，2004；Kazdin，2003）。因此，以暴露为基础的干预通过系统地向焦虑症患者引入一系列引发恐惧的刺激，以促进焦虑反应的习惯化和焦虑反应的消失（Kazdin，2003）。

家庭和学校可以通过几种方式为患有焦虑症的儿童提供帮助。父母和教育工作者可以观察孩子焦虑的频率、持续时间和强度,特别是当孩子在发育过程中无法用语言表达他或她的恐惧和反应时。此外,成人可以帮助他们将焦虑概念化,以及在暴露练习变得不舒服时强化积极信念(Vreeland & Peris,2018)。最后,从治疗过程中收集的信息应该传达给学校相关老师,以确保在不同环境下治疗的一致性。

家长和学校参与儿童暴露疗法的另一种方式是参与家庭作业(Storch 等,2007)。家庭作业通常要求来访者将自己置于引发焦虑的情境中,同时避免补偿行为。来访者通常会被布置在治疗师办公室成功完成的家庭作业。家长通常在暴露作业中承担重要角色。首先,家长需要确保孩子遵守治疗计划。家庭作业也能帮家长了解一周的暴露练习。此外,暴露作业可以帮助父母避免迁就孩子的逃避或逃避行为(Lewin 等,2005)。例如,如果家长或老师意识到他们一直在迁就孩子的焦虑症状,暴露作业练习可以帮助他们用建设性的选择替代迁就行为(例如,教孩子在没有父母安慰的情况下独立应对自己的焦虑)。

最后,要认识到心理老师接受过大量培训,包括提供心理健康服务(国家心理学家协会,2019)。因此,心理老师在为焦虑等心理问题的儿童提供支持、与其他心理健康专业人员合作和促进社区对现有心理服务的认识方面是专业的。本案例说明了心理老师认识到自己的实践范围,并在必要时与其他专业人士协商从而解决学生需要的重要性。心理老师可以作为家庭、心理健康服务者和其他社区机构之间的联络人,为学生提供全面的支持。

三、结论

现有文献支持暴露疗法是焦虑和相关疾病的有效治疗方式(Craske, Treanor, Conway, Zbozinek, & Vervliet, 2014)。本案例反映了当焦虑出现时,持续、逐步接触引发恐惧的刺激的重要性,以及当暴露于该刺激时,防止出现焦虑减少反应(如逃避)的重要性。SD 有效地降低了问题行为(即拒绝上学)的发生率,这些行为可能会产生普遍的长期后果,包括但不限于辍学和精神状况不佳(Kearney,2004)。此外,本章描述了当提供适当的培训和咨询时,暴露练习可以在非临床环境中实施。总之,暴露疗法是治疗焦虑的有效方法,可以在学校推广。

附录 A:安娜的恐惧层级

10＝1 个月里,连续 5 天上一整天的课(7:30a—2:30p)

9＝连续 5 天上一整天的课(7:30a—2:30p)

8＝在参加同伴/小组活动时坐满整节课

8＝上一整天课(7:30a—2:30p)

7＝连续上学 5 天

6＝思考和妈妈之间的麻烦

5＝在学校见到朋友群

5＝开车去学校

4＝开车经过学校

3＝上一整节课

2＝看学校的照片

2＝听到"学校"这个词

附录 B:数据收集表

周次	周一 1/1	周二 1/2	周三 1/3	周四 1/4	周五 1/5	整周
缺席(是/否)						
自行离开(是/否)						
自行离开小时数						

附录 C:暴露疗法保真度检查表

说明:请您在该病例使用的暴露要素旁边的横线上标上"X"。

案例号:使用暴露疗法的次数:

本案例中的暴露要素:

____1. 介绍了暴露疗法的原理。

____2. 解释了实施暴露的原因。

____3. 利用患者的SUDs评分建立暴露等级,评分从低到高不限。

____4. 至少每隔一段时间进行自评。

____5. 布置暴露作业。

如果您排除了任何暴露治疗元素,请简要说明您在这种情况下修改暴露治疗方案的原因(请在下面解释,如果您需要更多的空间,请使用表格背面)。

——————————— ——————————— ———————————
临床医生印刷体姓名   临床医生签名   日期

附录D:干预的可接受性调查

	非常不同意	不同意	一般	同意	非常同意
安娜的暴露疗法容易理解(例如,原理、暴露的选择等)。					
暴露疗法措施易于在课堂上实施。					
收集出勤率/自行离校的数据很容易。					
暴露疗法提高了安娜的总体出勤率、上学时间和自行离校的次数。					
我会考虑对其他表现出类似拒绝上学和回避行为的学生使用暴露疗法。					
我会向其他教育者推荐基于暴露的干预方法,作为解决拒绝上学和回避行为的一种方法。					
总的来说,我对暴露疗法的效果感到满意。					

(李彩霞 译)

参考文献

Compton, S. N., March, J. S., Brent, D., Albano, A. M., Weersing, V. R., & Curry, J. (2004). Cognitive-behavioral psychotherapy for anxiety and depressive disorders in children and adolescents: An evidence-based medicine review. *Journal of the American Academy of Child & Adolescent Psychiatry*, 43, 930–959. doi: 10.1097/01.chi.0000127589.57468.bf.

Craske, M. G., Treanor, M., Conway, C. C., Zbozinek, T., & Vervliet, B. (2014).

Maximizing exposure therapy: An inhibitory learning approach. *Behaviour Research and Therapy, 58*, 10 – 23. doi: 10.1016/j.brat.2014.04.006.

Epkins, C. C., Gardner, C., & Scanlon, N. (2013). Rumination and anxiety sensitivity in preadolescent girls: Independent, combined, and specific associations with depressive and anxiety symptoms. *Journal of Psychopathology and Behavioral Assessment, 35*, 540 – 551.

Foa, E., Hembree, E., & Rothbaum, B. (2007). *Prolonged exposure therapy for PTSD: Emotional processing of traumatic experiences therapist guide* (2nd ed.). New York, NY: Oxford University Press. doi:10.1093/med:psych/9780195308501.001.0001.

Foa, E. B., Huppert, J. D., Leiberg, S., Langner, R., Kichic, R., Hajcak, G., & Salkovskis, P. M. (2002). The Obsessive-Compulsive Inventory: Development and validation of a short version. *Psychological Assessment, 14*, 485 – 496. doi: 10.1037/1040-3590.14.4.485.

Kazdin, A. E. (2003). Psychotherapy for children and adolescents. *Annual Review of Psychology, 54*, 253 – 276. doi:10.1146/annurev.psych.54.101601.145105.

Kearney, C. A. (2008). School absenteeism and school refusal behavior in youth: A contemporary review. *Clinical Psychology Review, 28*, 451 – 471. doi: 10.1016/j.cpr.2007.07.012.

Lang, P. J. (2017). Stimulus control, response control, and the desensitization of fear. In D. Levis's (Ed.), *Foundations of behavioral therapy* (pp. 148 – 173). New York, NY: Routledge.

Lewin, A. B., Storch, E. A., Merlo, L. J., Adkins, J. W., Murphy, T., & Geffken, G. A. (2005). Intensive cognitive behavioral therapy for pediatric obsessive-compulsive disorder: A treatment protocol for mental health providers. *Psychological Services, 2*, 91 – 104. doi: 10.1037/1541-1559.2.2.91.

Marazziti, D., & Consoli, G. (2010). Treatment strategies for obsessive-compulsive disorder. *Expert Opinion on Pharmacotherapy, 11*, 331 – 343. doi: 10.1517/14656560903446948.

Merrell, K. W., Ervin, R. A., & Gimpel, G. A. (2006). *School psychology for the 21st century: Foundations and practices.* New York, NY: Guilford Press.

National Association of School Psychologists. (2019). *Who are school psychologists?* Retrieved from http://www.nasponline.org/about-school-psychology/who-areschool-psychologists.

Pence Jr., S. L., Sulkowski, M. L., Jordan, C., & Storch, E. A. (2010). When exposures go wrong: Trouble-shooting guidelines for managing difficult scenarios that arise in exposure-based treatment for obsessive-compulsive disorder. *American Journal of Psychotherapy, 64*, 39 – 53. doi:10.1176/appi.psychotherapy.2010.64.1.39.

Storch, E. A., Geffken, G. R., Merlo, L. J., Mann, G., Duke, D., Munson, M., ... & Goodman, W. K. (2007). Family-based cognitive-behavioral therapy for pediatric obsessive-compulsive disorder: Comparison of intensive and weekly approaches. *Journal of the American Academy of Child & Adolescent Psychiatry, 46*, 469 – 478. doi: 10.1097/chi.0b013e31803062e7.

Sulkowski, M. L., Joyce, D. K., & Storch, E. A. (2012). Treating childhood anxiety in schools: Service delivery in a response to intervention paradigm. *Journal of Child and Family Studies, 21*, 938 – 947. doi: 10.1007/s10826-011-9553-1.

Vreeland, A., & Peris, T. S. (2018). Involving family members of children with OCD in CBT. In E. A. Storch, J. F. McGuire, and D. McKay (Eds.), *The clinician's guide to cognitive-behavioral therapy for childhood obsessive-compulsive disorder* (pp. 135 – 154).

Waltham, MA: Academic Press. doi:10.1016/B978-0-12-811427-8.00008-3.

Wheaton, M. G., Galfalvy, H., Steinman, S. A., Wall, M. M., Foa, E. B., & Simpson, H. B. (2016). Patient adherence and treatment outcome with exposure and response prevention for OCD: Which components of adherence matter and who becomes well? *Behaviour Research and Therapy, 85*, 6–12. doi: 10.1016/j.brat.2016.07.010.

Wolpe, J. (1961). The systematic desensitization treatment of neuroses. *Journal of Nervous and Mental Disease, 132*, 189–203. doi:10.1097/00005053-196103000-00001.

第十四章 行为疗法

一、前言

认知行为干预包括一系列技术，这些技术对儿童和青少年所面临的系列问题都有效，如行为问题、注意力问题、冲动问题、创伤、发育障碍和情绪障碍等（更多信息详见Kendall，2012）。认知行为疗法（Cognitive Behavioral Therapy, CBT）就是这样的一种干预技术，可以有效地帮助焦虑和抑郁的儿童及青少年（Huberty，2012）。加伯（Garber）和韦尔辛（Weersing）建议使用CBT来减少负性思维和改变消极情绪反应，从而增加对压力的积极反应。CBT也可以帮助青少年理解情绪状态和认知状态下的行为反应（Huberty，2012）。如情绪监测可以帮助青少年将行为、情绪和想法联系起来。认知重组是CBT常见的另一种认知策略，旨在解决消极或扭曲的思维模式（Huberty，2012；Weisz, McCarty, & Valeri, 2006）。CBT中以行为为导向的部分通常侧重于改变行为模式（例如，更多地参加愉悦活动）和提高亲社会行为的频率（McCauley等，2016）。放松训练是CBT的另一个重要组成部分，可能会缓解与情绪障碍相关的躯体症状（Curry & Meyer, 2018）。

心理老师在对儿童和青少年实施CBT策略时，可能会考虑行为激活（BA，Behavioral Activation；McCauley等，2016）。从概念上讲，BA是基于了解哪些行为、事件是"促进和保持抑郁行为"的，从而去遏制或减少这些行为或事件。（McCauley等，2016，P.292）。这一方法建立在一项研究的基础上，该研究表明，环境的变化导致抑郁行为的产生，从而产生更少的积极体验，这反过来减少了健康的、非抑郁行为的正强化机会（Axelrod，2017）。此外，抑郁行为被正强化或负强化，这增加了这些行为在未来发生的概率（Axelrod，2017）。例如，社会隔离可能会引起父母和老师的同情（正强化），同时，也会让个人避免与同龄人进行不舒服的社交（负强化）。这种对抑郁行为的正强化和负强化模式可能会增加抑郁行为的频率。BA 可能会被心理老师用来解决抑郁的共性问题,包括快感缺乏和社交退缩。表 14.1 强调了对青少年使用的 BA 干预的共同要素。

表 14.1 青少年 BA 干预的共同要素

方面	建议
回避周期	如果你避开一些活动,你就不会得到那么多积极的东西。如果你因为参加活动感到有压力而避免参加,那么下一次有机会参加你喜欢的活动时,可能会增加你的压力。
感受、想法和行为是相互联系的	当感到悲伤时,青少年可以建立与悲伤情绪和行为有关的感受表,临床医生会帮助你将感受和行为联系起来(必要时使用图表)。这些因素之间相互关联。
目标、价值观和喜欢的活动	你喜欢什么活动?过去你觉得什么有趣?哪些朋友很有趣?你们喜欢一起做什么?制作一张表格,列出你喜欢的活动,喜欢的原因,参与其中的想法。价值观是青少年认为重要的东西(如,人际关系、爱好、社会生活)。
活动安排	确定奖励活动,制定活动计划,加上一些关于青少年如何参与活动的步骤,把活动安排在青少年最有可能成功的时间和环境中。
问题解决	找出参与有趣活动的障碍,制定有目标的行动计划,把目标分解成小步骤,确保目标是现实和可实现的。
识别并改变消极的自我对话	你会对自己说什么?这是真的吗?还是你对自己太苛刻?如果消极的信息在你的脑海中出现,你可以使用哪些积极的陈述代替?如果积极的话语不那么容易实现,你可以用什么积极的想法或图像来打断消极的信息,以便让你可以采取积极的行动?
情绪监控	从非常悲伤到非常快乐,通常可以使用 5 或 7 分李克特量表。青少年应该在参加活动时和一天中不同的时间点监测情绪。
提醒:改变是逐步发生的	从小事开始,可以使用视觉提醒,如使用计时器,参与 5 分钟的活动。找到一个朋友或伙伴来帮助你。设定小而具体的目标,每一小步都要表扬自己,一次只做一件事(尽量不要同时做多件事)。
增加奖励和积极反馈	教导青少年更多地积极描述活动的完成。奖励过程中的努力和步骤完成。父母可以参与到表扬中来。

BA 具体为增加青少年对健康、亲社会行为的参与,从而提供获得正强化的机会,并增加与提供正强化的个人的接触,减少维持抑郁的行为(例如,孤立、暴露于厌恶事件中;Dimidjian, Barrera, Martell, Muñoz, &Lewinsohn, 2011; Hopko, Lejuez, Ruggiero, & Eifert, 2003)。通过确定抑郁行为的强化来源和改变伴随事件来促进非抑郁行为实现。BA 包括前因和功能评估、目标设定、具体技术实施和活动安排

(Axelrod，2017)。行为塑造在 BA 中也很关键，因为当抑郁很严重或个体抗拒治疗时，对健康的、微小的非抑郁行为的正强化就显得尤其重要。情绪监测和日志也有助于识别可能成为治疗目标的前因和后果事件(Dimidjian 等，2011)。最后，楚等(Chu 等，2016)强调解决病理性回避，特别是当抑郁伴随焦虑时，系统地暴露于引发恐惧和维持抑郁的刺激，有助于改变个人的回避反应。

心理老师使用 BA 时，与学生、家长、老师等合作，确定维持抑郁的因素，识别抑郁行为的功能，设定适当的目标，发展成功的能力，并安排可能成为积极行为强化的活动(Axelrod，2017)。主要目标是通过目标设定和活动安排来增加活动参与度，调整环境来增加正强化的机会，并设计策略来减少对导致抑郁行为的活动的回避。心理老师和其他教育专业人士很有可能使用 BA，因为他们可以直接与青少年打交道，也可以从青少年的父母、老师和同龄人那里获得宝贵的支持。

二、个案研究

(一) 背景介绍及分析

1. 背景信息

艾西亚(Asia)，13 岁，八年级，非裔美国人，独生女，与母亲同住。父亲住在几个州之外的地方，她每月都会去看他，也会去度假。艾西亚说，她与父母双方的关系都很好。艾西亚住在老城区，参加社区活动的机会有限。转诊时，她吃很多不健康的零食，喝很多高糖饮料。艾西亚曾是篮球明星，因为严重的膝盖损伤使她不得不休学一年。医生同意她可以散步、拉伸、骑健身自行车和进行轻度运动。因受伤不能和队友一起训练后，艾西亚说她开始感到"忧郁"，随着时间的推移，她逐渐远离朋友，并且不再做作业。

艾西亚不交作业的情况引起了心理老师的注意，因为这在她之前的学习中是不常见的。艾西亚的母亲同意接受治疗，心理老师选择用 BA 作为干预手段。艾西亚和心理老师同意在必要时让艾西亚的母亲参与治疗，并向她通报治疗情况。该团队(即心理老师，艾西亚的母亲，艾西亚)决定定期会面，以检查和完善旨在改善艾西亚情绪和社会参与的干预措施。

2. 问题行为描述

首次访谈中，艾西亚报告经常有这些感觉："好像我不行，我做的每一件事都是错的，我没有任何价值。"她说自己感觉"忧郁"，在过去的六个月里，她为不能与朋友相处而"伤心"。他们经常聚会,这是艾西亚不再感兴趣的活动。她大部分时间都待在自己的房间里,"粘"在她的 iPad 上浏览社交媒体。艾西亚的社交退缩、吃不健康的食物、不参加体育活动和不完成家庭作业被确认为问题行为。艾西亚母亲经常与艾西亚讨论她的孤立行为,这可能无意中强化了艾西亚的一些抑郁行为。艾西亚否认有过自杀或杀人的想法。尽管艾西亚没有过自残行为,心理老师还是和她母亲协商做好家庭的安全保障(例如,拿走尖锐的物品及大量服用可能有危险的药物)。艾西亚否认服用过药物,她的母亲也证实了这一点。

心理老师建议艾西亚看儿科医生,评估艾西亚目前的情况,并给与相应的建议。儿科医生建议她进行日常锻炼,包括瑜伽或骑运动自行车,以潜在地改善艾西亚的情绪,帮助她在重新打篮球时保持灵活性和肌肉张力。儿科医生和心理老师认为艾西亚符合持续性抑郁障碍(Persistent Depressive Disorder, PDD)的诊断。心理老师和艾西亚及她的母亲讨论,当一个人在一年或更长时间的大多数日子里感到悲伤时,就会发生 PDD(美国精神病学协会,2013)。他们还讨论了其他抑郁症状,包括感觉疲劳、睡眠和饮食变化、自我评价低、对日常活动失去兴趣、绝望、难以做决定和集中注意力(Merianos, 2016)。

3. 问题分析

心理老师对艾西亚的抑郁行为进行了非正式的前因和功能评估。心理老师认为,社交孤立、吃不健康的食物和花很多时间在社交媒体上可能是艾西亚抑郁行为的起因。此外,艾西亚报告的悲伤和没有价值(例如,"因为我什么都没做而感到没有价值")及消极的陈述(例如,"我是一个失败者","我有很多问题")也被认为是可能的前因。这些事件在艾西亚报告了更多的抑郁相关问题时更频繁了,导致其进一步远离朋友和活动。

为了评估艾西亚抑郁行为的作用,心理老师要求艾西亚思考她沉默寡言的行为的后果。艾西亚表示,她担心朋友们不再有兴趣和她在一起,因为她不再是篮球队的"明星"了。心理老师观察到,艾西亚的抑郁行为受到了很多关注,尤其是从她的母亲那里。综上所述,心理老师认为,艾西亚的抑郁行为可能是通过正强化(如父母和同龄人的关注)和负强化(社交回避)维持的。

心理老师分析了艾西亚在学校表现、健康饮食和锻炼方面的困难。学校表现方面,艾西亚通常不交作业和不参加测验。不健康的饮食包括吃高脂肪的零食和不在正餐时间进食。缺乏锻炼与没有机会从事其他运动有关,这些运动可以帮助艾西亚在受伤恢复期间保持一些肌肉力量和张力。

(二) 干预计划及实施

1. 干预目标

心理老师、艾西亚及其母亲确定了几个干预目标。第一,减少社交孤立,更多参与与朋友一起的活动。第二,增加体育活动和锻炼的频率。第三,饮食健康,增加水果、蔬菜和瘦肉蛋白、水的摄入,少吃不健康食品。最后,能有更多积极的语言表达。确定这些目标是为了增加艾西亚获得健康、非抑郁行为的正强化机会。治疗的主要目的是改善情绪。作业方面,艾西亚需要定期查看电子学习系统,以便于查看作业和测验。她须按时完成学校和家庭作业。她会在特定的家庭作业课上和朋友一起学习,并承诺在晚上8点前完成最难的家庭作业。她的母亲同意每周两次通过访问电子学习系统来回顾艾西亚的进步,以了解作业,确保艾西亚在学业上取得进步。

2. 测量目标行为、收集数据、监测进度

最初用两种工具收集目标行为的相关调查数据。一是儿童抑郁行为评定量表(Children's Depression Rating Scale-Revised, CDRS-R),CDRS-R有17个条目,通过问题评估与抑郁相关的情感、认知、精神运动和躯体症状(评分从1到7,7表示严重困难;Poznanski & Mokros, 1999),用于评估抑郁症状。该方法具有足够的心理测量特性,可用于青少年(Mayes, Bernstein, Haley, Kennard, & Emslie, 2010)。CDRS-R用于治疗前、治疗1个月、治疗2个月和治疗结束时。

二是利用PROMIS数据库中的抑郁量表评估消极情绪、快感缺乏、消极自我观念[如无价值感和消极社会认知(如孤独、人际疏离)](Cella等,2010;Pilkonis等,2011)。PROMIS侧重于评估以患者为中心的结果,旨在加强医疗服务提供者和客户之间的沟通。抑郁测试的条目包括不快乐的感觉、悲伤、孤独、压力感受、悲伤导致很难和朋友一起做事,感觉"我生活中的每件事都出错了"或"我什么都做不好"(从"从来没有"到"几乎总是"的5分制评分)。T分数用于评分,低于55分表示无抑郁或轻度抑郁。心理老师决定在治疗前、治疗中每两周和治疗结束时实行监测。

在与心理老师讨论后,艾西亚的母亲同意帮助艾西亚完成日志,并记录艾西亚的日常活动。心理老师要求艾西亚每天晚上在她的日志中记录相关信息(见表14.2)。后来,艾西亚在日志中记录了她的活动和饮食情况,并于周五把日志交给心理老师。心理老师和艾西亚一起查看艾西亚的日常活动,将日常活动数量、积极言语和情绪评分的平均值制成表格。心理老师每周通过电话联系艾西亚的母亲,反馈进展,并记录她母亲报告的艾西亚每天的活动。

表 14.2 日志

时间	活动	活动时长(分)	心情(圈出符合你心情的数字,1=非常难过,3=中等,7=非常开心)
			1 2 3 4 5 6 7
			1 2 3 4 5 6 7
			1 2 3 4 5 6 7
			1 2 3 4 5 6 7
摄入的碳酸饮料和水 早餐——食物和分量 午餐——食物和分量 茶歇——食物和分量 晚餐——食物和分量 每天增加 30—60 分钟的体力活动。记录锻炼内容和锻炼时间			

备注:营养师与艾西亚一起估算食物分量。

3. 干预计划

(1) 抑郁和 BA 的教育

学校心理老师向艾西亚和她的母亲提供了有关抑郁症和 BA 的教育。具体来说,心理老师介绍了抑郁症的病程及其症状。此外,心理老师还讨论了行为激活问题,包括改变环境的重要性,以便让艾西亚做出更健康的行为。心理老师向艾西亚的母亲强调了表扬艾西亚努力与朋友交往、健康饮食和经常锻炼的重要性。最后,心理老师介绍了如何通过设定目标和安排活动来改善艾西亚的情绪。

艾西亚同意使用日志,与营养师会面,了解并实施更健康的饮食计划,并开始锻炼。她的母亲同意查看她的作业,鼓励艾西亚学习并完成测验。此外,艾西亚母亲会买健康食品(如水果、蔬菜、瘦肉蛋白),减少购买含高盐、高脂肪的零食及碳酸饮料。艾西亚每两周完成一次 PROMIS 量表测评,她和心理老师讨论了她在量表上的评分,以及与朋友交往和锻炼与改善悲伤之间的关系。

(2) 制定目标

在咨询心理老师后,艾西亚和母亲根据目标行为制定了目标计划。制定目标是引导艾西亚以目标为导向,而不是以情绪为导向。第一,每天至少选择一项和朋友或母亲一起参加的活动。这些活动可以包括和朋友一起做家庭作业,和妈妈一起做饭,看队友练习或在她们练习前后和队友聊天,或者和朋友一起做一些有趣的事情(例如,去咖啡店)。心理老师和艾西亚的母亲补充了给朋友打电话或发短信,因为艾西亚在家的时候已经不和朋友联系了。第二,艾西亚在学校会见了一位营养师,了解并制定了健康饮食的目标。心理老师、营养师和艾西亚讨论了健康的饮食目标,包括多吃水果,把薯片换成蔬菜片或胡萝卜和芹菜。艾西亚被鼓励少吃冰淇凌,可以用加了草莓和蓝莓的低脂酸奶代替。她母亲同意晚餐多做瘦肉和蔬菜,买蔬菜片而不是薯片,买更多的酸奶、水果和蔬菜。艾西亚也制定了每日目标:多吃水果、蔬菜和瘦肉蛋白,多喝水,减少不健康食品的摄入。第三,每周锻炼三到四次。通过家庭成员参与,构建支持系统,这对于生活在不参加体育活动和非健康饮食环境中的青少年来说很重要(Heidelberger & Smith, 2016)。艾西亚和母亲每周见面两次,检查她作业和学习进度。第四,完成日志,这是一种评估进展、自我监控目标行为和自我负责的方法。

(3) 活动日程安排

活动日程安排是为了识别和计划活动,这些活动可以加强艾西亚与健康行为的联系。根据治疗目标和艾西亚自己的目标,心理老师和艾西亚制定了一周活动清单。例如,确定了在一周中艾西亚锻炼、与朋友相处、和母亲购物以及观看队友打篮球的时间。艾西亚计划每周和母亲一起购物,了解更多健康食品和体育锻炼的知识。她还考虑和朋友们一起锻炼,一起参加篮球训练和比赛,鼓励养成锻炼的习惯。

艾西亚周一和周三和母亲见面,评估学习进展。由于艾西亚大多数的测验在周四或周五,这些"签到时间"可以让她们讨论如何更好地分配作业和学习时间。她们还计划讨论艾西亚的整体学习成绩(如考试成绩、课堂参与度)。艾西亚制定了一个时间表,先完成最难的家庭作业,或者和她家庭作业小组的朋友一起完成。

(4) 治疗计划

心理老师与艾西亚和她的母亲讨论了治疗计划:每周会谈一次,持续三个月,逐步缩短会谈时间。前6周,每次会谈45分钟左右。后6周,预计每次会谈15—30分钟。心理老师得到了艾西亚母亲和艾西亚的同意,与其他学科的老师一起跟踪学业进展。

4. 干预保真度和评分者一致性

使用两种方法评估治疗的效果。第一,每周五,心理老师收集艾西亚的日志,从而明确艾西亚在多大程度上达到了目标,日志记录了艾西亚在安排活动、健康饮食和体育活动方面的参与度。第二,心理老师制定了一项包含6个条目的调查表,艾西亚和她的母亲需每周完成。调查项目评估了艾西亚是否每天写日志、是否提供了对计划活动、健康饮食和体育活动的准确记录。该调查表采用五分制评分(1=非常不同意,2=不同意,3=一般,4=同意,5=非常同意)。艾西亚和她的母亲都认为日志被使用的时间最多,这与心理老师对治疗有效性的评估相吻合。

为了评估评分者一致性(Interobserver Agreement, IOA),艾西亚的母亲每天记录艾西亚的活动日程安排、健康饮食和身体活动。通过比较艾西亚和她母亲的日常记录计算出 IOA(一致/(一致+分歧)*100%)。IOA 平均值为 96%(范围为 94%—100%),心理老师认为干预是按照设计实施的,数据是可靠的。

(三) 干预结果及分析

1. 干预结果

图 14.1 显示了艾西亚在基线期(第 1 周和第 2 周)和干预期(第 3 周到第 12 周)平均每周情绪评分、日均活动次数和日常积极言语,艾西亚的情绪更积极、更快乐。具体来说,第 1 周,她自我报告的情绪平均分为 3 分。第 6 周,情绪平均评分最高达到 7,且一直保持在 6 以上,直到第 12 周治疗停止。据报道,艾西亚在治疗过程中使用了更多积极的表述,感觉更快乐,与朋友和家人的交流也更多。这与 PROMIS 量表显示的评分一致(见表 14.3)。

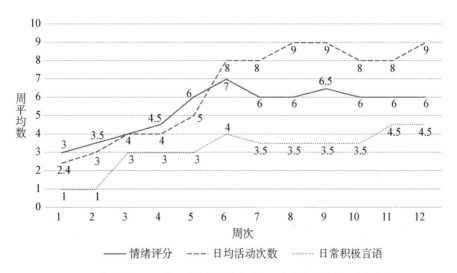

图 14.1 基线期和干预期平均每周情绪评分、日均活动次数和日常积极言语

表 14.3 PROMIS 得分及条目

时间	PROMIS 评分	讨论项目
干预前	64	**情绪低落/悲伤**：哪些活动(如，发短信或给朋友打电话、瑜伽)可以改善你的情绪？ **感到绝望或无助**：当你有这种感觉时，你在做什么？什么样的活动(如，家庭作业俱乐部，参加篮球训练)能让你感到有希望，让你觉得自己在做积极的事情？ **感觉自己什么都做不好(无价值)**：什么时候(例如，成为篮球队的一员，和朋友一起做有趣的事情)你觉得自己是有价值的？
第2周	60	**情绪低落/悲伤**：什么因素可能导致你情绪低落("我不想和我的朋友一起去做作业")，你会如何解决这个问题？ **感觉自己毫无价值**：你能参加那些让你有成就感的活动吗(例如，和妈妈一起做饭，开始并完成家庭作业)？ **孤独**：和朋友一起做家庭作业，参加篮球训练，或者和妈妈一起锻炼。
第4周	60	**独处**：可以给同龄人发短信，参加篮球训练，或者和妈妈一起做瑜伽。 **悲伤**：讨论孤独、孤僻和悲伤之间的联系。
第6周	54	**改善孤独、悲伤/不快乐或毫无价值的感觉**：注意到积极与他人交往与情绪之间的联系；赞扬在和朋友社交方面的持续努力。
第8周	54	**持续改善**：强调改善学校表现，参加篮球训练，继续锻炼和饮食健康。
第10周	50	没有报告感到无助，情绪评分持续改善；艾西亚与朋友一起锻炼，饮食更健康；艾西亚说"感觉我在自我照顾"。
第12周	50	持续改善；艾西亚报道与朋友和篮球队的互动；锻炼和健康饮食继续。

表 14.3 是艾西亚使用 PROMIS 的测评结果和治疗过程中需要讨论的问题。评分从最开始到第 12 周有所改善，与 CDRS-R 测评结果一致。具体来看，基线期 PROMIS 测评 65 分，第 2 周后 55 分，干预后 48 分。CDRS-R 评分显示，食欲、抑郁、学业、社交退缩、疲劳和愉悦感等都有明显改善。此外，在治疗过程中艾西亚每天参与更多活动，这也与她的情绪改善和悲伤减少相吻合。第 1 周，她表示每天要进行两项以上活动，此后每天的平均活动数量稳步增加，到治疗结束时，她平均每天进行 8 到 9 项活动。

治疗期间，艾西亚对健康食品和饮料的消费也有所提高。她和她的母亲的日志显示，她们增加了水果、蔬菜、瘦肉蛋白和水的摄入量，减少了不健康食品和饮料的摄入。此外，体育活动和锻炼也有所增加。艾西亚表示，在治疗的前四周，每周锻炼两天，每次 10 分钟。在治疗的后八周，每周锻炼五天，每次 30 分钟。她还开始和朋友们一起上瑜伽课，并逐步增加了骑健身自行车的时间。

艾西亚和她母亲每周见面两次,讨论家庭作业和准备测验。心理老师在第 5 周、第 8 周和第 12 周采访了艾西亚的学科老师,评估艾西亚的家庭作业完成情况和整体学业表现。所有教师都指出,艾西亚在完成作业、课堂参与、分层作业和考试方面都有显著的提高。艾西亚的整体学习进步非常显著,到干预结束时,她在所有课程上都得了 A。

2. 干预效果总结

治疗结束时达成了干预目标。具体来说,表现在以下方面:(1)减少了社会隔离,增加了社会活动的参与;(2)体育活动频率增加;(3)健康饮食增加;(4)更多正向表达。CDRS-R 和 PROMIS 显示,患者的情绪和活动水平有显著改善。虽然艾西亚在抑郁症状持续时间方面继续符合 PDD 的诊断标准,但干预结果显示她的社会功能显著改善。

3. 干预可接受性

评估治疗的社会影响有助于相关人员理解干预效果、干预的临床意义(Kazdin, 2003)。艾西亚回答了 7 个问题,按李克特量表(Likert scale)6 级评分,(从 1＝"非常有帮助"到 6＝"完全没有帮助";参见 Klingman & Hochdorf, 1993)。问题包括如下条目:(1)该项目(干预措施)在多大程度上促使态度改变;(2)干预措施的吸引力(来访者对干预措施的喜好程度);(3)干预在多大程度上改变了行为;(4)是否会向同伴推荐此干预。艾西亚对这些条目的评价是 1 分和 2 分,表明社会效度很高。她的母亲回答了类似问题,她的回答表明她觉得这个项目是成功的,可以帮助其他青少年。

(四) 干预注意事项

BA 的优势是,心理老师、其他教师、家长和青少年可以协同操作,通过增加与他人接触的机会,寻找社会问题的解决方案,从而影响青少年的日常生活。本案例中,营养师也积极参与干预过程。后续推广中,教师可以帮助青少年制定包括同龄人、学习小组或课后辅导计划在内的干预方案,也可以为课后社团活动提出建议,以促进社会活动的进行,鼓励学生与同龄人和其他人进行交往。

学生不遵守 BA 的设置可能会成为问题。让父母和孩子一起记录活动会改善上述情况。若不成功,心理老师可安排与学生每周或每天一次的简短会谈,协助记录行为、活动、积极言语和积极情绪。如果青少年不能迅速开始参加社会活动,心理老师可以考虑与家长合作,制定奖励机制。心理老师经学生和家长同意后,可以让学生的朋友参与社会活动,协助制定计划,通过同伴鼓励学生参加社会活动。

逐步减少干预对成功至关重要。本案例中,会谈时间、与营养师的接触和母亲的支持都随着时间的推移而减少。从每周到隔周,目标到每月一次。有趣的是,如果没有母亲的支持,艾西亚是否会坚持记录日志?在制定消退计划时,心理老师应考虑到需要加强干预的情况,如抑郁行为复发,应增加或恢复干预的强度。这应该与来访者和他们的父母讨论。心理老师可以提出,如果抑郁和社会隔离复发,或不健康的饮食习惯再次出现,那么将制定新的计划,从而增加活动参与、恢复健康的饮食习惯。可以恢复写日志和监测干预进程。

三、结论

本章记录了 BA 用于一例青春期抑郁女孩的过程。虽然 BA 通常是 CBT 的一部分,但这个特殊的个案研究强调采取功能性方法来解决学生的抑郁问题。BA 的目的是通过去除对抑郁行为的强化来减少抑郁行为,同时增加对健康、非抑郁行为的强化。本案例中,心理老师与学生和她的母亲合作,通过社会互动、体育活动和锻炼、健康饮食和完成家庭作业来增加强化的机会。干预后,学生的健康行为增加,抑郁行为减少,情绪改善。

(李彩霞 译)

参考文献

American Psychiatric Association. (2013). *Diagnostic and statistical manual of mental disorders: DSM-V* (Fifth ed.). Washington, DC: American Psychiatric Publishing. doi: 10.1176/appi.books.9780890425596.

Axelrod, M. I. (2017). *Behavior analysis for school psychologists*. New York: Routledge. doi: 10.4324/9781315650913.

Cella, D., Riley, W., Stone, A., Rothrock, N., Reeve, B., Yount, S., ... PROMIS Cooperative Group. (2010). The Patient-Reported Outcomes Measurement Information System (PROMIS) developed and tested its first wave of adult self-reported health outcome item banks: 2005 - 2008. *Journal of Clinical Epidemiology*, 63(11), 1179 - 1194. doi: 10.1016/j.jclinepi.2010.04.011.

Chu, B. C., Crocco, S. T., Esseling, P., Areizaga, M. J., Lindner, A. M., & Skriner, L. C. (2016). Transdiagnostic group behavioral activation and exposure therapy for youth with anxiety and depression: Initial randomized controlled trial. *Behavior Research and Therapy*, 76, 65 - 75. doi:10.1016/jbrat.2015.11.005.

Curry, J. F., & Meyer, A. E. (2018). Treatment of depression. In P. C. Kendall (Ed.), *Cognitive therapy with children and adolescents: A casebook for clinical practice* (3rd ed., pp. 94 - 121). New York, NY: Guilford Press.

Dimidjian, S., Barrera, M. Jr., Martell, C., Muñoz, R. F., & Lewinsohn, P. M. (2011). The origins and current status of Behavioral Activation Treatments for

Depression. *Annual Review of Clinical Psychology, 7*, 1–38. doi:10.1146/annurev-clinpsy-032210-104535.

Garber, J., & Weersing, V. R. (2010). Comorbidity of anxiety and depression in youth: Implications for treatment and depression. *Clinical Psychology, 17*(4), 293–306. doi:10.1111/j.1468-2850.2010.01221.x.

Heidelberger, L., & Smith, C. (2016). Low-income, urban children's perspectives on physical activity: A photovoice project. *Maternal and Child Health Journal, 20*(6), 1124–1132. doi:10.1007/s10995-015-1898-4.

Hopko, D. R., LeJuez, C. W., Ruggiero, K. J., & Eifert, G. H. (2003). Contemporary behavioral activation treatments for depression: Procedures, principles, and progress. *Clinical Psychology Review, 23*, 699–717. doi:10.1016/S0272-7358(03)00070-9.

Huberty, T. J. (2012). *Anxiety and depression in children and adolescents: Assessment, Intervention, and Prevention*. New York, NY: Springer-Verlag. doi:10.1007/978-1-4614-3110-7.

Kazdin, A. E. (2003). Clinical significance: Measuring whether interventions make a difference. In A. E. Kazdin (Ed.), *Methodological issues & strategies in clinical research* (pp. 691–710). Washington, DC, USA: American Psychological Association.

Kendall, P. C. (Ed.) (2012). *Child and adolescent therapy: Cognitive-behavioral procedures* (4th ed.). New York, NY: Guilford Press.

Klingman, A., & Hochdorf, Z. (1993). Coping with distress and self-harm: The impact of a primary prevention program among adolescents. *Journal of Adolescence, 16*, 121–140. doi:10.1006/jado.1993.1012.

Mayes, T. L., Bernstein, I. H., Haley, C. L., Kennard, B. D., & Emslie, G. J. (2010). Psychometric properties of the *Children's Depression Rating Scale-Revised* in adolescents. *Journal of Child and Adolescent Psychopharmacology, 20*(6), 513–516. doi:10.1089/cap.2010.0063.

McCauley, E., Gudmundsen, G., Schloredt, K., Martell, C., Rhew, I., Hubley, S., & Dimidjian, S. (2016). The adolescent Behavioral Activation program: Adapting Behavioral Activation as a treatment for depression in adolescence. *Journal of Clinical Child and Adolescent Psychology, 45*(3), 291–304. doi:10.1080/15374416.2014.979933.

Merianos, A. (2016). Depression, Chapter 8. In *Medical and mental health during childhood*, N. Singh (Ed.) (pp. 133–150). Springer Series on Child and Family Studies. Switzerland: Springer Nature. doi:10.1007/978-3-319-31117-3_8.

Pilkonis, P. A., Choi, S. W., Reise, S. P., Stover, A. M., Riley, W. T., Cella, D., & PROMIS Cooperative Group. (2011). Item banks for measuring emotional distress from the Patient-Reported Outcomes Measurement Information System (PROMIS®): Depression, anxiety, and anger. *Assessment, 18*(3), 263–283. doi:10.1177/1073191111411667.

Poznanski, E. O., & Mokros, H. B. (1999). *Children depression rating scale-revised (CDRS-R)*. Los Angeles, CA: Western Psychological Services.

Weisz, J. R., McCarty, C. A., & Valeri, S. M. (2006). Effects of psychotherapy for depression in children and adolescents: A meta-analysis. *Psychological Bulletin, 132*(1), 132–149. doi:10.1037/0033-2909.132.1.132.

第十五章　好行为游戏

一、前言

有效的课堂管理指应用循证为基础的行为干预策略，建立富有成效的学习环境并促进学习。常见的课堂管理策略包括经常性给予学生对其特定具体行为的表扬(Haydon & Musti-Rao, 2011)；前期干预，如设定明确的期望和提供预先矫正(Kern & Clemens, 2007)；使用有效教学指南中的元素(Dufrene 等, 2012)；以及为学生提供多次回应的机会(Sutherland, Alder, & Gunter, 2003)。一般来说，这些干预措施是有效的，被认为是所有教师都应该实施的一线课堂管理策略；然而，由于一天中有些特别困难的时间段、学科或活动，这些策略可能不足以管理学生的行为。因此，有些教师可能需要额外的行为支持，这具体取决于课堂的组成(例如，针对有行为障碍学生开设的专用教室/资源教室)。在这些情况下，团体后效(Group Contingencies; GCs)已被确定为有效的干预策略，可以与常规课堂管理实践一起实施。

在学校中，团体后效是一种应用于学生群体的具有单一标准的强化措施，它可分为独立型、依赖型和互赖型。独立型团体后效是后效实施于团体中所有学生，根据每个人的行为来达到强化标准(如，拼写测试中获得 90%或更高分数的人将获得贴纸)。在独立型团体后效中，组中的一个、没有、一些或所有学生都可以获得强化；然而，每个学生仅是对自己的表现负责。依赖型团体后效则将一个或几个学生确定为代表整个团队的表现，如，"如果这三个学生(Kimberly, Eric, Jordan)拼写测试的分数达到 90%或更高，教室里的每个人都会得到一张贴纸"。在依赖型团体后效中，一个或几个学生的表现是否达到标准决定了组中的所有学生要么都获得强化，要么都没有。互赖型团体后效为强化设定了一个标准，整个小组必须共同努力才能实现。例如，"如果全班拼写测试平均分达到 90%或以上，每个人都会得到一张标签"。互赖型团体后效中，小组中的所有学生要么都获得强化,要么都没有,但要达到标准,所有学生都要付出努力。

虽然所有三种类型的团体后效常常都被用于改善课堂行为(Brantley & Webster, 1993; Heering & Wilder, 2006; Popkin & Skinner, 2003),这三种团体后效都有效(Gresham & Gresham, 1982),但互赖型团体后效已成为最流行的类型,这是由于其高效率(与独立型团体后效相比)和低同伴干扰性(与依赖型团体后效相比)。研究最充分、用途最广泛的互赖型团体后效之一是好行为游戏(GBG; Barrish, Saunders, & Wolf, 1969)。好行为游戏的基本原理很简单。一个班的学生被分成两个或多个小组,每当他们表现出与这些期望相一致的行为时,就会为自己的小组赢得一分。游戏结束时,得分最多的组被宣布为赢家,该组学生可以获得奖励。好行为游戏已被广泛用于改善各种环境、人群和文化中的课堂行为(Nolan, Houlihan, Wanzek, & Jenson, 2014)。此外,由于好行为游戏对完成高中学业(Bradshaw, Zmuda, Kellam, & Ialongo, 2009)和减少药物使用(Furr-Holden, Ialongo, Anthony, Petras, & Kellam, 2004; Storr, Ialongo, Kellam, & Anthony, 2002)等长远结果产生显著的积极影响,因此被称为"通用行为疫苗"(Embry, 2002, p.273)。因此,本章的重点是将好行为游戏作为一种课堂管理策略。以下个案研究提供了一个如何在课堂上实施好行为游戏的示例,并说明了如何持续实施及常见的问题。

二、个案研究

(一)背景介绍及分析

1. 背景信息和问题行为描述

琼斯(Jones)老师是一位两年教龄的新教师,她在一所农村公立小学(长叶小学,Longleaf Elementary School)担任四年级普通教育班的教师。她为班上的24名学生教授所有学科。琼斯老师的班中有5名学生接受特殊教育服务,其中注意力缺陷多动障碍(ADHD)症状的学习障碍学生4名,其他健康问题学生1名。为了管理好班上学生的行为,琼斯老师采用针对具体行为的口头表扬和批评两种策略。琼斯老师还报告说,在适当的情况下,她会积极监督,在教学过程中在教室里来回走动,以确保学生达到预期目标。

此外,长叶小学使用全校性积极行为干预和支持(SW-PBIS)计划来解决学生行为问题,这意味着学校期望所有学生都能做到负责任、讲礼貌和保安全。在年初的一次全校大会上,学校向学生教育和宣传这些期望要求,当教师和学校工作人员确定他们达到这些期望时,学生就能够赚到学校的奖励"树叶币"。每周结束时,学生们可以在前台办公室用"树叶币"换取奖励。

琼斯老师反映,这些策略在上午的课上效果很好;然而,她发现有个特定的时段,她很难管理学生的行为。具体而言,琼斯老师报告说,她的数学课是在午餐和课间休息后立即进行的,即每天下午1:15至2:10。在从课间休息到开始数学课的过渡期,学生们"精力充沛""注意力不集中"而且"爱捣乱"。甚至上课铃响了,学生们还没有为数学课做好准备,上课时经常离开座位、大声喧哗、互相争论不休、不注意听讲,也不能完成布置的课堂作业。她指出,这些行为贯穿了数学课的大部分时间,而且似乎是整个班级的问题,给教学带来了极大的困难。此外,她常用的行为管理策略似乎没有任何效果。由于这些问题,琼斯老师联系了学校心理老师,表达了她的担忧,并希望制定有效的课堂管理策略,以便在数学教学中实施。她的课堂目标是使学生从课间休息顺利过渡到数学教学,并提高学生在教学过程中的学习参与度。

2. 问题分析

学校心理老师威廉姆斯(Williams)在与琼斯老师沟通收集了这些信息后认为,最好再收集一些关于学生在数学教学过程中的行为的其他信息,以确定所报告的问题是否属实,并有助于制定干预计划。为此,威廉姆斯老师决定在2月10日这周的周一、周三、周五进行数学课的50分钟(即1:15至2:05)课堂观察。她在下午1:10,即距离学生从操场进入教室前五分钟到达教室,她选了教室里一个不显眼的位置,为观察做准备。威廉姆斯老师使用一份计划活动检查表(PAC; Dart, Radley, Briesch, Furlow, & Cavell, 2016),每隔5分钟进行一次评估,评估课堂上所有学生课堂学习行为的时间百分比(见附录A)。

此外,威廉姆斯老师要求琼斯老师对学生的课堂学习行为(AEB)进行直接行为评级(DBR; Christ, Riley-Tillman, & Chafouleas, 2009),以便将两项评估内容相结合进行问题分析。课堂学习行为被定义为积极参与,即学生表现出与正在进行的学习任务相关的发声或运动行为;或被动参与,即学生头部朝向与学业相关的刺激,但没有表现出任何发声或运动行为。积极参与的例子包括书写、大声回答问题、举手或在许可后与同伴或老师讨论学习任务。被动参与的例子包括听讲和默读。还有一些行为如睡觉、朝向与学习无关的刺激(如墙壁)、未经允许离开指定座位以及未经允许与同学交谈等则不属于课堂学习行为。琼斯老师需要在2月10日这一周的每一个上学日,评估她整个班级在整个数学课上的课堂学习情况。在收集这些数据后,威廉姆斯老师将两人的数据组合在一个折线图中,X轴上记录日期,Y轴所示为AEB的百分比(图15.1)。如图所示,威廉姆斯老师发现,一周内琼斯老师的直接行为评级评分平均为31%,并呈下降趋势。她自己的计划活动检查观察结果也证实了琼斯老师的评价,三天的平均数据为37.5%,也呈下降趋势。

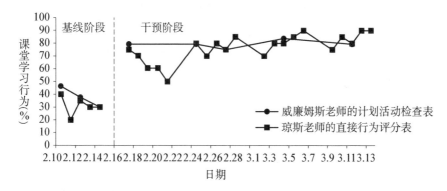

图15.1 通过计划活动检查和直接行为评分评估在基线阶段和干预阶段的课堂学习行为

最后,威廉姆斯老师在观察过程中做了情况记录,也证实了琼斯老师对其课堂行为的报告是准确的。许多学生在进入教室时就显得很吵闹,并要花很长时间才将数学课的相关材料拿出来,在上课期间,经常离开座位或者在向后倾斜座位时从座位上掉下来,一节课的大部分时间都在互相交谈,而不是完成他们的课堂作业。此外,她还发现琼斯老师的数学课堂有如下几方面问题:(1)学生对从操场回到教室上数学课的期望要求不明确;(2)琼斯老师似乎更依赖于使用批评,而不是对学生的特定具体行为进行表扬;(3)一旦开始上课,老师给予的口头反馈大幅减少;(4)学生完成课堂作业也得不到任何鼓励。基于所有这些数据与情况,威廉姆斯老师认为GBG将是能实施于琼斯老师的数学课的一种合适策略。

(二)干预计划及实施

1. 干预目标

鉴于琼斯老师报告,她的学生在数学学习过程中"注意力不集中"和"捣乱",而系统的数据收集也证明在此期间的课堂学习行为水平较低,因此将提高学生课堂学习行为确定为主要干预目标。尽管琼斯老师最初将学生的"破坏性行为"确定为需要关注的行为,但并没有将减少破坏性行为作为主要干预目标,因为破坏性行为的减少并不一定会导致期望的课堂学习行为会增加。课堂学习行为也被认为是影响学业成就的重要因素(Greenwood, Horton, & Utley, 2002),这也凸显了其作为干预目标的重要性。

2. 测量目标行为、收集数据、监测过程

系统直接观察(SDO)已被公认为学校行为评估的黄金标准((Riley-Tillman, Chafouleas, Sassu, Chanese, & Glazer, 2008)。鉴于计划活动检查作为评估 AEB 的方法具有较高的准确性(Dart 等,2016),因此将其作为一种评估学生行为和监测随时间推移的进展情况的方法。计划活动检查的使用还允许同时进行独立的干预保真度评估,这是确定干预和观察结果之间功能关系的关键组成部分(Gresham, MacMillan, Beebe-Frankenberger, & Bocian, 2000)。尽管有上述优点,但计划活动检查的使用需要一个专门的观察员。考虑到威廉姆斯老师在学校内的众多职责,她不太可能在好行为游戏的每次干预中都在场。因此,全班范围内的直接行为评分和自我报告准确性检查表被确定为评估学生行为和监控过程的主要手段。

在制定数据收集计划时,威廉姆斯老师和琼斯老师合作确定了将全班范围内的直接行为评分作为日常数据收集的一种可行方法。此外,琼斯老师同意完成每日自我报告依从性检查表。威廉姆斯老师建议在干预结束后要立即完成全班范围的直接行为评分和自我报告依从性检查表。她计划在至少 20% 的实施过程中完成系统直接观察,这也是一个公认的数据可靠性评估标准(Kratochwill 等,2010)。利用教师每天收集的数据和威廉姆斯老师收集的一定频率的系统直接观察数据,可以监测干预措施对学生行为的长期影响。此外,这些数据也有助于帮助威廉姆斯老师了解,如果发现干预保真度不佳,是否需要在干预过程中进行反馈和再培训。

3. 干预计划

在完成问题分析后,威廉姆斯老师于 2 月 15 日(星期五)与琼斯老师会面,讨论了在数学课中实施好行为游戏的想法。在简要描述了干预措施后,威廉姆斯老师同意试一试,双方共同制定了干预计划。首先,由于好行为游戏是一种基于团体的干预,威廉姆斯老师请琼斯老师思考如何在她的课堂上组建团队。琼斯老师已经将教室里的课桌分为四组,每组六名学生,并决定以这种方式组建团队。两人逐一讨论每个小组情况,有的小组可能有较多的活跃或难相处的学生,因此决定调换两个学生的座位,使各小组成员更加均衡。接下来,威廉姆斯老师和琼斯老师为好行为游戏制定了三条规则,向学生提出行为要求,并让他们知道哪些行为能为他们的团队赢得分数。琼斯老师将好行为游戏的规则与长叶小学已经实施的积极行为干预和支持计划相整合,并明确了如下三种好行为：

（1）负责任——安静地进入教室，直接走到指定的座位，拿出数学材料，等待上课；完成布置的作业。

（2）讲礼貌——在离开座位或开始交谈之前，举手请求许可。

（3）保安全——上课期间，手脚不乱动，并保持椅子的四条腿都要平衡着地。

他们决定把这些行为写在一个大海报上，挂在教室前面，以便在整个数学课堂上提醒到所有学生注意这些任务行为。

接下来，琼斯老师需要确定好行为游戏的目标，以及有多少小组能够达成目标。威廉姆斯老师建议她考虑尝试每2—3分钟给符合预期目标的团队至少加一分，因此他们决定将最初的好行为游戏分数目标设定为20分。此外，琼斯老师也不希望学生们在总得分落后的情况下感到气馁或沮丧，因此决定只要任何小组得分在20分或以上就会赢得比赛。她认为这样做也可以减少团队之间的竞争或互相嘲讽。琼斯老师在教室前面的可擦板上记录任务得分，以便所有学生都能看到他们团队的得分情况。最后，琼斯老师要决定获胜团队将获得何种奖励。作为积极行为干预和支持倡议的一部分，她已经鼓励学生在达到预期目标时获得"树叶币"，因此她选择给获胜团队的每个学生5个"树叶币"。这也是一个很有吸引力的办法，它不会让琼斯老师付出任何代价。

在确定了好行为游戏的细节后，威廉姆斯老师就如何实施干预向琼斯老师做了简短培训。她向琼斯老师提供了一份清单，其中包括好行为游戏的七个步骤（见附录B），并请她确定是否每天都完成了每个步骤。威廉姆斯老师向琼斯老师出示了一份几乎完全相同的表格（见附录C），并表示她将在干预了一段时间后完成该表格，以确保好行为游戏得到了适当的实施，对实施情况进行反馈。

首先，琼斯老师向学生宣布，好行为游戏马上要开始。琼斯老师决定在教室外的走廊里宣布，当时学生们正从课间休息处排队准备进教室。其次，琼斯老师提醒学生注意这三条规则（即：负责任、讲礼貌、保安全），并解释了她将寻找的具体行为，作为遵守这些规则的标志信号。第三，琼斯老师提醒学生，他们可以通过遵守这些规则为自己团队赢得分数，而且各团队获得20分就能赢得比赛。第四，琼斯老师提醒学生，如果他们的团队获胜，团队中的每个成员将获得5枚"树叶币"。第五，琼斯老师在数学课上扫视了一下全班，给遵守规则的小组打分，并在干擦板上做了相应的记分。威廉姆斯老师鼓励琼斯老师为在小组获得分数时也提供具体行为表扬（BSP）（例如，"凯特为她的团队赢得了一分，因为她椅子的四只脚都在地上，正在完成她的作业，干得好，凯特!"),从而提高好行为游戏的有效性。最后,在数学课结束时,琼斯老师汇总每个小组的分数,并将"树叶币"分发给所有获胜的学生。

在这次制定干预计划会议后,琼斯老师在实施好行为游戏之前做好了准备工作,制作并挂上带有游戏规则的海报板。她在周末完成准备工作,计划在2月17日(星期一)实施好行为游戏。

4. 干预保真度和评分者一致性

威廉姆斯老师计划在实施的第一天进行观察,以便在出现问题时提供支持。她还对学生的行为和琼斯老师开展好行为游戏的情况进行了计划活动检查的观察。2月17日上午,在学生上完科学课去吃午餐之前,琼斯老师对他们进行了关于好行为游戏的简短培训。她介绍说学生们将在游戏中获得良好的行为习惯,达到行为习惯要求的学生可以获得"树叶币"。她也讲述了对学生的要求和所有游戏规则,以便学生明白在下午从课间休息过渡到上数学课时要做好准备。下午1:15,第一天实施进展顺利,而且似乎非常有效!琼斯老师报告她实施了100%的"好行为游戏"步骤,而学生行为的直接行为评分数据表明,学生们在数学课上完成任务的时间段为75%。虽然她没有收集关于他们准备过渡阶段时行为的正式数据,但注意到学生的准备情况有了很大的改善。这与威廉姆斯老师观察的数据相似,她对学生行为的计划活动检查观察表明,79.2%的课堂学习行为得到了落实,而她对琼斯老师的观察表明,琼斯老师100%进行了干预步骤。在如此好的数据支持下,威廉姆斯老师更乐意让琼斯老师在本周剩下的时间里独立实施好行为游戏。

不幸的是,到了那周的星期四,琼斯老师联系了威廉姆斯老师,她担心好行为游戏不再有效。他们一起查看了数据。琼斯老师表示,她每天都在100%地实施好行为游戏,但她的直接行为评分数据表明,课堂学习行为有明显的下降趋势,周四下降到60%。威廉姆斯老师决定在第二天,2月21日星期五再次观察实施情况。21日数学课结束时,琼斯老师和威廉姆斯老师再次见面查看数据。琼斯老师的数据更令人担忧,根据她的直接行为评分,尽管实施完美,但学生的课堂学习行为已下降到50%。威廉姆斯老师的数据稍有不同。她通过计划活动检查对学生行为的观察发现,学生的课堂学习行为的确很低(即57.1%)。然而,据其观察表明,有一个步骤被遗漏了:向学生提供"树叶币"。琼斯老师也注意到了这一点,她说她打印的"树叶币"已经用完了,所以给获胜的学生打了欠条。目前,她欠一个小组15张"树叶币",欠另外两个小组10张"树叶币",欠最后一组5张"树叶币"。由于学生们没有及时获得奖励,他们不再有达到行为期望的动机。威廉姆斯老师强调了每天发放"树叶币"的重要性,促使学生有动机去坚持良好的行为。

随着这个问题的解决,在接下来的三周内,干预实施继续进行,奖励发放只出现了两次中断。威廉姆斯老师确保在第二周后会给琼斯老师带去足够的打印好的"树叶币"!在持续实施并明确改善学生的行为后,威廉姆斯老师将她在实施过程中的观察次数减少到每周一次。琼斯老师的直接行为评分数据和威廉姆斯老师的计划活动检查观察结果一致,认为学生课堂学习行为的平均参与率增加到80%左右,远高于开展好行为游戏之前。琼斯老师报告说,好行为游戏与数学教学同时实施是可行的,尤其是在后来几周,它已成为数学课常规的一部分。

(三)干预结果及分析

1. 干预结果数据和干预效果总结

反映学生课堂学习行为和好行为游戏实施情况的数据如图15.1和15.2所示。如前所述,琼斯老师通过全班直接行为评分收集的初始干预数据表明课堂学习行为呈下降趋势。虽然依从性自我报告表表明干预时遵守了所有步骤,但通过系统直接观察显示干预过程中有小疏忽。再次培训后,课堂学习行为水平增加,并在其余干预期间保持了较高水平。我们注意到虽然学生课堂学习行为存在一些差异,但观察到的课堂学习行为水平普遍很高,比基线水平有了很大改善。通过自我报告和独立观察法,课堂学习行为的高水平与实施的保真度有相关性。总之,本干预措施被确定为有效的,并充分地解决了琼斯老师最初提出的问题。因此,琼斯老师和威廉姆斯老师合作继续制定了干预计划,在本年度剩余时间内实施。

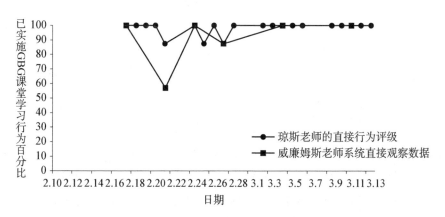

图15.2 好行为游戏保真度数据

2. 干预可接受性

如前所述,琼斯老师发现在数学教学中实施好行为游戏是可行的。威廉姆斯老师还仔细评估了与干预程序的社会效度相关的其他因素;即有效性和可接受性。在干预措施的初步实施过程中,琼斯老师报告说,好行为游戏已失去效力。经过排除问题和再培训后,琼斯老师收集的直接行为评分数据表明,学生的课堂学习行为有所改善,教师也认识到问题。在例行会议上,琼斯老师还向威廉姆斯老师表示,干预是成功的,在数学教学中学生的干扰性行为不再是主要关注的问题。琼斯老师也表示,好行为游戏似乎是能解决所观察到的问题的适合方法,并表示她已向其他教师推荐使用好行为游戏。她还表示愿意在本学年的剩余时间里继续实施干预措施,这凸显了干预的可接受性。

(四) 干预注意事项

在本学年剩下的时间里,琼斯老师遇到了一些需要额外解决的问题。首先,一个叫查尔斯(Charles)的学生似乎热衷于破坏他所在小组的好行为游戏比赛。他会激怒队友,使他们离开座位;并拿走他们的作业材料。在数学课结束时,查尔斯会微笑地看着他的小组没有达到20分的目标,而他的队友们也表示了他们的沮丧。为了解决这个问题,威廉姆斯老师建议让查尔斯独自一人组成第五小组。两天后,查尔斯向琼斯老师要求把他调回到原来的小组,老师同意了,条件是他不能再试图破坏他们的表现。

其次,在玩了几周好行为游戏之后,如果小组赢得了5个"树叶币",学生们似乎没有被激励。琼斯老师认为,学生们玩好行为游戏赚了太多的"树叶币",以至于使"树叶币"失去了作为强化物的价值。为了解决这个问题,她进行了一次非正式的偏好评估,以确定学生可能希望获得的其他奖励。琼斯老师列出了一系列她每天都能提供给学生的免费或具有成本效益的其他奖励清单。她将这份清单分发给学生,让他们按最喜欢的前三项奖励进行排序。之后,她对学生的奖励排名进行了平均,并将排名前两位的奖励(即数学课结束时5分钟的自由活动时间;新铅笔)确定为新的奖励。琼斯老师选择每天交替使用这两种奖励。

第三个问题是与第二个问题相关的,琼斯老师发现,有些小组只在"自由活动日"才有积极性,而有些小组只在"铅笔日"有积极性。这就造成这样一种情况,即大约一半的学生课堂学习行为达到预期,而另一半则没有。为了解决这个问题,琼斯老师咨询了威廉姆斯老师,威廉姆斯老师建议她在游戏结束之前对学生保密奖励内容。为此,琼斯老师在一个罐子里装满了纸条,一些纸条上写着"自由活动时间"、一些纸条上写着"铅笔"。在每节数学课结束时,她从罐子里抽出一张纸条,获胜的学生收到纸条上写的奖励的东西。惊喜元素也增加了学生在好行为游戏中的表现动机。

最后,琼斯老师注意到,每个小组中有一些学生并没有课堂学习行为,而是让他们的组员帮助小组获取足够的分数来获得每日奖励。在与威廉姆斯老师协商后,琼斯老师决定修改好行为游戏,使每个团队中每天只能有一名学生为他们的团队赢得分数。为了确保所有学生都能继续达到行为预期,老师对谁被选中保持神秘。在每节数学课开始时,她都会在心里记下每个小组中有资格获得分数的学生,但不向全班宣布。她只是告诉大家,已经从每个小组中都选出一名"小组英雄",只有这名学生才能获得当天的分数。当然,所有学生都想知道自己是否是"小组英雄",并相应地改善自己的行为。因为为小组贡献分数的学生数量减少了,琼斯老师将目标分也降低到5分。此外,她也没有在学生获得分数时对他们的具体行为进行表扬,而是进行了较为笼统的表扬(例如,小组1中的小组英雄做得很好,你因为讲礼貌而获得了1分!)。

三、结论

好行为游戏是经过深入研究的,用于解决课堂上学生行为问题的干预措施之一。它不仅几乎普遍有效,而且对于教师来说,可以在教学过程中同时实施。此外,如本个案所示,可以轻松修改好行为游戏以解决实施过程中可能出现的许多问题。大部分好行为游戏的过程要素均可以修改调整,以适应实施环境中的特定需求或挑战,从而使其在更多基本策略无效的情况下成为了一种有吸引力的课堂管理策略。

附录A:计划活动检查表

计划活动检查

目标行为:课堂学习行为

操作定义:课堂学习行为定义为积极参与,即学生表现出与正在进行的学业任务相关的发声或运动行为;或被动参与,即学生头部朝向与学业相关的刺激,而不表现出任何发声或运动行为。积极参与的例子包括书写、大声回答问题、举手或在允许的情况下与同伴或老师谈论学习任务。被动参与的例子包括听指令和默读。还有一些行为如睡觉、朝向与学习无关的刺激(例如墙壁)、未经允许离开指定座位以及未经允许与同龄人交谈等则不属于课堂学习行为。

间隔时间:5分钟

观察时间:50分钟(11:00am—11:50am)

说明:启动计时器。在每个5分钟间隔结束时,记录两个数字。首先,计算当前参与目标行为的学生人数,并将该数字写在计数框中。第二,数一数教室里的学生总数,并把这个数字写在总数框里。对每个间隔重复此过程。在观察结束时,计算每个时间间隔内参与目标行为的学生百分比,并将该列数字取平均值作为总分。

间隔	计数	总数	百分比
1			
2			
3			
4			
5			
6			
7			
8			
9			
10			

将百分比列中的值相加,然后除以间隔总数,获得观察期间目标行为的估计值。

附录B:好行为游戏自我报告准确性检查表

好行为游戏教师自我报告表

说明:请为您今天在好行为游戏中完成的每个步骤标记"是"或"否"。

1. 我说过好行为游戏开始了。 是否
2. 我复习了今天的目标行为。 是否
3. 我陈述了当天的目标。 是否
4. 我说明了获胜小组可获得的奖品。 是否
5. 我对每一次不当行为都做了记录。 是否
6. 我在比赛结束时陈述了小组得分,并宣布了结果。 是否
7. 我为获胜的小组提供奖励。 是否

附录C:好行为游戏直接观察准确性检查表

好行为游戏直接观察表

说明:请为您今天在好行为游戏中完成的每个步骤标记"是"或"否"。

1. 老师说好行为游戏开始了。 是否
2. 老师复习了今天的目标行为。 是否
3. 老师陈述了当天的目标。 是否
4. 老师说明了获胜小组可获得的奖品。 是否
5. 老师对每一个适当行为的实例都做了记分。 是否
6. 老师在比赛结束时陈述了小组分数,并宣布了结果。 是否
7. 老师为获胜的小组提供奖励。 是否

(马月芝 译)

参考文献

Barrish, H. H., Saunders, M., & Wolf, M. M. (1969). Good Behavior Game: Effects of individual contingencies for group consequences on disruptive behavior in a classroom. *Journal of Applied Behavior Analysis, 2*, 119–124.

Bradshaw, C.P., Zmuda, J.H., Kellam, S.G., & Ialongo, N.S. (2009). Longitudinal impact of two universal preventive interventions in first grade on educational outcomes in high school. *Journal of Educational Psychology, 101*, 926 – 937. doi:10.1037/a0016586.

Brantley, D. C., & Webster, R. E. (1993). Use of an independent group contingency management system in a regular classroom setting. *Psychology in the Schools, 30*, 60 – 66. doi:10.1002/1520-6807(199301)30:1<60::AID-PITS2310300110>3.0.CO;2-X.

Christ, T. J., Riley-Tillman, T. C., & Chafouleas, S. M. (2009). Foundation for the development and use of direct behavior rating (DBR) to assess and evaluate student behavior. *Assessment for Effective Intervention, 34*, 201 – 213. doi:10.1177/1534508409340390.

Dart, E. H., Radley, K. C., Briesch, A. M., Furlow, C. M., & Cavell, H. J. (2016). Assessing the accuracy of classwide direct observation methods: Two analyses using simulated and naturalistic data. *Behavioral Disorders, 41*, 148 – 160. doi:10.17988/BD-15-49.1.

Dufrene, B. A., Parker, K., Menousek, K., Zhou, Q., Harpole, L. L., & Olmi, D. J. (2012). Direct behavioral consultation in head start to increase teacher use of praise and effective instruction delivery. *Journal of Educational and Psychological Consultation, 22*, 159 – 186. doi:10.1080/10474412.2011.620817.

Embry, D. D. (2002). The Good Behavior Game: A best practice candidate as a universal behavioral vaccine. *Clinical Child and Family Psychology Review, 5*, 273 – 297. doi:10.1023/A:1020977107086.

Furr-Holden, C. D. M., Ialongo, N. S., Anthony, J. C., Petras, H., & Kellam, S. G. (2004). Developmentally inspired drug prevention: Middle school outcomes in a school-based randomized prevention trial. *Drug and Alcohol Dependence, 73*, 149 – 158. doi:10.1016/j.drugalcdep.2003.10.002.

Greenwood, C. R., Horton, B. T., & Utley, C. A. (2002). Academic engagement: Current perspectives in research and practice. *School Psychology Review, 31*, 328 – 349.

Gresham, F. M., & Gresham, G. N. (1982). Interdependent, dependent, and independent group contingencies for controlling disruptive behavior. *The Journal of Special Education, 16*, 101 – 110. doi:10.1177/002246698201600110.

Gresham, F. M., MacMillan, D. L., Beebe-Frankenberger, M. E., & Bocian, K. M. (2000). Treatment integrity in learning disabilities intervention research: Do we really know how treatments are implemented? *Learning Disabilities Research and Practice, 15*, 198 – 205. doi:10.1207/SLDRP1504_4.

Haydon, T., & Musti-Rao, S. (2011). Effective use of behavior-specific praise: A middle school case study. *Beyond Behavior, 20*, 31 – 39.

Heering, P. W., & Wilder, D. A. (2006). The use of dependent group contingencies to increase on-task behavior in two general education classrooms. *Education and Treatment of Children, 29*, 459 – 468.

Kern, L., & Clemens, N. H. (2007). Antecedent strategies to promote appropriate classroom behavior. *Psychology in the Schools, 44*, 65 – 75.

Kratochwill, T. R., Hitchcock, J., Horner, R. H., Levin, J. R., Odom, S. L., Rindskopf, D., & Shadish, W. R. M. (2010). *Single case designs technical documentation*. Retrieved from http://ies.ed.gov/ncee/wwc/pdf/wwc_scd.pdf.

Nolan, J. D., Houlihan, D., Wanzek, M., & Jenson, W. R. (2014). The Good Behavior Game: A classroom-behavior intervention effective across cultures. *School Psychology International, 35*, 191 – 205. doi:10.1177/0143034312471473.

Popkin, J., & Skinner, C. H. (2003). Enhancing academic performance in a classroom serving students with serious emotional disturbance: Interdependent group contingencies with randomly selected components. *School Psychology Review, 32*, 282–295.

Riley-Tillman, T. C., Chafouleas, S. M., Sassu, K. A., Chanese, J. A., & Glazer, A. D. (2008). Examining the agreement of direct behavior ratings and systematic direct observation data for on-task and disruptive behavior. *Journal of Positive Behavior Interventions, 10*, 136–143.

Storr, C. L., Ialongo, N. S., Kellam, S. G., & Anthony, J. C. (2002). A randomized controlled trial of two primary school intervention strategies to prevent early onset tobacco smoking. *Drug and Alcohol Dependence, 66*, 51–60. doi:10.1016/S0376-8716(01)00184-3.

Sutherland, K. S., Alder, N., & Gunter, P. L. (2003). The effect of varying rates of opportunities to respond to academic requests on the classroom behavior of students with EBD. *Journal of Emotional and Behavioral Disorders, 11*, 239–248. doi:10.1177/10634266030110040501.

第十六章　及时转换游戏

一、前言

转换是指当学生不参与学习或活动时的开放时间段,从一项活动转换到另一项活动(即结束一个活动,自己做好准备,然后开始另一个活动)。由于学生和教师在学校一日的生活中会经历多次转换,而此期间,教师对学生行为的管理很无力(Arlin,1979)。此外,为了顺利转换到下个活动,教师需花大量时间等待,直到学生表现出恰当行为。一项研究表明,通过缩短转换时间,教师可以在一个为期五天的教学周将等待时间缩短近两个小时,从而增加了用于教学和其他学习活动的时间(Campbell & Skinner, 2004)。另外,其他研究人员得出结论,当儿童不明白与转换相关的预期行为时,他们可能就会做出更多不当的危险行为(McIntosh, Herman, Sanford, McGraw, & Florence, 2004)。

尤其在走廊转换时,不当的行为通常包括相互触碰(如踢、打、推)、相互交谈以及不遵循指示。这些不当的行为可能会更频繁地在学校走廊里发生,因为学生之间的身体距离更近,这使得教师更难监督和管理他们的行为。此外,学生在走廊中获得对适当行为的强化的机会也较少。从一个教室到另一个教室需要时间,当学生做出不适当的行为时,这个过程就会延长(Campbell & Skinner, 2004)。

及时转换游戏(TTG)是一种旨在加快学生从教室到教室的转换并减少过程中的不当的危险行为的干预措施,涉及应用显性计时和互赖型团体后效。它的前提是,有效地管理学生从教室到教室的转换,可以让教师投入更多的时间进行教学,让学生花更多时间投入学习。显性计时程序是教师使用秒表公开地测量从教师提示学生要转换下一个活动起,到学生能行为适当地到达其后续位置之间所消耗的时间。一般程序可能包括:(1)使用物理提示(如轻按电灯开关)表示转换时间到了(该提示也会促使教师启动秒表);(2)等待学生安静地坐在课桌前;(3)口头提示学生在门口依次排队;(4)等待学生排成朝前的队伍,保持安静,然后让他们排队走出教室;(5)在学生安静地穿过大厅前往下一个地点时,提醒他们遵守规则。当最后一名学生走进指定的教室,并按照新环境的指示做了适当的动作后,转换就被认为完成了。随后,如果完成转换的时间少于随机选定的标准(即 130 秒),全班学生都会获得奖励(Campbell & Skinner, 2004)。

研究综述表明,有强有力的证据支持在学校环境中使用相互依存团体奖励作为干预措施来改善学生行为,因为它们通过提供积极的团体奖励来促进合作,而且教师只需较少的付出就可以实施。互赖型团体后效增加了学生的亲社会行为,并且也不会在课堂上指出哪些人符合或不符合标准(Maggin, Johnson, Chafouleas, Ruberto, & Berggren, 2012)。研究还表明,这种干预可以改善有情绪和行为障碍的初高中学生在替代教育环境中的行为,其主要益处包括通过改善他们的转换行为而增加教学时间(Hawkins, Haydon, Denune, Larkin, & Fite, 2015; Hawkins, Haydon, McCoy, & Howard, 2017)。

二、个案研究

(一)背景介绍及分析

1. 背景信息

艾伯特(Abbott)老师是林肯小学(Lincoln Elementary School)的一名计算机教师,他上午 10 点给一个班 25 名学生上计算机课。可下课后,学生们从计算机专用教室回到他们的四年级班级教室时遇到了转换困难,要花很长时间,为此他向学校心理老师詹宁斯(Jennings)寻求咨询服务。事实上,班主任斯科特(Scott)老师不仅对该班学生下节课迟到感到越来越沮丧和失望,还对艾伯特老师没有尝试不同的策略来缩短该班的转换时间也感到越来越沮丧。艾伯特老师解释道,学生没有按时回到原班级教室的原因各种各样。有些学生全神贯注于计算机课的作业不愿结束,而另一些学生则对老师的指令置若罔闻。他还说,从计算机专用教室到原班级教室是有一段距离,而且还要途经一个幼儿园班,学生很容易被其吸引,然后还要走一段带有多个扶手的楼梯,这总是吸引学生在扶手上滑行。他认为,这每一项都影响了学生及时回到班级。

林肯小学早已开始尝试了一种积极行为干预和支持(即 PBIS)。简而言之,学校使用"抽奖箱"中的"好人好事"奖券作为二级强化物,供学生在学校商店换取奖励(一级强化物)。老师们发现这套强化系统能合理地解决大多数的学校问题行为。艾伯特老师也曾尝试了使用学校的这套方法来解决学生的及时转换问题,但没有效果。这并不奇怪,因为这种方法只会强化那些已经表现出预期行为的学生,但对存在问题行为的学生却起不了任何作用。

2. 问题行为描述

学校心理老师进行了一次问题识别访谈,试图了解在转换期间班级学生的预期行为以及不能及时转换的假设原因。艾伯特老师向詹宁斯老师解释说,他的计算机课堂环境与其他课情况不同,因为每个学生都必须采取不同的任务步骤来完成他们的作业,然后才能准备转换。例如,有些同学必须要找到一个位置去保存完成的作业才能停止,而另一些同学则要拥挤地围在打印机边打印作业。他认为这些学生做出了预期的行为,但没有及时完成。据艾伯特先生估计,班上大概有五名学生存在这种情况。另外,他认为还有两名学生经常"不听话",他们不按照指示静静地站在各自的电脑桌边准备转换,而且在回教室的路上会在幼儿园教室里驻足观看。并且他们不顾每天的纠正,总是在楼梯扶手上滑行。

根据这种情况,詹宁斯老师要求艾伯特老师想象一段画面,记录他期望看到的班级学生的适当转换行为,并报告两位老师对时间的期望。艾伯特老师说,一旦给出开始转换的提示,他希望所有学生都在三分钟内保存好他们的作业,打印好作业(如有需要),并安静地站在自己的课桌旁。阿伯特表示,从这个时间开始,他会要求学生在门口排队。然后,他希望学生安静地排队走出计算机教室,并继续排成一条直线行走,不说话、不互相接触、不停留、不在扶手上滑行。他估计从计算机专用教室回到班级教室应该不会超过两分钟。詹宁斯老师问艾伯特老师,在一周时间里,他的班级转换情况,大约有多少天与这一预期一致,他回答说,一天也没有。

3. 问题分析

为了收集数据以了解问题的本质,并为干预提供依据,詹宁斯老师安排了一天时间来观察学生在计算机教室和班级教室之间的转换情况。艾伯特老师让心理老师自由选择观察日,因为这个问题行为每天都会发生。詹宁斯老师决定,最好对以下时间段进行潜伏记录:从艾伯特老师发出准备转换到课堂的指令结束到所有学生安静地站在计算机桌边并准备离开那刻的时间。她也测量了从最后一个学生离开计算机教室到最后一个学生进入班级教室之间的时间。与老师之前咨询的情况一致,学生们的转换时间超过了预期时限。具体来说,学生在接收指令后安静地站在电脑桌边用了 355 秒,在两个教室之间往返用了 361 秒。这几乎是预期转换时间的两倍,也从数据上支持了教师的沮丧感。

由于了解学生在转换期内出现困难的原因可能有助于为干预措施的选择提供参考,心理老师还对个别学生的延迟原因做了轶事记录。詹宁斯老师发现,艾伯特老师关于学生转换困难的原因报告是准确的。那天,四名学生在收到完成作业的指令后无法停止完成作业,其中三名学生继续安静地打字,一名学生恳求老师给他更多时间完成作业。另一方面,两名学生没有按照老师的提示保存作业,而是静静地站着。还有些学生站在他们的位置上讲话,互相捅对方。那两名学生在走廊里拦住排队的学生,向教室里的同学做鬼脸,并且在扶手上滑行。

(二) 干预计划及实施

1. 干预目标

詹宁斯老师和艾伯特老师讨论了干预目标。艾伯特老师说,他只是想让全班学生在上午 11:00 之前回到他们的班级教室,与此同时,不要影响他的计算机课时间。他很清楚,他也可以简单地提前让学生准备离开计算机专用教室的时间,但这会影响他宝贵的课堂时间。艾伯特老师有兴趣实施一项干预措施,最大限度地保证教学的时间,同时能减少学生回到原教室的时间。他们俩决定,从艾伯特老师给出转换指令到学生返回原班级教室,以五分钟为转换时间目标较合理。

2. 测量目标行为、收集数据、监测进度

测量的主要目标行为是以秒为单位的转换时间,从转换提示到所有学生表现出适当排队行为的时间。适当的排队行为指学生排队时与前后同学保持距离、面朝前方,管好自己的手脚并保持安静。如下文所述,如果在走廊转换期间,学生表现不当行为就要增加额外时间。在基线阶段,艾伯特老师按照原先一贯的要求作为转换提示让学生开始排队,而在干预阶段,则使用"要拔插头了"提示转换要开始了。一旦给出提示,教师或观察者开始计时(开始时间),随后直到所有学生表现出适当的排队行为时停止(停止时间),表明他们已准备好转换。然后,如果在转换期间发生不适当行为,艾伯特老师会让学生停下来,继续计时,直到表现出适当的行为。最后一名学生跨过门槛进入目标教室,才算转换完成。虽然艾伯特老师在基线阶段和干预阶段都会提前给出转换提示(如"在返回原班级教室前,你们还有两分钟"),在这两种情况下,转换时间都不包括这些倒计时的时间。教师使用计时器计时,然后输入 Excel 表格。

3. 干预计划

整个个案研究采用 ABAB 单一案例设计,分为四个"阶段"。最初的三天基线阶段之后是第一个为期五天的 TTG 干预阶段。然后实施第二个为期两天的基线阶段,最后是持续六天的 TTG 干预期。该团队最初打算第二个基线阶段还是进行三天,但艾伯特老师要求在第二个基线阶段进行两天后就开始最后一个 TTG 干预,因为在撤除干预后的第二个基线阶段的转换时间大幅增加。

(1) 基线阶段

基线条件反映了艾伯特老师在转换指令方面已经实施的程序。在计算机教室里,学生们排排坐好,每个人坐在各自的计算机前上课。快到转换时,艾伯特老师给学生们发出以下提示:"你们还有两分钟就要回班级教室了。"两分钟后,艾伯特老师告诉学生们该回到班级教室了,同时立即悄悄启动计时器。然后,他指示学生们在计算机教室的门口排队,并一直等到他们排好队,像他往常做的那样提醒和引导。一旦学生规范地排好队,他就停止计时。然后,他带领他们穿过大厅,走上楼梯,像往常一样提醒和引导他们。在转换期间,学生行为不当时,艾伯特老师就让大家停下,并启动计时器。当他们再次规范地排队时,他停止计时器并继续转换。当最后一个学生进入班级教室时,转换就结束了。

(2) 干预阶段

在收集了初始基线阶段的数据后,艾伯特老师和詹宁斯老师描述并演练了表明学生已明白准备转换的预期行为。这些行为包括在电脑上保存好作业、关机、站起来、将椅子推进去、安静地站在自己的位置。在提示下,所有学生都成功地演练了这些准备转换的行为。接下来,讨论并演示了适当的排队行为,具体包括与前后同学保持距离、面朝前方、管好自己的手脚并保持安静。在提示下,所有学生都成功地演练了适当的排队行为。

接下来,艾伯特老师和詹宁斯老师向学生们介绍了 TTG。学生们被告知,他们将在提示发出前两分钟受到警告,然后一旦艾伯特老师发出"该拔插头了"的提示,他将启动计时器。这时,学生应该表现出准备好了转换的行为(保存、关机、站起来等)。一旦所有学生都表现出准备好转换的行为,艾伯特老师就会让他们一排离开并在计算机教室门口排队。当所有学生规范地排队,停止计时。如果在走廊或经过楼梯到班级教室的过程中出现任何不当行为,艾伯特老师会让学生停下来,并重新开始计时,直到规范地排队。明确的计时过程在从计算机教室到班级教室的两次模拟转换中进行了练习。

在学生清楚地理解了确切的计时程序后,詹宁斯老师解释了相互依存团体奖励内容。她向学生们展示了一个写有"标准"字样的容器,这个容器将放在斯科特老师的桌子上。每天以秒为单位的日期和转换时间都会被记录在学生班级教室的大字体白板上。在干预阶段的每次转换结束后,詹宁斯老师会立即从容器中随机选择一个标准时间,并将其与学生当天的实际转换时间进行比较。艾伯特老师和詹宁斯老师决定,将五个要求的标准时间设定在比平均基线阶段的转换时间低60到180秒之间,以30秒为单位递增。例如,如果平均基线阶段的转换时间为500秒,则标准时间为440、410、380、350和320秒。从容器中抽出一个标准时间后,将其放回容器中,第二天可以再次抽出。

当实际转换时间小于抽到的标准时间时,学生将获得当天的奖励。詹宁斯老师与艾伯特老师和班主任老师一起事先决定了提供的强化物。在获得强化物的日子里,全班会得到一个字母(例如P-A-R-T-Y中的P),从而可以拼出一个较长的单词。当这个单词被完全拼出来时,整个班级将获得奖励(例如,披萨派对)。在实际转换时间大于标准时间的日子里,该班将无法获得字母。在向学生解释TTG干预程序后,詹宁斯老师和艾伯特老师解答了学生提出的关于时间安排或团体奖励的所有问题。

(3) TTG实施

第一天实施TTG时,艾伯特老师提醒学生注意相关程序,并告诉他们,当他们拼写出单词P-A-R-T-Y时,他们将赢得睡衣派对的奖励。艾伯特老师使用了如前所述的计时程序进行TTG干预,詹宁斯老师在教室白板上记录转换时间和日期。转换结束后,詹宁斯老师从斯科特老师桌子上的容器中随机抽取一个标准,并将其与实际转换时间进行比较。由于实际转换时间小于所选时间,学生们获得字母P。这会被记录在一个特别制定的班级图表上,并在教室里公开张贴。一旦P-A-R-T-Y中的所有字母都被获得后,本个案研究中的下一个奖励就是R-E-C-E-S-S(额外的15分钟休息时间)。

4. 干预保真度和评分者一致性

在36%的TTG干预期间,观察者在程序检查表上记录了艾伯特老师或詹宁斯老师完成的步骤数(表16.1),并用已执行的步骤数除以可能完成的步骤总数来计算干预保真度。然后将这一数字乘以100得到百分比。结果发现,本干预实施的平均保真率为93%。

表16.1 及时转换游戏程序检查表

步骤	程 序	是否完成(请打圈)
1	在转换提示前两分钟提供转换警告。	是 否
2	提供转换提示,"该拔掉头了"并启动计时器。	是 否
3	一旦所有学生都表现出准备好的转换行为,就让他们一行一行地排好。	是 否
4	当所有学生都规范地排队,停止计时并引导学生进入走廊。	是 否
5	如果在转换期间出现不当行为,就让学生停下来重新计时。当行为规范时,停止计时并继续进行转换。	是 否 不适用
6	继续转换,直到最后一名学生进入班级教室,转换完成。	是 否
7	在白板上写下日期和转换所用的时间。	是 否
8	从容器中随机抽出转换标准时间。	是 否
9	如果实际转换时间少于标准时间,则以书面形式在教室张贴的图表上提供奖励(一个字母)。	是 否 不适用
10	如果学生获得了奖励词中的最后一个字母,提供有关如何以及何时奖励的信息。	是 否 不适用

艾伯特老师使用计时器记录了每个基线和干预阶段的转换时间。此外,观察者也记录了转换时间,同时对所有阶段(两个基线期和两个干预期)中31%的环节评估了观察者间的一致性(IOA)。计算IOA,是将记录的较小秒数除以记录的较大秒数,再乘以100。观察者之间的一致性范围为86%—97%,平均为92%。

(三)干预结果及分析

1. 干预结果数据

图16.1显示了基线和干预阶段每日的转换时间。在初始基线阶段,转换时间介于322秒和408秒之间,平均为370秒。实施干预后,转换时间立即缩短,第一干预期转换时间在96到158秒之间,平均119秒。

在连续进行了五次TTG干预期后,撤除干预,恢复至基线阶段程序。从第二个基线阶段的两个记录数据中的第一个数据可以看到转换时间立即增加到267秒。接下来的第二个数据转换时间增加到390秒,与干预前的水平相当。此时,再次进行TTG

干预程序,学生的转换时间再次大幅下降。

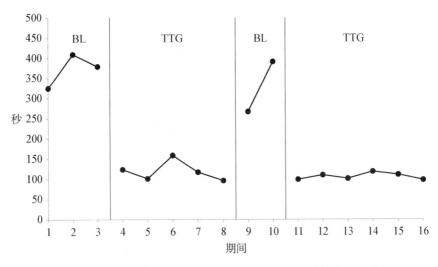

图 16.1 基线(BL)和干预(TTG 或及时转换游戏)阶段的转换时间(秒)

在第二个 TTG 干预阶段,转换时间保持稳定,范围为 97 秒到 118 秒,平均 106 秒。总的来说,两次基线阶段的平均转换时间为 353 秒,而两次干预期的平均转换时间为 112 秒,平均转换时间比基线期减少了 241 秒,大约 4 分钟。

2. 干预效果总结

通过实施有效的教室间转换干预程序,老师们减少了对问题行为的处理时间,从而获得更多宝贵的教学时间。当前个案研究的目的是使用 TTG 干预策略来减少四年级小学生每天从计算机教室回到原班级教室的时间。在本个案研究中,通过在每天的一次转换中使用 TTG,转换时间平均减少了 4 分钟。那么,在一周五天的教学周里,转换时间可减少约 20 分钟。总的来说,艾伯特老师和詹宁斯老师认为所有干预目标都已充分实现。采用单一个案实验设计(即 ABAB)证明了 TTG 干预对转换时间的影响,并证明了干预与转换时间可观察到的变化之间的函数关系。基于可视化分析的数据(图 16.1)与高水平的干预保真度和观察者一致性,艾伯特老师和詹宁斯老师得出 TTG 干预在减少转换时间方面是有效的结论。

3. 干预可接受性

为了确定 TTG 干预的可接受性,在最后一次 TTG 干预期后,艾伯特老师需要填写干预反馈问卷(见附录 A)。艾伯特老师在所有问题上选择"同意"或"非常同意"选项,这表明他认为干预是可以接受的。社会可接受性的额外记录情况证据来自于艾伯特老师的请求,即原计划要进行的3天的第二个基线期提前一天结束,就再次导入了第二阶段的TTG干预程序。

(四) 干预注意事项

本个案研究展示了如何使用TTG来减少小学里每天教室间的转换时间。研究对象是一个由25名普通教育学生组成的班级,学生存在不同程度的问题行为。艾伯特老师咨询了学校心理老师,确定了一种易于实施且可接受的干预措施,该措施快速有效地减少了转换时间和转换期间出现的问题行为,也增加了教师的教学时间。

在干预反应(RTI)框架内,TTG干预可以被归类为最好的第一层级干预之一。这种干预可以作为教师课堂管理的一部分,可用于普通教育和特殊教育的学生。此外,TTG可以与本个案研究中出现的其他循证干预的措施相结合。例如,艾伯特老师和詹宁斯老师将TTG与林肯小学现有的积极行为干预和支持策略(PBIS)系统同时使用。将相互依存团体奖励融入个人强化系统中,可以创建一个环境氛围,让学生必须依赖彼此的适当行为才能获得团体奖励,从而有力地减少问题行为。

此外,还应讨论用于评估TTG干预效果的方法。ABAB设计允许对TTG干预和转换时间之间的功能关系进行三次论证,每次从一个阶段到另一个阶段的变化都是如此。对数据的可视化分析显示,在每次变化时,转换时间发生了明显和可预测的变化,这为TTG干预和转换时间减少之间的因果关系提供了有力的证据。尽管能够证明干预和目标行为之间功能关系的可控实验设计通常不是研究者的首要任务,但它们为团队关于干预措施有效性的假设增加了有说服力的证据,在做出干预决策时应慎重考虑。在当前的个案研究中,艾伯特老师和詹宁斯老师协商决定,在第二个A阶段时对最初的ABAB设计计划略有修改。最初,为充分建立返回基线条件的数据稳定性,该阶段原计划进行三次记录。然而,在记录数据显示了两次的转换时间很长后,由于学生的不当行为有所增加,并且他们要求恢复TTG,艾伯特老师则恢复干预(第二个B阶段)。数据显示出现了明显的干预效果,回到基线阶段则逆转了这种效果,即使在第二个基线条件下只有两个数据点。该团队决定,考虑到课堂氛围和干预效果方面的益处超过任何潜在的实验设计限制,将原计划的第二次基线阶段记录减少一次。

TTG干预也可以在全校范围内使用,以减少多次转换阶段的转换时间。如,坎贝尔和斯金纳(Campbell & Skinner, 2004)使用额外的随机成分将TTG应用于学生在校的所有转换。除在本案例中使用的随机时间标准外,他们也随机化了用来获得强化物的特定过渡（例如，课间休息到回家，午餐到课间休息）。坎贝尔和斯金纳（2004）通过将TTG应用于学校一天中的多次转换环节，一周内能减少转换时间约1.5小时。

TTG干预也被用于减少课堂活动之间的转换时间（Hine, Ardoin, & Foster, 2015）。在这项研究中，研究人员证明，使用TTG减少了学生在活动之间的转换时间，增加了他们的学习时间，也显著增加了教师的教学时间，并降低了教师的提示频率。在当前的个案研究中，没有收集到关于破坏性行为和教师激励的具体数据。然而，在TTG干预期，学生表现出了更快的准备转换行为，而艾伯特老师在走廊上让学生停下的次数更少，因此可以推断这些措施也减少了。此外，虽没有明确计算学习时间，但转换时间大大减少，艾伯特老师可以有更多时间投入到他的课堂教学中。

三、结论

TTG干预是一种有效且易于实施的方法，减少了学生的转换时间，增加了教师专注教学的时间。本章的个案研究展示了TTG在减少四年级学生从计算机教室到班级教室间转换时间中的应用。明确的计时程序与相互依存团队奖励相结合，教师平均每天能够多4分钟教学，每周就有20分钟。

附录 A:干预反馈调查

为了获得有关您对"及时转换游戏"印象的反馈,请完成此简短调查。您提供的信息将帮助我们规划、制定和完善未来的行为干预措施。

及时转换游戏很容易实现。	非常同意	同意	中立	不同意	非常不同意
及时转换游戏的数据收集过程很容易实现。	非常同意	同意	中立	不同意	非常不同意
对及时转换游戏的总体结果感到满意。	非常同意	同意	中立	不同意	非常不同意
及时转换游戏改善了学生的转换行为。	非常同意	同意	中立	不同意	非常不同意
及时转换游戏减少了学生的转换时间。	非常同意	同意	中立	不同意	非常不同意
我会考虑与其他表现出类似行为问题的学生一起使用及时转换游戏。	非常同意	同意	中立	不同意	非常不同意
及时转换游戏没有给学生带来任何负面影响。	非常同意	同意	中立	不同意	非常不同意
我会向同事推荐及时转换游戏,作为改善学生转换行为的策略。	非常同意	同意	中立	不同意	非常不同意
我向同事推荐及时转换游戏,作为减少学生转换时间的策略。	非常同意	同意	中立	不同意	非常不同意

(马月芝 译)

参考文献

Arlin, M. (1979). Teacher transitions can disrupt time flow in classrooms. *American Educational Research Journal, 16*(1), 42-56. doi:10.3102/00028312016001042.

Campbell, S., & Skinner, C. (2004). Combining explicit timing with an interdependent group contingency program to decrease transition times: An investigation of the timely transitions game. *Journal of Applied School Psychology, 20*(2), 11-27. doi:10.1300/J370v20n02_02.

Hawkins, R.O., Haydon, T., Denune, H., Larkin, W., & Fite, N. (2015). Improving the transition behavior of high school students with emotional behavioral disorders using a randomized interdependent group contingency. *School Psychology Review, 44*(2), 208-223. doi:10.17105/spr-14-0020.1.

Hawkins, R.O., Haydon, T., McCoy, D., & Howard, A. (2017). Effects of an interdependent group contingency on the transition behavior of middle school students with emotional and behavioral disorders. *School Psychology Quarterly, 32*(2), 282-289. doi:10.1037/spq0000202.

Hine, J. F., Ardoin, S. P., & Foster, T. E. (2015). Decreasing transition times in elementary school classrooms: Using computer-assisted instruction to automate intervention components. *Journal of Applied Behavior Analysis, 48*(3), 495–510. doi:10.1002/jaba.233.

Jenson, W. R., Rhode, G., & Reavis, H. (2009). *The tough kid toolbox* (2nd ed.). Eugene, OR: Ancora Publishing.

Maggin, D. M., Johnson, A. H., Chafouleas, S. M., Ruberto, L. M., & Berggren, M. (2012). A systematic evidence review of school-based group contingency interventions for students with challenging behavior. *Journal of School Psychology, 50*, 625–654. doi:10.1016/j.jsp.2012.06.001.

McIntosh, K., Herman, K., Sanford, A., McGraw, K., & Florence, K. (2004). Teaching transitions. *Teaching Exceptional Children, 37*(1), 32–38. doi:10.1177/004005990403700104.

第十七章　积极同伴报告

一、前言

在小学阶段，儿童们开始与同伴建立关系，并积极加入各种团体。积极的同伴关系可以促进儿童在社会、情感和学业方面的发展。说得更具体点，积极的同伴关系为儿童提供了情感支持、练习社交技能的机会，以及在课堂上的归属感，而这种归属感与学习动机正相关（Audley-Piotrowski, Singer, & Patterson, 2015）。然而，并不是所有的儿童都成功地建立了积极的同伴关系。一些儿童遭到来自同伴的排斥和社交孤立（Killen, Mulvey, & Hitti, 2013）。遗憾的是，同伴排斥和社交孤立是常见的、持续的经历，这些经历预示着儿童在学业、社交和情感方面的消极结果，包括较低的自尊、较大的学业困难和较少的亲社会行为（Mulvey, Boswell, & Zheng, 2017）。学校心理老师可以与教师合作，一起影响儿童在课堂上的同伴互动和社会接纳。

积极同伴报告（Positive Peer Reporting, PPR）是一项以提高受同伴排斥或社交孤立的儿童社会接纳度的干预。这种积极的行为干预利用了同伴社会关注的力量，以此增加学生之间积极的社会交往，减少破坏性行为，并提高班上同伴的社会接受度（Ervin, Johnston, & Friman, 1998; Jones 等, 2000; Morrison & Jones, 2007）。尽管研究人员在小班型普通教育的小学课堂实施了大部分的积极同伴报告干预，教师可以利用这种干预支持从学前到中学阶段，年龄不等的个别学生或学生群体（Murphy & Zlomke, 2014）。鉴于干预对所有学生都有好处，研究人员建议与整个群体一起使用积极的同伴报告干预，而不是仅仅用于满足特殊学生的需要。关于干预时间的长短，积极的同伴报告干预研究的时间从 2 天到 4 个月不等，有研究报告指出，即使是短期干预也会发生积极变化，尤其是干预开始时，更容易看到积极的结果（Cashwell, Skinner, & Smith, 2001; Murphy & Zlomke, 2014）。同时，教师们也认为，积极的同伴报告干预在课堂上既可行也有效,这表明了积极的同伴报告干预的可接受度(Ervin等,1998;Jones等,2000)。

干预如何进行?教师向学生解释,在接下来几周的时间里,他们会把随机抽取的学生确定为每天的"明星学生"。教师指导学生关注"明星学生"的积极行为,并一起分享他们的积极观察。学生通常在每天放学后的 5—10 分钟时间内分享他们的积极观察结果。在学生分享意见之前,教师会通过具体、直接和真诚的表扬范例,指导学生如何进行表扬。当学生对"明星学生"进行赞美时,教师就同伴的评论是否恰当进行反馈。学生通过口头表扬"明星学生"这一亲社会行为,可以获得团体奖励积分。教师提前一天挑选出每天的"明星学生",提前选定小组的奖励,并确定需要多少分数才能获得小组奖励,确保这样的团体奖励措施既可以实现,又能激发他们竞争的欲望(Ervin等,1998;Skinner, Neddenriep, Robinson, Ervin, & Jones, 2002)。

什么使干预有效?干预中的强化事件对"明星学生"的行为以及同伴的行为都有影响。鼓励"明星学生"更积极地和同伴交往,可以增加他们受到赞美的可能。同样地,鼓励同伴关注"明星学生"表现出的积极行为,以便他们能够报告这些积极的观察并为团体攒积分,而忽略负面的行为(Ervin 等,1996)。

关于在普通教育课堂中的实施,有研究建议将 PPR 应用于整个小组,而不是针对个别学生,这是因为教师可能会担心因为选择这种干预措施,某个特定学生会被同伴排斥或社交孤立。因此,鼓励他们在全班 PPR 中每天轮换"明星学生",从而减少了对青少年进一步被社交孤立和排斥的机会。

其次,有研究表明,干预保真度对于保证积极的干预效果至关重要。学校心理老师在与教师合作时,应向他们提供干预整合检核表,并通过示范、观察、表扬和纠正等方式培训他们准确地实施每一步。此外,学校心理老师应该在课堂上提供支持,确保教师们完整地实施 PPR,并根据需要提供更多培训。

再次,在使用团体奖励时,学校心理老师可能会鼓励教师允许学生提出奖励方面的建议,这样他们才能确定奖励对学生确实起到了强化作用。学校心理老师也可以鼓励教师们进行视觉提示,展示实现目标的进度情况。可视化的进度显示通常有助于学生保持实现目标、最终获得相应的奖励的动力。

最后,PPR 干预措施的效果可能会随着时间的推移而减弱,尤其是在小组获得了奖励后。为了保证学生高水平的参与和表扬,教师可以考虑在一天结束时随机挑选"明星学生",让他们成为"神秘之星"。这样做,大家在白天就不知道谁是"明星学生",

必须持续关注所有学生的积极行为,以增加他们能够对被选中的学生做出积极评价的可能性(Burns, Riley-Tillman, & Rathvon, 2017; Murphy & Zlomke, 2014; Skinner, Williams, & Neddenriep, 2004)。

二、个案研究
(一)背景介绍及分析
1. 背景信息

布朗老师(Mrs. Brown)是一名二年级教师,她将7岁的女孩梅根(Meagan)介绍给学校心理老师。布朗越来越担心梅根,梅根不愿意和班里的其他儿童交流,她和同伴的差距很大,布朗老师还担心梅根被同伴孤立。课间休息时,梅根经常独自一人玩耍,在操场周围游荡,看起来不怎么开心。在课堂上,她也很少主动与其他儿童一起玩,在与其他儿童接触时,她几乎都是沉默不语。布朗老师说她在班级里没有朋友。

梅根的过往资料表明,她以前的老师注意到她从幼儿园就开始就出现交往中的困难,与同伴格格不入。她的幼儿园老师和一年级老师在成长档案中对她的评价是,梅根性格孤僻,不喜欢与其他孩子交往。但她的母亲表示,她在家里的行为和校园的完全不同。她与家人相处时举止得体,热情活泼,与老师和同学眼中孤僻、与世隔绝的孩子形成鲜明对比。班中的一级教育措施包括学校辅导员每周实施的"第二步"课程(可以增加社交技能并预防暴力行为的课程),以及幼儿园在全园范围内实施的积极行为干预与支持(PBIS, Positive Behavioral Interventions and Supports),主要是由班级班主任教导并强化良好行为和行为规范。

在一年级时,梅根接受了二级教育措施,即一个由学校心理老师带领的社交技能小组引导训练课,为期6周。课程学习后,梅根在发起谈话、提问、轮流谈话、倾听和结束谈话方面表现得很熟练。布朗老师证实,尽管梅根在社交技能上有了很大进步,但她明显感到梅根和同学相处还是不融洽。她还指出,梅根在所有学科的学业成绩都很一般。

这已经是布朗担任二年级教师的第三年,她拥有实施个人和班级突发事件干预的经验,但在支持学生社会融合方面还是缺乏相应的经验。这所小学从幼儿园到五年级大约有300名学生,每个年级有三个班。布朗老师的班级里有15名学生,其中女生7名,男生8名。

2. 问题行为描述

学校心理老师对布朗老师进行了问题识别访谈,重点是梅根在社交方面的行为,如沉默寡言和孤僻的行为。布朗老师希望增加的替代行为是,梅根在课间休息和课堂上小组活动期间的社交互动行为。借鉴莫罗兹和琼斯(Moroz & Jones, 2002, p.237)所使用的定义,社交互动是在课堂上的小组活动或非结构化的课间活动中与同伴互动。具体来说,社交互动指的是与同伴之间的任何积极的言语或非言语互动,如交谈、仔细倾听、回答问题、提问、牵手散步或在操场上一起玩耍等。互动是参加并融入一种课堂活动,或有结构、有规则的游戏。社交互动并不包括独自玩耍或工作、与成年人交谈、平行游戏或消极互动(例如,打架、争吵、捣乱)。布朗老师表示,每天的小组合作时间安排在社会课或科学课期间进行,每次 20 分钟,每天交替进行。每天午饭后有 20 分钟的课间休息时间。因此,梅根的社交退缩的行为既发生在课堂这一结构化情境,也发生在课后休息这样的非结构化情境中。

学校心理老师在科学课小组活动期间和课间休息时,观察了梅根和一个女同学。心理老师使用了一个 15 秒的部分间隔记录系统,每隔 15 秒钟交替记录梅根和对比同伴的社交参与情况(见附录 A)。在科学课小组活动中,观察到梅根在 20% 的时间间隔中表现出社交互动行为,而她的同伴在 75% 的时间间隔内表现出社交互动。学校心理老师指出,梅根在交谈时通过观察和倾听同伴来表现社交互动;但是,她没有回答小组成员提出的任何问题,而是一个人写下了自己对问题的理解。不过,她的同伴也没有直接问她任何问题。在课间休息时,观察到梅根有 17.5% 的时间参与了社交活动,而她的同伴有 80% 的时间参与了社交活动。心理老师指出,梅根大部分时间都是自己一个人在操场独自玩耍,而不是和其他人一起玩游戏(如"四方斗篷")。她和其他人一起滑下滑梯,把球还给了一群正在附近玩"四方斗篷"游戏的儿童。她的同伴没有邀请她一起玩"四方斗篷"。

为了解梅根对社交互动的看法,学校心理老师与她进行了会面和交谈。在访谈中,梅根说她喜欢学校,尤其是她的班主任布朗老师。当被问到她在学校最喜欢的学科是什么时,她说是阅读,因为阅读可以让她了解和体验新的地方和事物。当被问到与同伴的关系时,她说自己经常独来独往,认为别人对她有负面的看法:"如果我一直独来独往,就不会说错话或做错任何事。"当被问到她的老师能做些什么来帮助她时,她说她更愿意在课堂上选择单独完成任务而不是和其他人一起合作。

3. 问题分析

根据收集和观察到的信息,梅根在课堂小组活动和课间休息中的社交互动水平都不及同伴的30%。学校心理老师假设,梅根的孤僻和社交孤立的行为并不能反映她的技能缺陷。她成功地完成了社交技能训练,无论在学校还是在家里,她都很容易与成人交谈。她与同伴之间的社交退缩是通过负面强化来维持的,正如她在访谈中指出的,独自玩耍或学习能使她避免遭受同伴的负面评价。

在与布朗老师商量后,学校心理老师建议的干预措施是,在全班范围内实施一项干预措施,有计划地鼓励、加强同伴的赞美,这可能会增加梅根对同伴积极评价的体验,从而增加她的社交互动行为和融入课堂的程度。布朗老师和学校心理老师假设,全班范围的干预方法也可能增加所有学生间积极的同伴互动。

(二) 干预计划及实施

1. 干预目标

基于对梅根和同伴在社交互动方面的初步观察,布朗老师和学校心理老师合作制定了干预目标。心理老师又对梅根进行了两天的观察,以确定一个可靠的基线,并以此设定目标。对于增加社交互动的首要目标行为,是希望梅根在实施干预措施的两周后,将其参与社交的间隔时间从中位数的20%—50%增加到四周后的75%。达到这个目标将导致她的社交互动水平更接近于她的同伴的互动水平(中位数为80%)。

为了给全班同学设定一个增加积极同伴报告的目标,学校心理老师要求布朗老师填写一个直接行为评估量表(Direct Behavior Rating, DBR; Chafouleas, Riley-Tillman, & Christ, 2009),以测量三天内,在科学课或社会研究课的小组活动中,班级中积极的同伴互动发生的时间所占百分比。积极的同伴互动指的是与同伴互动时的礼貌行为,包括合作完成任务,给予或提供帮助,以礼貌的方式交谈或倾听,或任何其他友好或有益的互动(见附录B)。布朗老师观察到,全班学生积极的同伴互动的时间中位数为60%。布朗老师建议,在四周的干预后,将全班积极的同伴互动时间中位数提高到80%,这对于全班来说虽然有一定的挑战,但也不是不可能的。

2. 测量目标行为、收集数据、监测进度

(1) 社交互动

学校心理老师继续每天观察梅根的社交互动情况,使用15秒部分间隔记录法来观察梅根和她的女同伴之间的互动,同时观察另一名普通学生作为对照。学校心理老师用了总共五天的时间来确定基线,并测量干预的进展。她使用的社交互动定义改编自莫罗兹和琼斯(Moroz & Jones, 2002),该定义也包含在记录表中(示例见附录A)。20分钟的观察在社会研究课或科学课的小组活动以及课间休息期间进行的。

(2) 积极的同伴互动

布朗老师继续填写直接行为评估量表,以测量五天内在科学课或社会研究课的小组活动中,全班同学每天积极的同伴互动发生的时间百分比。布朗老师采用这一措施来建立一个基线,并测量相对于干预的进展情况。积极同伴报告的定义在表中呈现(示例见附录B)。布朗老师在每天20分钟的学习时间结束时完成评分。

(3) 干预计划

布朗老师和学校心理老师合作选择了一种干预措施,来帮助梅根在课堂上的社交互动,同时在全班范围内增加积极的同伴互动。根据已确定的干预目标,他们选择在四周的时间里,每天在课堂上实施PPR这一策略。布朗老师特别要求在全班范围内实施这一干预措施,这样梅根就不会觉得自己被同伴孤立了。在干预策略实施之前,学校心理老师通过以下改编自伯恩斯等(Burns等,2017, p.251)的解释,为布朗老师介绍了干预措施:

在接下来的几个星期里,我们将参加一个名为"积极同伴报告游戏"的新活动,在这里我们将练习汇报我们在其他学生身上发现的友好和乐于助人的行为。每天,我会随机选择三个学生作为班级的"神秘之星",每个人都有机会表扬这些明星们友好和乐于助人的行为,这些行为使我们的教室成为一个学习和娱乐的好地方。因你们的积极同伴报告,你们将有机会获得团体奖励。

随后,学校心理老师协助布朗老师为学生们提供了一个20分钟的培训,教他们如何用四个步骤向同学表达自己的赞美:(1)看着对方;(2)微笑;(3)描述他们说了什么或做了什么;(4)说一些积极的话,比如"干得好!"或者"真好!"(Moroz & Jones, 2020, p239)。布朗老师在一张海报上列出了这四个步骤,并举了一些例子,比如"当我不知道该做什么的时候,简(Jane)给了我方向"。学校的心理老师帮助布朗老师提供了大量的示例和错例(例如,"简是个好人。")。然后,学生提供了他们自己的例子,学校心理老师和布朗老师根据需要进行表扬和纠正反馈。布朗老师在教室前面展示了赞美表。

学校心理老师还帮助布朗老师每天向全班解释PPR程序,确定团体奖励,并为全班同学确定一个达到之后才能获得团体奖励的标准。布朗老师解释说,当全班玩"积极同伴报告"游戏时,她会从"星星盒"中随机选出当天的三位"神秘之星",并邀请其他同学通过举手的方式，称赞三位中的每一位学生。每个学生的名字都列在一张索引卡片上，放在待抽取的"星星盒"里。每天抽取三个学生，连续五天，这样，班上的每个学生在一周内都能成为明星。

布朗老师还向学生解释说，由于学生要在一天结束时才会被选中为"神秘之星"，因此大家必须注意所有同学的友好和乐于助人的行为，这样才能在玩"积极同伴报告"游戏时进行赞美。布朗老师进一步解释说，学生每赞美一句，就可以得到一分的集体奖励。最后，布朗解释说，一旦某个小组达到了 50 分的标准，就会从"奖励盒"中随机选择一个奖励给该小组。布朗老师设定的标准是，每个学生获得三到四次赞美，大约每周可以获得一次奖励。为了确保学生能够积极地争取团体奖励，布朗老师向全班同学征求活动奖励的建议，并将建议提交到"建议箱"中。她解释说，建议的奖励必须不占用教学时间，符合学生年龄，符合学校的规定，而且花费很少。满足这些标准的奖励会被放入"奖励盒"中，并向全班公布。奖励包括额外的课间休息时间、笑话派对、疯狂帽子日、全班免做家庭作业和"7 次抬头"的游戏。布朗老师还制作了一张"积分表"来显示学生已累积的分数。

在 PPR 实施的第一天，学校心理老师会到现场帮助布朗老师。开始时，她提醒学生，他们将玩"积极报告"游戏。在当天的最后 10 分钟里，学生表扬随机选出的神秘之星同学，并且有机会获得小组奖励积分。她提醒学生注意所有学生的友好和乐于助人的行为，以便他们能够赞美他人。一天结束时，布朗从"星星盒"中随机选择了三个学生的名字，确保梅根的名字在前三个名字中出现。接着，她宣读这些姓名，并在黑板上按字母顺序写下了这些名字。最后，她要求学生，如果对名单上的第一个学生有适当的赞美，就举手。如果赞美含糊不清，她会提供纠正反馈或通过询问澄清问题。一旦第一个学生得到三到四次适当的赞美，她就换到名单上的下一个同学。在所有三位神秘之星学生都得到足够的赞美后，她会统计适当的赞美次数，并将该次数加到积分表上。她提醒同学们，一旦全班获得 50 分，就可以从"奖励箱"中抽取奖励。

3. 干预保真度和评分者一致性

布朗老师每天使用全班 PPR 干预整合检核表（见附录 C）自我评估干预的保真度。学校心理老师在每周一次干预期间或 20% 的时间使用相同的检核表，独立评估干预保真度。一致百分比的计算方法是将一致除以一致加上分歧的和再乘以 100。在观察期间，干预保真度为 96%。此外，布朗老师表示，学校上课期间，干预措施每天都实施。因此，布朗和学校心理老师认为，干预措施是按照预期完整实施的。对社交参与和积极的同伴互动的评估的评分者一致性是由学校实习心理老师进行评估,她每周在教学楼里工作两天。她在基线和干预阶段(或20%的时间)每周独立观察每项测量数据的收集,使用与主要评分者相同的数据收集表格(即间隔记录表和直接行为评估量表)。一致性百分比的计算方法是将一致除以一致加上分歧再乘以100。在课间休息期间,小组时间社交参与的评分者间一致性为90%—92%。在全班范围内观察到的全班同伴之间积极互动的评分者一致性百分比为90%,这表明靠测量收集的数据是可靠的。

(三) 干预结果及分析

1. 干预结果数据

图17.1和图17.2分别显示了全班学生在小组合作和课间休息期间PPR干预对梅根社交参与影响的结果。她的同伴的社交参与数据被放在同样的图表中进行了比较。在基线期间,梅根的社交参与水平相对稳定,没有明显的增加或减少趋势(小组活动和课间休息时间的平均值为20%)。她的同伴社交参与水平也很稳定,不过要高一点(小组活动平均值为75%,课间休息时平均值为82%)。当PPR干预实施后,梅根的社交参与水平提高了(小组活动时平均值为45%,课间休息时平均值为37%),而她的同伴社交参与水平也提高了(小组活动时平均值为82%,课间休息时平均值为91%)。经过两周的干预,梅根在10天小组活动中,有4天达到或超过了观察到的50%的间隔目标,她在课间休息时间达到了一次目标。当PPR干预撤销后,梅根的社会参与水平回到了她最初的水平(小组活动时平均值为21%,课间休息时平均值为18%),而她的同伴的社会参与度也有所下降(小组活动时平均值为72%,课间休息期间平均值为80%)。当第二次实施PPR干预时,梅根的社会参与水平再次提高到比以前更高的水平(小组活动时平均值为68%,课间休息时平均值为54%),而她的同伴的社交参与也提高了(小组活动时平均值为87%,课间休息时平均值为95%)。在另外两周的干预过程中,梅根在10天的小组活动中,有3天达到或超过了观察到的75%的间隔目标,她在课间休息时也达到了一次目标。PPR干预对梅根非常有效,在小组活动期间,100%的干预点超过了她的最高基线数据点(PND=100%),95%的干预点超过了课间休息期间的最高基线点(PND=95%)。她的社交参与程度与她的同伴相比差异越来越小,甚至可以说越来越相似。

图17.3显示了全班范围内的PPR对课堂上积极的同伴互动的影响结果。在基线期间,布朗老师观察到全班学生有平均60%的时间参与积极的同伴互动。当实施

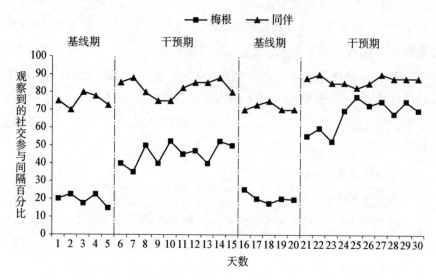

图 17.1 积极同伴报告对梅根(与同伴比较)在小组活动中社交参与水平的影响

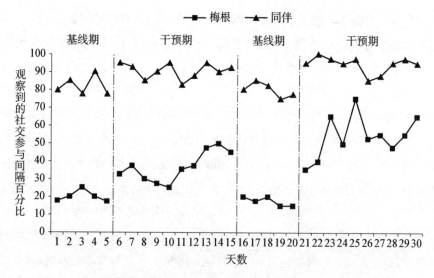

图 17.2 积极同伴报告对梅根(与同伴比较)在课间休息的社交参与水平的影响

PPR 时,布朗老师观察到班中积极的同伴互动频率增加,平均 81% 的时间都有积极互动。当 PPR 被撤销后,布朗老师注意到他们积极的同伴互动减少到与他们与最初相似的水平(平均为 60%)。当第二次实施 PPR 时,布朗老师再次观察到班级中积极的

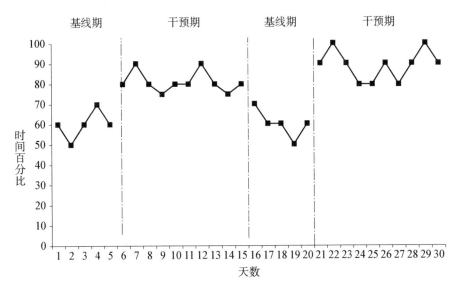

图 17.3 小组活动中实施 PPR 可观察到的积极的同伴互动时间百分比

同伴互动频率的增加,平均 89% 的时间都有积极的同伴互动。在为期四周的干预过程中,全班在 20 天中,有 18 天达到或超过了 80% 的目标。对该班来说,PPR 非常有效,100% 的干预点超过了他们的最高基线数据点。

2. 干预效果总结

使用 ABAB 实验设计,在课堂小组活动和课间休息时,PPR 的实施与梅根社交参与水平的提高之间建立了函数关系。同样,PPR 的实施与观察到的班级范围内同伴积极互动增加之间也建立了关系。团体奖励强化以及结构化的赞美对梅根和她的同伴都有好处。梅根的参与程度变得和她的同伴更加相似,从基线期到干预期,她在小组活动中的平均参与程度增加了 182%,在课间休息时的社交参与度增加了 142%。这些结果也证明了一个假设,即梅根在社交参与方面的缺陷是一种表现缺陷。随着在全班范围内积极的同伴互动的加强,梅根因与同伴互动而受到奖励,并从同伴那里得到了积极的评价。因此,她不再需要去回避那些可能来自同伴的负面评价。

3. 干预可接受度

在干预结束时,学校心理老师对布朗老师进行了访谈,评估干预的有效性,并确定她对干预的可接受程度。布朗通过一项干预可接受性调查,收集了学生对 PPR 可接受度的反馈。调查表格和结果在附录 D。结果显示,所有参与者都表示喜欢团体奖励;15 人中有 14 人认为 PPR 对全班有帮助;15 人中有 13 人喜欢赞美他人;15 人中有 12 人认为 PPR 对他们有帮助;15 人中有 12 人喜欢成为神秘"明星学生"。布朗老师也认为,学生们喜欢玩 PPR,使用 PPR 能有效地帮助梅根和所有学生在课堂上营造更加合作的氛围。她进一步表示,干预措施很易于实施,她将按照学生的要求继续使用。

(四) 干预注意事项

本个案研究使用 PPR 来提高一个喜欢独处的学生的社交参与度,以及提升全班积极的同伴互动。在使用 PPR 时,需要记住几个重要的注意事项。

首先,PPR 是一种有效的干预措施,适用于那些具备参与适当行为所需的技能,但需要强化才能持续这样做的学生(Burns 等,2017)。梅根和她的同伴们确实拥有必要的技能,团体奖励强化使得他们不断展示这些技能,并对其他人给予积极评价。因此,梅根经历的同伴关注是一种强化,而不是要避免的惩罚。

其次,尽管 PPR 可以用来支持单个学生,但是建议对整个小组实施 PPR(Murphy & Zlomke,2014)。在这个个案研究中,在整个班级范围都采用了干预措施,这样梅根就不会被进一步与其他同伴分开,"明星学生"每天都被随机挑选,没有替换,这样所有的学生在一周内都被列为明星。

第三,干预保真度对于确保积极的干预效果至关重要。在本个案研究中,学校心理老师支持布朗老师介绍干预和培训学生实施 PPR。她还向布朗老师提供了一个干预整合检核表,供其每天遵照执行,并每周观察一次执行情况。因此,布朗老师成功且完整地实施了干预。

第四,团体奖励强化的有效性可能会随着时间的推移而减弱(Murphy & Zlomke,2014)。为了确保高水平的强化,布朗老师采用了一种相互依赖的小组持续干预措施,其中包括一个累积标准和两个随机奖励措施。相互依存的小组奖惩机制是指所有学生或没有学生能根据小组的表现获得强化物(Skinner 等,2004)。因此,每个人的赞美都为这个小组赢得了一分,让这个小组更接近他们的目标。结果,学生们被激励去提供更多的赞美,以便更快地获得强化物。布朗老师使用了两个随机组成部分——随机奖励和随机目标学生。布朗老师用一个"奖励盒"设置了随机奖励,她允许学生对可能的奖励提出建议,并将建议的奖励放在"奖励盒"中。因此,学生们知道可以得到的强化物有哪些,但不知道他们正在努力获得的强化物是具体哪个,因为布朗老师要等到学生们达到目标后才会选择强化物。布朗老师还随机分配了目标学生。她在一天结束时,从"星星盒"中随机选择三个神秘的明星学生。在这种情况下,在白天还没有确定明星学生时,学生必须关注所有学生的积极行为,这样他们才能够对选定的学生提供积极评价。

三、结论

当孩子不和同龄人交往时,我们的第一反应可能是问:"这孩子怎么了?"这种常见的反应强化了这样一种观点,即问题是出在孩子身上。这样的观点可能进一步将孩子与同龄人孤立。我们可能会问的另一个问题是,"我们如何营造课堂环境,来鼓励所有学生积极参与同伴互动?"PPR是一种有效的干预措施,鼓励学生监督和报告同伴的积极行为。研究人员已证明PPR在增加同伴间积极互动的次数和提高学校中被孤立以及喜欢独处的孩子的地位方面的有效性。正如本个案研究所示,PPR是一种有效的干预措施,可以在班级范围内使用,使所有学生都受益。在支持教师使用干预措施时,学校心理老师可能会建议在干预中采用随机强化。这样做可以减少因时间推移而使强化消退的可能性,确保在整个干预过程中,同伴间的互动始终保持在较高的水平。

附录 A:社交参与的部分间隔记录表

被观察学生:梅根

老师:布朗　　　　　　　　年级:二年级

日期:10月12日　　　　　活动观察:小组科学课

时间开始:1:30　　　　　　时间结束:1:50

目标行为与定义:在课堂小组活动或非结构化课间活动中加入或参与同伴互动。社交参与包括任何与同伴的积极的语言或非语言互动,如交谈、倾听(边看边听)、回答问题、提出问题、牵手散步或在操场器材上一起玩。参与包括参加有结构或有规则的课堂活动或游戏。社交参与不包括独自玩耍或学习、与成人交谈、单人游戏或消极互动(例如,打架、争吵、捣乱)。

记录说明:如果在间隔期间的任何时间内观察到目标行为,则记录一个+。如果不是,则记录一个0。记录+的总数,除以40,再乘以100,就是观察间隔的百分比。

时间/间隔	学生(+/0)	时间/间隔	同伴(+/0)
0:01—0:15	+	0:16—0:30	0
0:31—0:45	+	0:46—1:00	0
1:01—1:15	0	1:16—1:30	+
1:31—1:45	0	1:46—2:00	+
2:01—2:15	0	2:16—2:30	+
2:31—2:45	+	2:46—3:00	+
3:01—3:15	+	3:16—3:30	+
3:31—3:45	0	3:46—4:00	0
4:01—4:15	0	4:16—4:30	+
4:31—4:45	0	4:46—5:00	+
5:01—5:15	0	5:16—5:30	+
5:31—5:45	+	5:46—6:00	0
6:01—6:15	0	6:16—6:30	+
6:31—6:45	0	6:46—7:00	+

(续表)

时间/间隔	学生(＋/0)	时间/间隔	同伴(＋/0)
7:01—7:15	0	7:16—7:30	＋
7:31—7:45	0	7:46—8:00	0
8:01—8:15	0	8:16—8:30	＋
8:31—8:45	0	8:46—9:00	＋
9:01—9:15	0	9:16—9:30	＋
9:31—9:45	0	9:46—10:00	＋
10:01—10:15	0	10:16—10:30	0
10:31—10:45	＋	10:46—11:00	＋
11:01—11:15	＋	11:16—11:30	0
11:31—11:45	0	11:46—12:00	＋
12:01—12:15	0	12:16—12:30	＋
12:31—12:45	0	12:46—13:00	＋
13:01—13:15	0	13:16—13:30	＋
13:31—13:45	0	13:46—14:00	＋
14:01—14:15	0	14:16—14:30	0
14:31—14:45	0	14:46—15:00	＋
15:01—15:15	0	15:16—15:30	0
15:31—15:45	0	15:46—16:00	0
16:01—16:15	0	16:16—16:30	＋
16:31—16:45	0	16:46—17:00	＋
17:01—17:15	0	17:16—17:30	＋
17:31—17:45	0	17:46—18:00	＋
18:01—18:15	0	18:16—18:30	＋
18:31—18:45	0	18:46—19:00	＋
19:01—19:15	＋	19:16—19:30	＋
19:31—19:45	0	19:46—20:00	＋
总共	8/40＊100＝20％	总共	30/40＊100＝75％

附录 B:积极的同伴互动课堂行为监督评定

时间:下午 1:30—1:50　　　**评分人**:布朗老师

星期一、二、三、四、五　　　**活动**:社会研究

观察时间:下午 1:30—1:50　　**行为描述**:积极的同伴互动指的是与同伴互动时的礼貌行为,包括合作学习、给予或提供帮助、以礼貌的方式交谈或倾听,或任何其他友好或有益的互动。

说明:在线上画一个标记,最好地反映学生表现出目标行为的总时间百分比。

积极的同伴互动

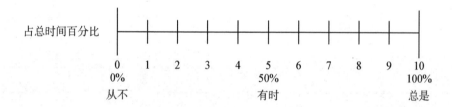

附录 C:干预整合检核表

班级范围内积极同伴报告与神秘之星学生以及随机化奖励。

介绍与培训

1. _____ 告诉学生,通过参加一个名为"积极同伴报告"游戏的新活动,他们将有机会一起创建一个更友好的教室。每一天,三名学生将被随机选为班里的"神秘之星",每个人都有机会表扬"神秘之星"的友好和乐于助人的行为。

2. _____ 使用赞美表,进行 20 分钟的培训,教学生如何赞美别人。提供赞美的例子和不当赞美的范例,让学生提供他们自己的好例子,并根据需要给予必要的表扬和纠正反馈。如,如果学生给予含糊不清的赞美:"玛吉(Maggie)今天很好",那么可以问:"做了什么好事?你看到玛吉做什么了吗?"

3. _____ 告诉学生,在一天的最后 10 分钟,你将从"星星盒"中随机选择当天的三位"神秘之星",并邀请其他学生举手赞美选出的每一位学生。

4. _____ 向学生解释,因为你要到一天结束后才会选择学生,所以学生必须注意所有学生的友好和乐于助人的行为,这样他们才能提供赞美。

5. _____ 如果你点名某个学生来发言,他或她能够对其中一个班级明星给予适当的赞美,那么这个班级将获得一个集体奖励的积分。

6. _____ 解释一下,一旦团队达到了奖励的标准,就会从"奖励箱"中随机选择一个奖励物。

7. _____ 让班级提出可能的活动奖励,并将他们的建议提交到"建议箱"。提醒他们奖励必须少占用教学时间,与年龄相符,符合学校规定,而且花费少。

8. _____ 通知学生,你将批准奖励并公布这些包含在"奖励箱"中的奖励。

9. _____ 向学生展示"建议箱",箱子里包括大量的奖励建议。

实施

1. _____ 在一天开始时提醒学生,我们今天将玩"积极同伴报告"游戏。在当天最后10分钟内,学生对随机选择的"神秘之星"表示赞美,将有机会赚取可以换取奖品的团体积分。

2. _____ 提醒学生注意所有学生的友好和乐于助人行为,这样他们才能提供赞美。

3. _____ 在一天结束的时候,从"星星盒"中随机选择三个学生的名字,确保目标学生的姓名包含在第一轮"神秘之星"名单上。宣布姓名并按字母顺序在黑板上写下姓名。

4. _____ 如果学生想合理称赞名单上的第一个学生,请举手。使用群体而不是个人的提示来鼓励学生赞美,例如:"其他人会想说什么",而不是"还有谁夸赞玛丽亚吗"。

5. _____ 一旦第一个学生得到了三到四个适当的表扬,就移到名单上的下一个同学。

6. _____ 在所有三位"神秘之星"都收到赞美后,统计一下适当的赞美次数并将该数量添加到积分表中。

7. _____ 当达到标准时,从"奖励箱"中随机抽取一个奖励,表扬学生们的积极配合行为并开始一个新的积分表。

(改编自伯恩斯等,2017,p.251-252)

附录 D:学生的干预可接受性调查和结果

阅读每句话,圈出最能描述你感受的图片。

我同意　　我对此没有什么想法　　我不同意

1. 我认为积极的同伴报告游戏对我有帮助。

N=12　　　N=3　　　N=0

2. 我认为积极的同伴报告游戏对课堂很有帮助。

N=14　　　N=1　　　N=0

3. 我喜欢成为神秘"明星学生"。

N=12　　　N=3　　　N=0

4. 我喜欢赞美别人。

N=13　　　N=2　　　N=0

5. 我喜欢集体奖励。

N=15　　　N=0　　　N=0

(施成恩　译)

参考文献

Audley-Piotrowski, S., Singer, A., & Patterson, M. (2015). The role of the teacher in children's peer relations: Making the invisible hand intentional. *Translational Issues in Psychological Science, 1*, 192–200. doi:10.1037/tps0000038.

Burns, M. K., Riley-Tillman, T. C., & Rathvon, N. (2017). Positive peer reporting. In *Effective school interventions: Evidence-based strategies for improving student outcomes* (3rd ed., pp. 249–252). New York, NY: Guilford.

Cashwell, T. H., Skinner, C. H., & Smith, E. S. (2001). Increasing second-grade students' reports of peers' prosocial behaviors via direct instruction, group reinforcement, and progress feedback: A replication and extension. *Education and Treatment of Children, 24*(2), 161–175.

Chafouleas, S. M., Riley-Tillman, T. C., & Christ, T. J. (2009). Direct behavior rating (DBR): An emerging method for assessing social behavior within a tiered intervention system. *Assessment for Effective Intervention, 34*, 195–200. doi: 10.1177/1534508409340391.

Ervin, R. A., Miller, P. M., & Friman, P. C. (1996). Feed the hungry bee: Using positive peer reports to improve the social interactions and acceptance of a socially rejected girl in residential care. *Journal of Applied Behavior Analysis, 29*, 251–253. doi:10.1901/jaba.1996.29-251.

Ervin, R. A., Johnston, E. S., & Friman, P. C. (1998). Positive peer reporting to improve the social interactions of a socially rejected girl. *Proven Practice: Prevention and Remediation Solutions for School Problems, 1*, 17–21.

Jones, K. M., Young, M. M., & Friman, P. C. (2000). Increasing peer praise of socially rejected delinquent youth: Effects on cooperation and acceptance. *School Psychology Quarterly, 15*, 30–39. doi:10.1037/h0088776.

Killen, M., Mulvey, K. L., & Hitti, A. (2013). Social exclusion: A developmental intergroup perspective. *Child Development, 84*, 772–790. doi:10.1111/cdev.12012.

Moroz, K. B., & Jones, K. M. (2002). The effects of positive peer reporting on children's social involvement. *School Psychology Review, 31*, 235–245.

Morrison, J. Q., & Jones, K. M. (2007). The effects of positive peer reporting as a class-wide positive behavior support. *Journal of Behavioral Education, 16*, 111–124. doi:10.1007/s10864-006-9005-y.

Mulvey, L. K., Boswell, C., & Zheng, J. (2017). Causes and consequences of social exclusion and peer rejection among children and adolescents. *Report on Emotional & Behavioral Disorders in Youth, 17*, 71–75.

Murphy, J., & Zlomke, K. (2014). Positive peer reporting in the classroom: A review of intervention procedures. *Behavior Analysis in Practice, 7*, 126–137. doi:10.1007/s40617-014-0025-0.

Skinner, C. H., Neddenriep, C. E., Robinson, S. L., Ervin, R., & Jones, K. (2002). Altering educational environments through positive peer reporting: Prevention and remediation of social problems associated with behavior disorders. *Psychology in the Schools, 39*, 191–202. doi:10.1002/pits.10030.

Skinner, C. H., Williams, R. L., & Neddenriep, C. E. (2004). Using interdependent grouporiented reinforcement to enhance academic performance in general education classrooms. *School Psychology Review, 33*, 384–397.

第十八章 彩色轮

一、前言

大多数教师实施课堂管理策略,但是所选择的策略往往是无效的、无组织的、混乱的或者缺乏实证依据的。许多教师在处理学生的课堂行为时感到措手不及,特别是多名学生同时出现挑战性问题行为时(Flower, McKenna, & Haring, 2017)。课堂上如果发生严重的破坏性或不适当的行为,会增加教师们应对这些行为的时间,从而减少了教学时间。当从一项活动转换到另一项活动时,教师可能每天要花费长达一到两个小时的时间,等待学生停止一项任务、收起物品、转移到新位置并准备开始下一个任务。大多数教师会列出一套课堂规则,以明确对学生的行为期望,比如"尊重他人""不说话"和"准备好学习"等。然而,这些规则往往是不明确的,学生不一定理解这些术语的含义。另外,像"不说话"这样的规则可能并不适用于所有情况。

彩色轮系统(CWS, The Color Wheel System)使用了三套与一种颜色(红色、黄色和绿色)相对应的规则,分别用于不同类型的课堂活动(Skinner, Scala, Dendas, & Lentz, 2007)。红色规则是为教师短时间内需要集中注意力而设计的,例如在发布指令的时候。黄色规则适用于学习任务(例如,团体教学、测验、独立作业)。绿色规则适用于自由时间或团体活动。转动带有彩色楔子的纸轮可以显示哪组规则生效,墙上的彩色海报也清楚地说明这些规则。每套规则包括三到五条专门为特定类型的课堂任务设计的细则,如小组活动中的学生规则(即绿色规则)不同于教师指导大班教学活动中的细则(即黄色规则)。当教师在不同活动之间切换时,转动轮子来显示对下一个活动的行为期望。CWS不仅为课堂活动,也为活动转换提供标准化程序。在转换时,会发出时间警告。这些警告让学生有时间完成任务、收起材料,并在规定时间内进入下一个规则。通常情况下，教师会将转轮转到红色，为下一个任务提供指导，然后将轮子转向黄色或绿色来回答问题，并开始下一个活动。

证据表明，CWS 能有效减少不恰当的发声和离座行为，增加课堂专注行为(Blondin, Skinner, Parkhurst, Wood, & Snyder, 2012; Fudge 等, 2008; Watson 等, 2016)。例如，沃森等(Watson et al., 2016)使用 CWS 减少了三个幼儿园班级中的不恰当发声。富奇等(Fudge et al., 2008)通过实施 CWS，增加了一个二年级班级中每个学生的课堂专注行为，但当 CWS 被撤销时，破坏性行为重新出现。尽管 CWS 通常在普通教育班级内实施，但阿斯皮兰蒂、贝贝奇、鲁弗和斯金纳(Aspiranti, Bebech, Ruffo, & Skinner, 2019)成功地在三个专用的自闭症教室中使用了 CWS。

二、个案研究

(一) 背景介绍及分析

1. 背景信息

马修斯(Matthews)是伊格尔克雷斯特小学(Eaglecrest Elementary School)的一年级老师。这是她教一年级的第三年，也是她第一次报告在课堂上遇到了行为问题。伊格尔克雷斯特小学没有全校范围的积极行为干预与支持(SWPBIS)制度，但鼓励教师使用课堂管理来防止不良行为。去年，伊格尔克雷斯特小学的一年级教师想出了几种课堂管理策略，在所有四个一年级班级中使用。这些策略包括：夹子系统，学生根据自己的行为表现在剪贴图板上移动他们自己的夹子；"班级道场"(Class Dojo)，一个电子积分系统，学生可以根据自己的行为表现获得或被扣除积分；张贴在白板上的日程表；以及张贴在墙上的课堂规则清单。一年级小组最终确定的课堂规则是：尊重友善；准备学习；听从指示；安静学习；举手发言。马修斯老师表示，去年她在使用已经实施的策略时没有遇到什么明显的问题。

今年，马修斯老师的班级有 24 名学生，尽管伊格尔克雷斯特小学的班级通常最多只有 20 名学生。卢卡斯(Lucas)助教每天花一个小时为马修斯老师提供额外支持。在教室前设有小组活动空间，包括一条地毯和一块智能板，学生的课桌四人一组，可以进行小组活动。马修斯老师说，今年她的班级学生人数太多，学生的行为无法控制，这让她很沮丧。有几个学生的行为表现总是在剪贴板上显示为"红色"，有时甚至没有学生获得"道场"积分。过去的五天中，她已经取消了四天的课间休息。对于如何让学生在课堂上集中注意，她感到很茫然。

2. 问题行为描述

学校心理老师对马修斯老师进行了问题识别访谈,以确定其在课堂上遇到了哪些困难。马修斯老师说,学生注意力不集中,不停地说话,离开座位,不听她的指示。在上课之前,她重复了好几次指令,全班学生才会做出反应。有些学生不做准备工作,而是在说话。经过进一步讨论,马修斯老师认为,学生在上课期间相互交谈是最具持续破坏性的行为。这个问题被定义为"不适当的噪声",即未经允许而说话或制造噪声。不适当的噪声的例子包括在老师说话时说话、在独立课堂作业时哼歌、喊出答案、在小组活动中谈论"口袋妖怪"(一种游戏)。被点名后回答问题、在小组任务中安静地谈论作业或参加合唱不属于示例。

当被问及这种行为是什么时候发生的,马修斯老师说,学生在所有活动和转换阶段都会发出不适当的噪声,但是这种行为在阅读和数学课上最为常见,特别是在独自课堂作业和活动转换阶段。她指出,由于学生都在说话,因此很难让他们在转换之后重新回到学习任务上来。当学生发出不恰当的噪声时,马修斯老师会训斥他们,扣掉他们的"道场"积分,让学生把他们在剪贴图上的夹子往下移,取消课间休息,把他们送到办公室,或者让他们坐在教室的后排,远离其他学生。

学校心理老师连续三天在教室里观察一个小时的阅读教学。数据收集包括记录不适当的噪声,指出哪些学生制造噪音,并在图表中记录不适当噪声的前因后果。在观察期间,不适当的噪声几乎源源不断。在观察过程中,每个学生都至少有一次发出不适当的噪声,而且当学生坐得很近时,这种行为更加明显。许多学生因为和旁边的同学交谈,而没有完成预期的作业。因为学生之间相互交谈,而不听从老师的指示,从一项任务过渡到另一项任务占用了大量的教学时间。有一次,学生花了6分钟才从地板上的大组区域回到他们各自的座位上,又花费8分钟让所有学生拿出铅笔,并把阅读书翻到第54页。过渡时间指的是从一个任务结束到所有学生准备好开始下一个任务之间的时间量。马修斯老师对大多数不恰当的噪声视而不见,但是在三次为期一小时的观察过程中,她一共训斥了学生37次,扣掉19次"道场"积分,并让8名学生把他们的夹子往下移。她没有增加任何"道场"积分,也没有让任何学生把夹子向上移动。

3. 问题分析

根据收集到的数据和问题行为鉴定访谈,学校心理老师发现,当学生接受课堂教学活动或在活动之间转换时,会出现不适当的噪声。过多的不适当的噪声阻碍了学生完成作业,分散了其他学生的注意力,造成了从一个活动到另一个活动的过渡时间过长。这些行为是通过回避学习任务、同伴关注和教师关注(通过训斥)来维持的。这些行为不是存在于某个特定的孩子,而是普遍存在。马修斯老师和学校心理老师决定在全班范围内实施CWS干预措施,目的是减少不适当的噪声,缩短教学过渡时间。为了确定学生在阅读课上制造不适当噪声的时间百分比,学校心理老师在阅读课上使用部分间隔记录程序观察了至少三天。60分钟的阅读课程时间被分成了20秒的间隔。学校的心理老师用平板电脑记录了每个学生在每个时间间隔内是否存在不适当的噪声,然后计算每天出现不适当噪声的间隔百分比:第一天出现不适当噪声的时间间隔为77%,第二天为92%,第三天为84%。从一项活动结束到下一项活动开始的平均过渡时间为9分钟。

(二) 干预计划及实施

1. 干预目标

在问题分析和初步数据收集的基础上,学校心理学老师和马修斯老师决定,首要目标是使用部分间隔记录程序,将阅读课中不适当的噪声量减少到40%的时间间隔。次要目标是将活动之间的转换时间减少到4分钟。

2. 测量目标行为、收集数据、监测进度

如上所述,不适当的噪声百分比是通过部分间隔记录程序测量的。此外,还计算了活动转换过程中花费的时间量。卢卡斯助教和另一位叫作彼得森(Peterson)的助教,接受了数据收集程序方面的培训,每天在阅读课的30分钟内轮流进行数据收集。评分者还与马修斯老师一起接受了CWS培训,并收集了干预保真度的数据,来帮助学校心理老师确定CWS是否得以正确实施,并向教师提供反馈(样本数据收集表见附录A)。

3. 干预计划

CWS分七个阶段实施:材料开发、基线、教师培训、学生培训、CWS、回归基线、回归CWS。首先,开发了CWS材料。CWS将课堂规则分为三类。马修斯老师对是否使用典型的CWS中的红色、黄色和绿色三种颜色来表示规则犹豫不决,因为她已经在她的夹子系统中使用了这些颜色,而红色被认为是"坏"的颜色。相反,学校心理老师建议使用蓝色、灰色和白色规则,这些颜色与学校的精神色彩相对应。马修斯老师也不确定是否要放弃在其他一年级班级实施的规则。学校心理老师和马修斯老师讨论了如何使用她当前的规则,来形成适合各种情况的CWS规则。例如,一年级的"善良和尊重"并不是描述性的,那么善良和尊重具体是什么样的呢?

表18.1提供了针对特定课堂环境所制定的规则。彩色轮是用三块海报板制成

的,每块板是饼形楔子,在一起组成了一个圆圈。在第一个圆圈的上面,用一个剪了楔形图案的白色圆圈遮住不用的颜色,并使用一个大头针固定在圆圈中心。两个圆圈都经过层压处理,并在轮子背面贴上磁铁。为每套规则制作彩色海报板(蓝色、灰色和白色),并在每条规则的旁边贴上一张儿童遵守每条规则的照片。

表 18.1　CWS 每种颜色的使用规则和情况

颜色	蓝	灰	白
使用	短时间内需要专心致志听从老师的指导或指示	拓展老师指导或独自作业	小组活动或空闲时间
规则	看着老师 在座位上 不说话 准备好桌面	举起手来等着发言 手脚放好 眼睛看着老师或作业 遵从老师的指令	默读 遵从老师的指令

在为期三天的基线数据收集过程中,马修斯老师被指导使用其常用的课堂管理策略。评分者在每天上午 9:15—9:45 的 30 分钟阅读课上,使用了附录 A 中的数据收集表(忽略表中的"保真度"部分)来测量不适当的噪声量和过渡的时长。之所以选择这个时间,是因为这节课处于课程的中间,而且还包括一个过渡阶段。在基线的最后一天放学后,学校心理老师为马修斯老师、卢卡斯助教和彼得森助教提供了一个小时的培训,通过使用直接教学、示范和角色扮演练习等方式讲解 CWS 的步骤。培训遵循了斯金纳等(Skinner 等,2007)所描述的指导原则。首先介绍了规则以及与每套规则相关的情况。学生首先要了解每一种情况下的规则,因此教师要经常复习规则,并让学生看海报板,更新对规则的认识。

当从一个活动转换到另一个活动时,首先发出一个 2 分钟的警告,然后是 30 秒的警告(如,"30 秒后,我要把轮盘转到蓝色!")。即使学生不知道如何分辨时间,他们也理解警告的紧迫性和即时性。学生应该利用这段时间收拾好自己的随身物品,回到自己的座位上,整理好桌面,不和其他人说话,为蓝色规则做好准备。时间过去后,将轮盘转到蓝色,并判断学生是否遵守蓝色规则。

CWS 的目标是让学生有机会获得成功。老师在转换到另一种颜色之前,应该总是选择蓝色,这样可以为学生在转换到另一种活动之前提供一个停顿点。蓝色应该用于快速指示(例如,"我们现在要做一些导读。请拿出你们的阅读课本,翻到第 32 页。"),而不是用于冗长的指令,因为在蓝色规则上,可接受的行为是很有限的。当使用蓝色的时候,学生不能说话,不能举手,不能收拾东西,不能翻桌子,也不能上厕所。不要使用蓝色作为惩罚,而是表扬全班遵守规则的学生,并对不遵守规则的学生进行个别提醒。应该经常使用蓝色,但是紧接着应该迅速使用灰色或者白色来回应学生的关切(例如,回答问题或者让学生去洗手间)。一旦教师接受了CWS步骤的指导并理解了每个步骤的基本原理,就可以通过角色扮演来练习切换轮盘、对每种颜色上正确和不正确的行为做出反应,以及使用从其他颜色到蓝色的过渡以达到最佳效果。教师培训课程结束后的第二天,学生在课堂上接受培训。彩色轮和海报摆放在教室的前方。学生们认识CWS,练习从每种颜色过渡到另一种颜色。一开始,每次轮盘换一种新颜色时,老师都会提醒学生注意规则,鼓励学生重复规则,并要求学生表现出遵守规则的良好行为。在最初的两天里,学校心理老师每天上午和下午各在教室里观察一小时,就CWS步骤向老师提供反馈。这两天不收集数据。马修斯老师表示,在两天的学生培训之后,她对CWS的使用得心应手,在第二天结束时,她几乎没有出现程序错误。

第二天,干预阶段开始,收集学生不适当的噪声和过渡时间的数据,类似于基线数据收集程序。评分者还通过指出学生在每次过渡时是否遵守了过渡程序,收集每次课程的执行依从性数据。虽然数据只是在30分钟的阅读课中收集的,但是CWS是在学校一整天时间里实施的。马修斯老师被指示不要改变她的其他课堂管理技巧,在CWS干预期间继续使用夹子系统并给予"道场"加分。经过几天的CWS实施,马修斯老师同意恢复基线状态三天。彩色轮和海报都被移走了,马修斯老师重新使用类似于其他一年级班级的课堂管理方法。数据收集与基线条件相同,当学生问到"彩色轮"一事时,马修斯老师简单地说:"我们现在不做那个。"在停止使用CWS三天后,学校的心理老师询问马修斯老师是否可以恢复启用CWS。马修斯老师重新启用了CWS,并采用与第一实施阶段相同的数据收集程序。

4. 干预保真度和评分者一致性

每隔三天,学校心理老师会同步独立地收集数据。通过计算两个观察者达成一致的时间间隔数,除以总时间间隔数,再乘以100,来确定不适当的噪声和过渡间隔时间的观察者间一致性。对于不适当的噪声,平均每天的观察者间一致性为96%,对于过渡间隔的一致性为92%。如前所述,评分者在每次CWS观察期间收集干预保真度数据,并在数据收集表上标注偏差。如果彩色轮在任一时间间隔处于错误的颜色,如果在转换过程中没有2分钟警告,没有30秒的警告,或者在转换到另一种颜色之前没有转到蓝色,都会记录程序偏差。98%的情况下,彩色轮转到了正确的颜色;82%的情况下,发出了 2 分钟警告;92%的情况下,发出 30 秒的警告;94%的情况下,在转换之前使用了蓝色。学校的心理老师还在观察者之间收集依从性数据;步骤依从性的一致性为 100%,每个时间间隔的正确颜色的一致性为 97%。

(三) 干预结果及分析

1. 干预结果数据

图 18.1 显示了每天的不适当噪声数据。在最初的基线期,不适当噪声的间隔范围在 77%到 89%之间(平均分为 84.3%),并呈上升趋势。当实施 CWS 后,不适当的噪声大幅减少,从最后一个基线点到第一个干预点相差 57%。出现不适当噪声的间隔百分比在 22%至 44%之间(平均分为 31.7%),总体呈略微下降趋势。所有的 CWS 点都远远低于初始基线阶段的任何时段。在 CWS 被撤销后,不适当的噪声急剧增加(平均分为 88.6%,范围在 87%—92%),并几乎回到了最初的基线水平。当重新使用 CWS 时,不适当的噪声再次出现大幅度立即下降。CWS 第二阶段的数据显示出一个下降的趋势,百分比范围从 12%到 44%不等(平均分为 25.6%)。

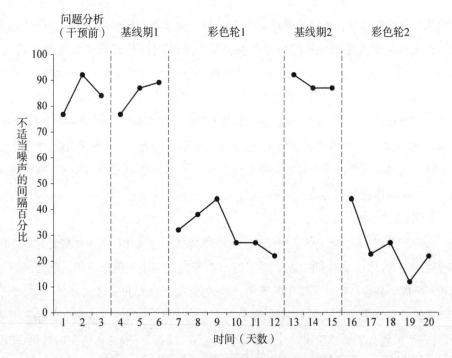

图 18.1 无 CWS 和 CWS 阶段不适当噪声的间隔百分比

图 18.2 显示了发生转变的时间间隔数。在问题分析阶段收集的数据没有显示在图表上,因为在这些一小时的观察期间,没有持续地收集转换时间的数据。在第一个基线阶段,学生在半小时的观察阶段,从 36% 到 47%(平均分为 41%)的时间处于过渡期。在第一个 CWS 阶段,这种情况立即大幅减少,过渡间隔时间在 9% 到 14%(平均分为 11%)之间,即 2 分钟 40 秒到 4 分钟 20 秒。当 CWS 被撤销时,转换时间增加,但没有达到第一个基线阶段的水平(平均分为 31%,范围 24%—40%)。当重新应用 CWS 时,过渡时间再次减少,并保持相对稳定,间隔范围从 8% 到 12%(平均分为 10%),即 2 分钟 20 秒到 4 分钟。

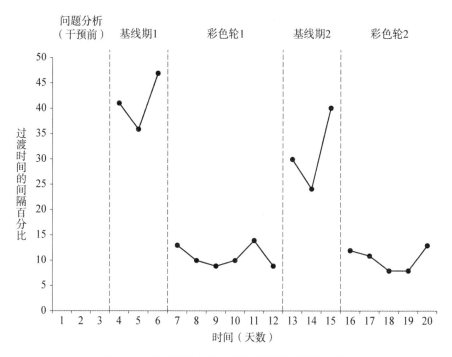

图 18.2　无 CWS 和 CWS 阶段过渡时间间隔的百分比

2. 干预效果总结

在课堂上应用 CWS 后,数据收集过程中出现不适当噪声的间隔百分比显著下降。目标是不适当的噪声减少到间隔的 40%,除两个干预日外,所有干预日都达到了这一目标。干预数据和基线数据之间没有重叠,基线和干预手段之间有很大差异。在检查过渡时间时,目标是将过渡时间减少到 4 分钟,占 30 分钟观察时间的 13%。在 CWS 间隔期间,过渡时间从 2 分钟 20 秒到 4 分钟不等,除了一天以外,其他时间都达到了 4

分钟以下的目标。总体说,达到了减少不适当噪声和过渡时间的目的。此外,高水平的 IOA 和干预整合度表明,这些变化是 CWS 干预和教师正确实施干预的结果。ABAB 单一案例设计提供了三个阶段变化的证据,所有这些都显示出巨大和持续的行为差异。因此,学校心理老师认为 CWS 在马修斯老师的班级上有效地改变了学生们的行为。

3. 干预可接受度

马修斯老师填写了一份在其他彩色轮研究中用过的干预可接受性表格(附录 B;Aspiranti 等,2019;Watson 等,2016)。除了第二项为"同意"外,她对所有项目的评分都是"十分同意"。在与学校心理老师的后续访谈中,马修斯老师指出,CWS 不仅有助于解决学生说话问题,还有助于解决如学生离开座位等其他不当行为。它减少了她重复指示的次数,使转换时间大大缩短,从而增加了教学时间。她注意到其他老师在参观她的课堂时,注意到了学生行为出现很大不同,特别是那些最具破坏性的学生,他们在其他课堂环境(如特殊班、午餐教室、抽离式干预教室)中仍有破坏性行为。在完成作业的数量上也有显著差异,在 CWS 期间,学生"未完成"文件夹中的文件数量减少了约一半。马修斯老师表示她想继续 CWS,但希望卢卡斯助教在这段时间里协助其他课堂活动。

学生们还接受了 CWS 可接受度测试。他们在回答下列项目时,可以圈出"是""可能"或者"否":我喜欢使用"彩色轮";"彩色轮"帮助我知道在课堂上该做什么;"彩色轮"帮助我在课堂上表现良好;我想继续使用"彩色轮";我认为我的朋友们会喜欢使用"彩色轮"。所有学生对所有项目都圈了"是"。

(四)干预注意事项

通过对时间序列图的可视化分析,证明了该案例中 CWS 对于降低一年级课堂中不恰当噪声和转换时间是有效的。相关研究提供了 CWS 在从幼儿园到五年级班级中的有效性的证据(Saecker 等,2008;Watson 等,2016),但是还没有在初中或高中课堂实施 CWS 的研究。无论如何,CWS 的组成部分,如设置特定的课堂规则,在切换任务之前通知,以及在全神贯注聆听老师指示的停止点,都适用于高年级的学生,这表明 CWS 可能适合于年长一点的学生。此外,CWS 还没有在幼儿园环境中成功实施。为了遵循 CWS 规则,学生必须能够识别或至少能匹配颜色,这可能是一些学龄前儿童还没有掌握的技能。同样的道理也适用于特殊教育班级的学生,CWS 的成功取决于学生能够认识到轮子上的颜色与规则海报的颜色相对应。当 CWS 在自闭症学生的课堂上实施时(Aspiranti 等,2019),首先,研究者确定学生可以识别颜色,并通过一个包括彩色图片的社会故事介绍了 CWS。

虽然以前关于 CWS 的研究集中在一个班级或一组三个班级的实施,但它可能是学校积极行为干预和支持计划的一个有益的补充。CWS 可以作为一级干预措施来实施,作为预防性策略的一部分,以建立、教授和强化清晰一致的全校行为期望(Bradshaw, Mitchell, & Leaf, 2010)。CWS 规则集可以与积极行为干预和支持预期相匹配,可能还有其他颜色的 CWS 规则集(如橙色、紫色)对应于其他环境(如走廊)。

CWS 可以与其他课堂管理策略和强化策略结合使用。在个案研究中,"班级道场"与 CWS 搭配使用,这样学生就可以通过正确的行为获得"道场"积分。团队奖励应该用于良好的遵循规则的行为,因为这强化了 CWS 的目的是管理整个班级的行为这一理念(Skinner 等,2007)。额外的课间休息、室内游戏、运动休息、在教室吃午饭或者在白色轮上的额外时间,这些都是可以与 CWS 一起使用的全班奖励。可以通过以下几种方式解决违反规则问题:对于偶尔违反规则的学生,可以使用集体提示(如"同学们,记住我们现在是蓝队,所以不能说话"),而不是个别训斥(如"迈克,你不应该说话"),这样既能提醒所有学生遵守规则,又不会对违反规则的学生造成不必要的强化关注。然而,如果一个学生不持续违反规则,可能需要施以个别处理。CWS 不应该取代学生的个人行为干预计划,而是提供一个课堂行为管理框架,让学生在其中取得成功。

全班学生不应因个别同学的行为而受到惩罚;因此,不鼓励集体惩罚。同样,在蓝色上的时间也不应该用于惩罚,因为教师不希望蓝色具有消极的含义,即使蓝色规则最为严格。

个案研究中可能值得教师考虑的一个方面是数据收集程序。个案研究中使用的每日时间抽样程序占用了课堂助理宝贵的时间,马修斯老师指出,她需要卢卡斯助教在此期间担任其他职务。虽然卢卡斯助教和彼得森助教两人分别进行了观察,但是半小时的观察还是需要评分者的全神贯注。避开这一困难的一个选项可能是进行视频记录,并根据视频内容收集数据。另一个考虑因素是在学校环境中实施 ABAB 反转设计。虽然设计至少提供三次机会显示干预效果是可取的,但一旦干预措施是有效的,许多教师不希望回到基线程序。因此,在实际环境中,通常使用 AB 设计的数据做出决定。如果需要采用严格的设计,而且不需要回归基线,研究人员可能会决定实施跨课堂的多基线设计(Watson 等,2016)。使用这种方法,不用回到基线,但是每个班级都在以阶梯式方法开始使用 CWS。

  CWS 可能有几个"副作用"。首先，规则设置可能并不总是适合实际情况。例如，当老师提供集体教学时，轮盘可能在灰色上，但她希望学生能进行"两人一组"的思考分享活动。她可能会说，"轮盘在灰色上，但我们要进行两人一组的思考分享活动。当你结对的时候，你可以和你的同伴小声交流。但当你想分享时，你需要举手等待发言"。教师的例外规定将取代"举手等待发言"的灰色规则。最初，CWS 可能会增加学生告发不遵守规则的同伴的情况。可以实施相互依赖的团体奖励，帮助减少打小报告的现象。学生不太可能指出同伴不适当的行为，因为这会降低获得团体奖励的可能性。虽然不一定是副作用，但有些老师抱怨说，他们不喜欢每次都要走到教室前面去把轮盘转成新的颜色。这可以通过使用便携式轮盘来避免，例如阿斯皮兰蒂等（Aspiranti et al., 2019）使用的便携式交通灯。然而，一个便携式物品可能会被放错位置，留在房间的不同地方，或者并非让所有学生都可以看到。

三、结论

  有一系列研究表明，CWS 能在普通教育和特殊教育课堂中实施，用来减少破坏性行为，并且增加良好的目标行为（Aspiranti 等，2019；Fudge 等，2008；Watson 等，2016）。本个案研究举例说明了如何使用 CWS 来应对学生中大量的破坏性行为。在个案研究中，CWS 的程序和规则能够成功地减少学生的谈话量和转换时间，从而增加了教学时间，帮助教师保证课堂教学时间，完成教学任务。

附录A:彩色轮数据收集

观察员： 日期：

观察时间：

目标行为:不恰当的噪声——未经老师允许而说话或发出噪声。

保真度 2分钟 警告	时间	0:20	0:40	1:00	1:20	1:40	2:00	2:20	2:40	3:00
	数据									
	时间	3:20	3:40	4:00	4:20	4:40	5:00	5:20	5:40	6:00
	数据									
30秒 警告	时间	6:20	6:40	7:00	7:20	7:40	8:00	8:20	8:40	9:00
	数据									
	时间	9:20	9:40	10:00	10:20	10:40	11:00	11:20	11:40	12:00
	数据									
过渡之前蓝色 保真度编码： x-正确 o-不正确	时间	12:20	12:40	13:00	13:20	13:40	14:00	14:20	14:40	15:00
	数据									
	时间	15:20	15:40	16:00	16:20	16:40	17:00	17:20	17:40	18:00
	数据									
	时间	18:20	18:40	19:00	19:20	19:40	20:00	20:20	20:40	21:00
	数据									
	时间	21:20	21:40	22:00	22:20	22:40	23:00	23:20	23:40	24:00
	数据									
观察员备注	时间	24:20	24:40	25:00	25:20	25:40	26:00	26:20	26:40	27:00
	数据									
	时间	27:20	27:40	28:00	28:20	28:40	29:00	29:20	29:40	30:00
	数据									

编码：x=间隔期间的不适当噪声;T=过渡;C=错误的颜色。

附录 B:教师接受度调查表

项目	强烈不同意	不同意	有点不同意	稍微同意	同意	十分同意
1. CWS 是一个很好的干预。						
2. 大多数教师会认为 CWS 处理课堂行为是合适的。						
3. CWS 帮助我保持一致。						
4. 我注意到使用了 CWS 时学生的行为有所改善。						
5. 当我使用 CWS 时,过渡更容易。						
6. 在使用 CWS 时,我花在管教学生上的时间更少。						
7. CWS 迅速改善了学生的行为。						
8. 我将在今年剩下的时间里使用 CWS。						
9. 我将在未来的课程中使用 CWS。						
10. 会向其他老师推荐 CWS。						

（施成恩　译）

参考文献

Aspiranti, K. B., Bebech, A., Ruffo, B., & Skinner, C. H. (2019). Classroom management in self-contained classrooms for children with autism: Extending research on the color wheel system. *Behavior Analysis in Practice, 12*, 143–153. doi:10.1007/s40617-018-0264-6.

Blondin, C., Skinner, C. H., Parkhurst, J., Wood, A., & Snyder, J. (2012). Enhancing ontask behavior in fourth-grade students using a modified color wheel system. *Journal of Applied School Psychology, 28*, 37–58. doi:10.1080/15377903.2012.643756.

Bradshaw, C. P., Mitchell, M. M., & Leaf, P. J. (2010). Examining the effects of schoolwide positive behavioral interventions and supports on student outcomes: Results from a randomized controlled effectiveness trial in elementary schools. *Journal of Positive Behavior Interventions, 12*, 133–148.

Flower, A., McKenna, J. W., & Haring, C. D. (2017). Behavior and classroom management: Are teacher preparation programs really preparing out teachers? *Preventing School Failure, 61*, 163–169.

Fudge, D. L., Skinner, C. H., Williams, J. L., Cowden, D., Clark, J., & Bliss, S. L.

(2008). Increasing on-task behavior in every student in a second-grade classroom during transitions: Validating the color wheel system. *Journal of School Psychology, 46*, 575–592. doi:10.1016/j.jsp.2008.06.003.

Saecker, L., Sager, K., Skinner, C. H., Williams, J. L., Luna, E., & Spurgeon, S. (2008). Decreasing a fifth-grade teacher's repeated directions and students' inappropriate talking by using color wheel procedures. *Journal of Evidence-Based Practices for Schools, 9*, 18–32.

Skinner, C. H., Scala, G., Dendas, D., & Lentz, F. E. (2007). The color wheel: Implementation guidelines. *Journal of Evidence-Based Practices for Schools, 8*, 134–140.

Watson, T. L., Skinner, C. H., Sinner, A. L., Cazzell, S., Aspiranti, K. B., Moore, T., & Coleman, M. (2016). Preventing disruptive behavior via classroom management: Validating the color wheel system in kindergarten classrooms. *Behavior Modification, 40*, 518–540.

第十九章 签到签退和行为报告卡

一、前言

在多层支持系统（MTSS, Multi-Tiered System of Supports）中，第 2 级干预为约 15% 对第 1 级全校积极行为干预和支持（SWPBIS, School-Wide Positive Behavior Interventions and Supports）无反应的学生提供有针对性的支持。第 2 级干预的特点是明确的教学、更多的结构和更多的反馈。此外，它们效率高且成本效益高。签到签退（CICO, Check-In, Check-Out），也称为行为教育计划（BEP, Behavior Education Plan），可能是 MTSS 中最常用、研究最充分的二级行为干预。

CICO 是一种多成分的行为干预措施，它利用了几个更基本的行为原则和干预措施（强化、代币制）。CICO 包含五个核心要素。首先，到达学校后，学生要向他们的 CICO 协调员或导师报到。其次，CICO 协调员或导师审查与行为报告卡（BRC, Behavior Report Card；也称为每日进度报告或每日积分卡）相关的日常行为期望和目标。第三，教师在 BRC 上分配分数，并全天提供口头反馈。第四，学生在一天结束时与他们的 CICO 协调员或导师办理离校手续，如果他们达到日常行为期望和目标，就会获得奖励。最后，学生将 BRC 带回家供家长审核和签名。学生将 BRC 返还给他们的 CICO 协调员或导师，以便在下一个上课日签入。

近二十年来，CICO 在不同的学校环境下为不同的学生提高学习成绩提供了实证支持。最近对 32 项研究（31 项单例实验设计和 1 项组间实验）进行的元分析发现，与基线或对照条件相比，CICO 平均提高了学生成绩[即学业参与行为（AEB, Academic Engagement Behavior）、BRC 分数百分比、破坏性行为、办公室纪律处分]一个标准差以上（Drevon, Hixson, Wyse, & Rigney, 2019）。大多数关于 CICO 的研究是在小学进行的，但也在中学和替代环境中进行了研究。纳入该元分析的研究的受试者平均年龄为 10 岁。参与者大约四分之三为男性,超过一半是少数民族。大约三分之一的参与者是残障学生(Drevon 等,2019)。

本章将使用个案研究材料,说明如何将 CICO 整合到解决问题的框架中,以解决对 SWPBIS 无反应的学生的 AEB 和破坏性行为。在此之后,将讨论使用 CICO 的注意事项,包括:(1)为在 BRC 上达到最终目标的学生淡化 CICO 的选项;(2)实施 CICO 的灵活性;(3)实施 CICO 所需的学校资源和培训。

二、个案研究

(一)背景介绍及分析

1. 背景信息

蒂莫西(Timothy)是一名 11 岁男孩,就读于克拉克中学(Clarke Middle School)六年级。由于自学年开始以来在课堂上持续的偏离任务和破坏性行为,他被转介到 MTSS 小组。尽管接受了一级行为干预,他在课堂上的问题行为并没有得到改善。蒂莫西所在学校使用了 SWPBIS。在一级干预中,学校向所有学生示范并传授了行为期望,适当的行为可以得到学校教职员工的口头表扬。全校数据显示,大多数学生表现出适当的行为,并且似乎对一级干预措施做出了反应。然而,蒂莫西的行为数据表明他没有做出类似的反应。

在上学期间,蒂莫西在五个教室和老师之间轮流学习科学、数学、艺术、社会研究和语言艺术。学校记录显示,蒂莫西前几年在地区和州的测试中都达到了学业成绩基准,而最近的全校秋季基准数据显示,他在阅读和数学成绩方面达到了年级水平的基准。然而,他的老师们担心蒂莫西的问题行为如果不减少,他的学业成绩会受到影响。事实上,他的阅读和数学成绩才刚刚达到秋季基准的分数线。此外,蒂莫西一贯的破坏性行为影响了他的老师有效教授其他学生的能力,从而影响了整个课堂学习。蒂莫西因在课堂上的行为而偶尔受到办公室纪律处分,并经常因为没有按时上课而被老师批评。

无论课堂活动是什么类型,蒂莫西的破坏性行为都会发生,并且在被告知他需要离开教室时也不会减弱。除非老师一直在蒂莫西身边,否则蒂莫西积极参与规定的学习活动的可能性很小。蒂莫西没有个性化教育计划(IEP),他在普通教育课堂上接受了所有指导。

2. 问题行为描述

基于核心学科老师对蒂莫西的行为描述和对办公室纪律处分的调查,AEB 和破坏性行为被确定为两种目标行为。随后，MTSS小组与他的老师合作制定目标行为的操作定义。AEB意味着蒂莫西主动或被动地参与到学习活动中。示例包括阅读、写作、谈论学习材料，以及面向其他人谈论学习材料。反例包括看向窗外、在房间里走来走去以及与他人谈论不相关的话题。破坏性行为是指蒂莫西的行为干扰了他和其他人的学习。示例包括当老师讲话时说话、戳其他学生、唱歌、大声喊出答案以及在作业时间用笔敲桌子等。反例包括听老师讲课、举手回答问题、安静地学习、手不乱动，以及在适当的时候与老师或其他学生谈论作业。

3. 问题分析

为了确定问题行为发生的原因，心理老师查阅了他的纪律记录，访谈了他的老师和同学，并在教室里对他进行观察。在本学年里，蒂莫西曾六次因在课堂上捣乱而被送去办公室。他从未被报告有过攻击行为，但他有时会反复发表不恰当的言论或开不恰当的玩笑，导致被转介到办公室。他的大多数老师都表示与他的关系一般良好，但也说他经常在课堂上跑题或说话太多。他们还说他的作业质量和考试成绩都不错，但他经常完不成作业。老师们表示，他在独立写作作业中最容易偏离任务，在小组项目中最容易捣乱。

观察结果基本证实了老师的报告。据观察，蒂莫西经常与其他学生说话，有时还大声喊出答案。他还经常离开座位，在闲逛时会对其他学生发表评论（他对一个同学说他变胖了）。蒂莫西有时确实会举手寻求老师的帮助，但他并没有花很多时间在他的作业上。老师们通常会忽略他的轻微捣乱和偏离任务的行为，但如果他一再捣乱，老师通常会对他提出警告。蒂莫西总是立即服从老师对他的纠正提醒。当心理老师采访蒂莫西时，他承认他确实经常说话不合时宜，而且他在描述课堂上的行为期望时基本准确。他还说他喜欢大部分课程，除了社会研究，因为"很无聊"。这一基本问题分析的结果并未确定他的破坏性行为和低AEB的具体功能，但结果表明，逃避学习和同伴反应的强化可能发挥了一定的作用。此外，他似乎有能力完成课堂作业这一事实表明，可能不需要采取干预措施来提高学习技能。

（二）干预计划及实施

1. 干预目标

干预的目标是通过追踪BRC上的不相容行为，提高学习参与度并减少破坏性行为。蒂莫西最初的目标是每天在BRC上取得60%的分数，这比他的基线表现高出约20个百分点。蒂莫西每连续五天达到目标，目标就会提高10个百分点。反之，如果连续四天没有达到目标,他的目标就会减少10个百分点。蒂莫西的最终目标是在BRC上取得80%的分数。

2. 测量目标行为、收集数据、监测进度

作为CICO干预措施一部分的BRC(见附录A),也是监测干预措施有效性的主要数据来源。BRC列出了被学校用作SWPBIS的四种行为(安全、高效、负责任和善良),这四种行为与蒂莫西所表现出的破坏性行为和低AEB行为是不相容的。学校里的所有学生都被教授了这些行为的定义,并提供了这些行为的示例和反例。为了获得基线数据,蒂莫西的老师在CICO实施前五天完成了BRC。在整个干预期间,教师们继续每天完成BRC。每天获得的分数百分比作为进度监控的因变量。

3. 干预计划

蒂莫西的CICO计划包括每天与学校CICO协调员格林曼(Greenman)老师签入;在每节课期间以积分的形式反馈每个期望;每天与格林曼老师签出;每天向父母的反馈;以及基于所赚取积分的代币制(TE)系统。

在开始CICO计划之前,蒂莫西会见了学校的CICO协调员格林曼老师,介绍情况以做好准备。格林曼老师是该教学楼的特殊教育老师,他回顾了全校范围的行为期望(安全、高效、负责任和善良),并进一步定义了与蒂莫西确定的关注行为(AEB和破坏性行为)相关的期望。此外,他们审查了对该计划的期望并完成了偏好评估,以确定蒂莫西可能通过积分获得的强化物。

每天早上,蒂莫西都会在第一节课前找格林曼老师签入。在这次简短会面时,蒂莫西将交回前一天的BRC,格林曼老师将为他提供新的BRC并审查具体的行为预期。例如,格林曼老师可能会说:"记住今天上课时间要集中精力完成至少75%的独立数学问题。"他还将确保蒂莫西为当天做好准备(携带铅笔和计划本),并在签入期间为蒂莫西提供适当数量的积分。

蒂莫西的每日BRC包括在每节课期间为全校四项期望中的每一项赚取积分的机会。下课后,蒂莫西把BRC交给课堂老师填写。课堂老师以分数的形式对蒂莫西的行为提供反馈。2分表示他达到了预期,1分表示他部分达到了预期,0分表示他没有达到预期。每位老师都提供了与所评分值相关的具体表扬或反馈(例如,"我给你打了2分,因为你在整堂课里都能独立完成作业")。

一天结束时,蒂莫西与格林曼老师签出。蒂莫西上交了他的BRC,并简要讨论了他是否达到了自己的目标。如果他达到了目标,格林曼老师会给予具体的口头表扬。

如果他没有,格林曼老师将与蒂莫西讨论改进策略(例如,"什么可以帮助你记住晚上在记事本上签字？我们是否应该在封面上放一张纸条作为提醒？")。然后,格林曼老师将他获得的积分记录在蒂莫西的 CICO 记录中(见附录 B)。蒂莫西每天都把他的 BRC 带回家,并让父母签字。第二天,他将签名的副本交回。

蒂莫西有机会每天赢得奖励,或者把积分存起来以兑换各种物品和社交特权,每周一次。激励措施的价值不等,包括：食品、学习用品、学校体育赛事门票、家庭作业延期一天,以及允许他提前五分钟去吃午饭的通行证。

4. 干预保真度和评分者一致性

心理老师每周使用检查表评估一次实施的保真度(见附录 C)。观察在签入期间、至少一堂课期间,以及签退期间进行。在观察每个时段后,填写检查表。如果被打分的项目没有出现,学校心理老师会与 CICO 协调员一起解决问题,以确定改进步骤。除核对表以外,CICO 协调员还审查固定产品(CICO 记录),以确定蒂莫西是否坚持签到和签退,是否从课堂教师那里获得反馈,并交回已签名的 BRC。

(三) 干预结果及分析

1. 干预结果数据

图 19.1 描绘了蒂莫西的 BRC 在基线和干预阶段的分数。在基线期间,他平均每天在 BRC 上获得 38% 的分数(范围：30%—50%)。在 CICO 实施的第一天,蒂莫西没有达到在 BRC 上获得 60% 积分的原定目标,但在随后的五天里,他达到或超过了这个门槛。在干预的前六天,他的 BRC 分数比基线显著增加,蒂莫西平均每天在 BRC 上获得 68% 的分数(范围：55%—80%)。因此,目标提高了 10 个百分点,蒂莫西的新目标变为获得 70% 的 BRC 积分。在接下来的五个上学日里,蒂莫西每天都达到或超过了这个目标,BRC 平均得分为 76%(范围：70%—80%)。目标再次提高了 10 个百分点,他的新目标变为获得 80% 的 BRC 积分。

在接下来的三天里,蒂莫西的分数都没有达到这个目标,但是他在第四天和第五天的 BRC 分数百分比达到了 80% 的目标,因此没有达到决策规则。之后,蒂莫西又有一天低于这个 80% 的阈值,但随后他却能够连续五次超过目标。至此,蒂莫西在 BRC 上实现了 80% 积分的最终目标,因此干预被淡化。最终,他平均每天获得 80% 的积分(范围：55%—90%),这显著高于他在 BRC 基线时的平均 38% 积分。

2. 干预效果总结

根据上述信息,与基线阶段相比,蒂莫西在 BRC 上获得的分数百分比在干预阶段

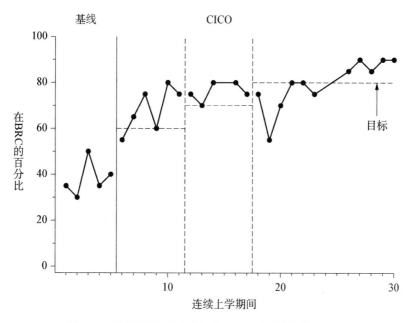

图 19.1 蒂莫西连续上学期间在 BRC 上获得分数的百分比

显著增加。此外,随着 CICO 在上学日之外的实施,他的 BRC 分数百分比继续增加,他的目标也随之提高。这表明,随着干预的进展和目标的提高,蒂莫西的学习参与度更高,破坏性行为也更少。基于这些结果,MTSS 小组确定 CICO 可有效提高蒂莫西的 AEB 并降低其破坏性行为。最终,研究小组认为蒂莫西达到了干预的目标。

3. 干预可接受性

为了评估干预的可接受性,蒂莫西的老师完成了教师版本的行为教育计划可接受性问卷(Crone 等,2010),蒂莫西填写了学生版本,他的父母填写了家长版本。这些问卷上的项目采用六点李克特量表进行评分,其中 1 表示非常不同意,6 表示非常同意。总体而言,填写问卷的得分显示出较高的可接受度(平均值为 5.4,标准差为 0.49)。

(四)干预注意事项

本节讨论实施 CICO 的注意事项,包括:(1)为已达到 BRC 最终目标的学生提供淡化 CICO 的选择;(2)实施 CICO 的灵活性;(3)实施 CICO 所需的学校资源和培训。

1. CICO 淡化

学生不应永久参加 CICO。一旦学生达到他们在 BRC 上的最终目标并在 MTSS 小组设定的一段时间(四周)内保持表现,就可以引入系统化的 CICO 淡化策略。淡化可以通过多种方式实现，但都需要对学生行为进行持续的进度监控，以确定其表现是否得以保持。

在学生通过CICO达到他们的表现目标后，最简单的淡化方法是系统地减少教师全天提供反馈的次数，直到不提供反馈（Campbell & Anderson, 2011）。第二种淡化方法是用学生自我监控代替教师反馈（Miller, Dufrene, Sterling,, Olmi, & Bachmayer, 2015a）。在学生通过CICO达到他们的表现目标后，可以教他们评估自己的行为，并在BRC为自己打分。这应该以循序渐进的方式实施，教师继续对学生进行BRC评分，并根据评分来判断学生是否获得奖励。当教师和学生的评分有较高的一致性时，可以中止教师的评分，用学生的评分来判断是否可以获得奖励。

改变教师反馈的内容并不是让CICO淡化的唯一可行策略。在学生通过CICO达到他们的表现目标后，可以使用"神秘激励因素"来精简为了实现BRC的日常目标相关的强化计划（Miller, Dufrene, Sterling, Olmi, & Bachmayer, 2015b）。这个过程包括让学生从信封中抽出一张纸条，表明他们当天是否获得奖励，而这具体取决于是否达到了BRC的每日目标。实际上，并非所有纸条都表明学生可以获得奖励。因此，当"神秘激励因素"生效时，学生并不总是根据在BRC上实现他们的日常目标而获得奖励。

结合克龙等（Crone et al., 2010）的组织管理指导，考虑系统地淡化或替换教师反馈，以及精简与BRC上的日常目标相关的强化计划，对于那些在BRC上已经达到最终目标，或在MTSS小组设定的一段时间（四周）内保持表现的学生的CICO淡化可能会有所帮助。

2. CICO的灵活性

CICO通常适用于至少有一部分需由成人关注而维持的行为困难学生。然而，CICO已被证明在解决由各种情况引起和维持的各种行为困难方面具有适应性。克龙等（Crone et al., 2010）专门用一章的篇幅讨论修改CICO，以支持因同伴关注或逃避或回避学习任务而导致行为困难的学生。他们还讨论了向CICO增加学习支持，以帮助那些难以组织和完成学习任务的学生。他们的许多建议在后来都得到了实证研究。

多项研究对CICO的功能修改版本进行了验证（Klingbeil, Dart, & Schramm, 2019）。对于那些行为困难是由学习任务引起的，并通过逃避和回避学习任务以及同伴关注来维持的学生，基于功能的CICO修正可能包括允许学生在学习任务期间请求休息或帮助（Boyd & Anderson, 2013）。这可能包括允许学生在适当的教学活动中，在询问他们的老师之后，在一天内进行预定次数的短暂休息（两分钟）。

CICO 也可以针对难以组织和完成学习任务（包括家庭作业）的学生进行修改（Turtura, Anderson, & Boyd, 2014）。对于因逃避学习任务而表现出行为困难的学生，可以修改CICO，增加签到、BRC和奖励范围。关于签到，学生可以向协调员展示他们已经带好上课所需的材料（铅笔、笔记本）。如果没有，则可以要求他们领取。此外，协调员还可以检查学生是否完成了前一天的作业。如果没有，他们可以获得家庭作业通行证，以便在上学日的非学习时间完成。除了通常的行为预期之外，BRC还可以包含获得必要材料、完成前一天的家庭作业以及在BRC附带的家庭作业跟踪器上记录家庭作业等方面的奖励积分。

在这种对CICO的修改中，通常奖励的范围可以扩大到包括家庭作业通行证和休息卡。

3. 学校资源

CICO的实施需要对学校资源的精心规划。克龙等（Crone等，2010）深入讨论了：（1）CICO的初步采用；（2）关键小组成员（即CICO协调员、MTSS小组、行政人员、教师、家长和学生）的角色、职责和培训需求。如果读者有兴趣在自己的学校实施CICO，鼓励读者使用本章内容。

关于CICO的初步采用，克朗等（Crone等，2010）和菲尔特（Filter, 2019）讨论了评估准备情况的重要性。值得注意的是，CICO应该放在SWPBIS的背景下，因为它无法有效地解决超过15%的学生的行为困难。学校人员还应考虑管理人员和教职工是否致力于实施CICO。在最初采用之前，MTSS小组需要在人员（确定一名CICO协调员）、空间、奖励、转介系统、数据管理、淡化CICO和预算等方面精心奠定重要的基础（Crone等，2010）。奠定基础后，学校必须满足CICO协调员、MTSS小组、管理人员、教师、家长和学生的培训需求。这些角色中的每一个都有若干职责和培训需求。

三、结论

CICO是MTSS中常用的多成分行为干预。其日常实施周期包括签到、BRC、教师对BRC的系统反馈、签退和家庭沟通。近二十年来，CICO为改善不同学校环境中不同学生的学生成绩提供了实证支持。本章阐述了如何将CICO整合到问题解决框架中，以解决AEB和对一级支持没有反应的学生的破坏性行为。在此之后，讨论了使用CICO的注意事项，包括：（1）为在BRC上达到最终目标的学生提供淡化CICO的选项；（2）实施CICO的灵活性；（3）实施CICO所需的学校资源和培训。

附录 A:行为报告卡:克拉克中学

姓名:_____ 日期:_____
目标:60% 70% 80% 得分百分比:_____

	安全			高效			负责任			善良			老师姓名缩写
周期1	0	1	2	0	1	2	0	1	2	0	1	2	
周期2	0	1	2	0	1	2	0	1	2	0	1	2	
周期3	0	1	2	0	1	2	0	1	2	0	1	2	
周期4	0	1	2	0	1	2	0	1	2	0	1	2	
周期5	0	1	2	0	1	2	0	1	2	0	1	2	

0=否
1=有点
2=是

家长或监护人签名:_____

附录 B:CICO 表格:克拉克中学

学生姓名:_____ CICO 协调员:_____

日期	交回上一个行为报告卡(BRC)	签入	交给新的行为报告卡(BRC)	目标	获得的行为报告卡(BRC)积分百分比	交付奖励
2019.10.14	不适用	是	是	60%	55%	否
2019.10.15	是	是	是	60%	65%	是
2019.10.16	是	是	是	60%	75%	是
2019.10.17	否	是	是	60%	60%	是
2019.10.18	是	是	是	60%	80%	是
2019.10.21	否	是	是	60%	75%	是

(续表)

日期	交回上一个行为报告卡(BRC)	签入	交给新的行为报告卡(BRC)	目标	获得的行为报告卡(BRC)积分百分比	交付奖励

附录 C:CICO 保真度表格:克拉克中学

姓名:_____ 日期:_____

	范围			
签入	学生与成人一起办理签入。	是	否	不适用
	工作人员提供每日行为报告卡(BRC)。	是	否	不适用
	工作人员为学生提供了哪一天完成的提示。	是	否	不适用
	学生上交家庭报告。	是	否	不适用
课堂	学生找老师获得反馈。	是	否	不适用
	老师给学生打分。	是	否	不适用
	老师对学生的行为给予口头反馈。	是	否	不适用
签出	学生与成人一起办理签出。	是	否	不适用
	学生向成人出示完整的卡片。	是	否	不适用
	工作人员累加总分并记录。	是	否	不适用
	工作人员对学生的行为给予口头反馈。	是	否	不适用
	工作人员发放奖励(如适用)。	是	否	不适用
	工作人员将行为报告卡(BRC)交还给学生。	是	否	不适用

"是"的数量/("是"+"否")的数量＝_____

注意:干预阶段的水平线反映了蒂莫西的日常目标。

(肖君政 译)

参考文献

Boyd, R. J., & Anderson, C. M. (2013). Breaks are better: A Tier II social behavior intervention. *Journal of Behavioral Education*, 22, 348–365. doi:10.1007s10864-013-9184-2.

Campbell, A., & Anderson, C. M. (2011). Check-in/check-out: A systematic evaluation and component analysis. *Journal of Applied Behavior Analysis*, 44, 315–326. doi:10.1901/jaba.2011.44-315.

Campbell, A., Rodriguez, B. J., & Schrauben, K. (2019). Tier two basics. In K. C. Radley & E. H. Dart (Eds.), *Handbook of behavioral interventions in schools: Multi-tiered systems of supports* (pp. 308–324). New York, NY: Oxford University Press. doi:10.1093/med-psych/9780190843229.003.0016.

Crone, D. A., Hawken, L. S., & Horner, R. H. (2010). *Responding to problem behavior in schools: The behavior education program* (2nd ed.). New York, NY: Guilford.

Drevon, D. D., Hixson, M. D., Wyse, R. D., & Rigney, A. M. (2019). A meta-analytic review of the evidence for check-in check-out. *Psychology in the Schools*, 56, 393–412. doi:10.1002/pits.22195.

Filter, K. J. (2019). Check-in/check-out. In K. C. Radley & E. H. Dart (Eds.), *Handbook of behavioral interventions in schools: Multi-tiered systems of supports* (pp. 335–348). New York, NY: Oxford University Press. doi:10.1093/med-psych/9780190843229.003.0017.

Klingbeil, D. A., Dart, E. H., & Schramm, A. L. (2019). A systematic review of function modified check in/check-out. *Journal of Positive Behavior Interventions*, 21, 77–92. doi:10.1177/1098300718778032.

Miller, L. M., Dufrene, B. A., Olmi, J. D., Tingstrom, D., & Filce, H. (2015a). Self-monitoring as a viable fading option in check-in/check-out. *Journal of School Psychology*, 53, 121–135. doi:10.1016/j.jsp.2014.12.004.

Miller, L. M., Dufrene, B. A., Sterling, H. E., Olmi, J. D., & Bachmayer, E. (2015b). The effects of check-in/check-out on problem behavior and academic engagement in elementary school students. *Journal of Positive Behavior Interventions*, 17, 28–38. doi:10.1177/1098300713517141.

Turtura, J. E., Anderson, C. M., & Boyd, R. J. (2014). Addressing task avoidance in middle school students: Academic behavior check-in/check-out. *Journal of Positive Behavior Interventions*, 16, 159–167. doi:10.1177/1098300713484063.

第二十章　社交故事

一、前言

社交故事（Social Stories™）是个性化的小故事，根据 10 项定义标准（目前为 10.2 版本，参见网站 www.carolgraysocialstories.com）描述社交环境、技能或概念。如果制作得当，社交故事可以用来帮助自闭症谱系障碍（ASD, Autism Spectrum Disorder）学生解释和理解具有挑战性或困惑的社会情境（Howley & Arnold, 2005; Gray, 2015）。社交故事的目的是描述学生可能难以识别相关社交线索或预期行为的社会情境，并通过视觉支持和文本排序提供有效协商这些情境的策略（McGill, Baker, & Busse, 2015）。具体而言，一个社交故事：(1) 通过回答相关的"wh-"问题（在哪里、什么时候、谁、如何以及为什么）来描述目标情境、概念或技能；(2) 描述如何思考或解决目标情境；(3) 通过让学生使用先前的知识对可能发生的事情进行逻辑猜测，在过去、现在和未来的经历之间建立联系。从这个意义上说，社交故事为理解、应对和参与困难的社会情境或语境提供了"如何做"的指导（Sansosti, Powell-Smith, & Kincaid, 2004）。

在过去的几十年里，临床上一直大力支持在家庭、学校和社区环境中使用社交故事（Reynhout & Carter, 2009）。事实上，许多临床医生、倡导者和各种学校学生支持人员（例如，心理老师、语言病理学家、行为分析师）都报告了在教育环境中使用社交故事的好处。此外，一系列考察社交故事效果的单一个案研究也展示了社交故事在减少攻击行为和不适当行为（Benish & Bramlett, 2011; Reynhout & Carter, 2007）、增加适当游戏（Barry & Burlew, 2004）、改善社会交往等方面的成功结果（White, Caniglia, McLaughlin, & Bianco, 2018）。因此，《美国国家自闭症标准》（National Autism Standards）最近将社交故事视为一种循证程序（美国自闭症中心，2015）。尽管社交故事被广泛使用，并被认为是有效的，但许多对现有文献进行系统和元分析的研究者都发现了其局限性或整体效果的有限性,导致作者质疑社交故事作为循证实践的真正功效(Leaf 等,2015; McGill 等,2015; Sansosti 等,2004)。

编写社交故事的范围与制定其他个性化学生支持的方法类似。也就是说,老师或家长确定特定的目标行为或困难的社交情境。一旦确定了目标情境或行为,下一步就是确定语境或环境的显著特征。例如,应收集有关情境发生的地点、涉及的人员、持续时间、如何开始和结束以及发生了什么等信息。这些步骤在范围上类似于完成功能行为评估(FBA, Function Behavioral Assessment)。最后,通过此评估收集到的信息用于编写社交故事。

社交故事由多个*描述性句子*和一到两个*指导性句子*组合而成(Gray, 2015)。*描述性句子*是在社交故事中传递信息的主要机制,包括客观的事实陈述,通常描述特定社交情境中的可观察到的特征。此外,它们描述或提及他人的感受、想法、信仰、态度和意见。根据故事的性质,*描述性句子*也可以通过陈述共同的文化信仰来增强意义。*指导性句子*通过对他人的描述或自我指导,为读者确定适当的反应并指导行为。校方人员和家长有必要了解编写社交故事的具体指南。

校方人员被鼓励参与各种专业发展活动,以确保准确编写社交故事。也许,教育工作者获得必要技能最成功的途径是参加由卡罗尔·格雷(Carol Gray)提供的工作坊或培训。教育工作者不妨通过卡罗尔·格雷社交故事提供的各种培训教材进行自学(鼓励感兴趣的读者访问网站 www. carolgray socialstories. com)。就本章而言,我们对格雷(Gray, 2015)概述的标准进行了总结:

标准1:确立目标。任何社交故事的目的都是通过描述具有挑战性的情况的根本原因来分享信息。社交故事不会为儿童提供步骤清单(类似于任务分析),而是提供信息,以更有效地应对具有挑战性的情境。

标准2:收集信息。编写有效的社交故事的关键是,必须清楚地了解学生在某一特定困难情境、技能或概念方面的情况。因此,对于校本团队来说,重要的是收集有关学生所处环境中导致或维持特定行为发生的事件信息;提出关于这些变量的假设;收集支持或否定这些假设的数据。此外,还要收集有关儿童的优势和劣势的信息及其对目标情况看法的信息(Gray, 2015)。收集此类信息的最有效方法之一是进行全面的 FBA,最终使从业者能够了解儿童的行为并制定有效的积极行为支持计划。

收集数据的策略包括但不限于与教师和(或)照料者的面谈以及与在面谈过程中获得信息相关的直接观察。我们鼓励对 ASD 学生特定的信息和(或)数据收集过程感兴趣的读者使用桑索斯蒂、鲍威尔-史密斯和考温(Sansosti、Powell-Smith, & Cowan, 2010)描述的步骤和表格。教育工作者应在编写社交故事的内容之前,尽一切努力收集信息。

标准3:创建标题和基本格式。一个编写得当的社交故事,其编写方式与任何其他故事一样。也就是说,每个社交故事都包含标题、引言、中心主题和结尾。标题应该将读者带入故事的世界,吸引读者注意力,并为接下来将要发生的事情做好铺垫(例如,"什么是分享?")。在社交故事中,引言很简短,通常是一句清楚表明主题的句子(例如,"有时我被要求分享。")。在引言句之后,社交故事的正文会提供进一步的描述和解释。社交故事的正文补充了一些细节,旨在提高读者对社会情境和(或)语境中的"什么""何时""谁"和"为什么"的认识和理解(例如,"了解分享是什么意思,以及我的朋友为什么这样做,可能会使我更容易愿意分享。")。社交故事的结尾提供了一个总结,并对读者强调了实施新行为的重要性(例如,"分享是一件好事,可以帮助我结交朋友。")。总之,社交故事的基本格式使读者能够获得一些观点,并将这些信息应用到自己的经历中(Gray, 2015)。

标准4:个性化内容和格式。与许多其他障碍一样,ASD的特征千差万别,严重程度也不尽相同。因此,在创建社交故事时,识别每个人的独特差异和个人偏好非常重要。不言而喻,必须根据学生的理解水平来编写社交故事。对于年幼的孩子,故事应该简短直接。格雷(2015)建议一般社交故事包含3—12个句子,以保持兴趣和理解。有时,主题需要在故事语境中进行更多的描述,而这又是不允许的。因此,格雷(2015)建议将复杂的技能组合分解为两个或多个更短的故事,并将其称为社交故事集。大多数社交故事包括一些插图(如图片、照片、视频、图形、表格等)以增强故事的内容。无论使用什么,重要的是要确保插图描绘了文本的含义和意图。

标准5:使用语音和有效的词汇。重要的是,社交故事不仅要支持学生(关注孩子能做什么),而且要以易于理解的方式呈现。因此,语言应该避免使用隐喻、习语或其他抽象概念,以免让使更注重书面理解的读者感到困惑。词汇应该直接明了,并且尽可能没有任何附加的、双重的或非预期的含义。通常情况下,社交故事将从学生(第一人称)的角度以现在时态进行编写。

标准6:在社交故事中创造意义。创建有效的社交故事的关键是考虑特定事件或技能中可能的每一个步骤,并将每一个步骤(包括我们认为理所当然的"隐藏的"隐含步骤)纳入故事本身的语境中。格雷(2015)建议使用基本的"wh-"问题(谁、什么、何时、何地、为什么以及如何)来提醒作者在故事的语境中包含基本信息。具体而言,每个社交故事都应提供:(1)相关社交情境和(或)语境的描述(地点);(2)相关人员(谁);(3)与时间相关的信息(何时);(4)上下文线索(什么);(5)预期或建议的行为(如何做);(6)实施新的或令人困惑的行为的理由(为什么)。通过回答这些问题,教育工作者将能够在社交故事中创造意义。

标准7:使用特定的句型。如前所述,社交故事由*描述性句子*和*指导性句子*组合而成(Gray, 2015)。*描述性句子*是社交故事中唯一"必需"的句子,它们用于描述情境或技能的语境线索和相关事实(例如,"火灾警报器是一个响亮的铃声,当发生火灾或我们需要练习走出教室时,它会响起。")。除了描述信息之外,*描述性句子*还可以通过引用学生或其他人的想法、感受、信念、情绪和/或意见来加强理解(例如,"火警警报不会打扰所有人。""我的老师可能不明白火警警报有多困扰我。")。*指导性句子*引导(或指导)学生采取偏好的行为或适当的反应。这些句子以非常积极的方式陈述了对特定情况的预期反应(例如,"当火警响起时,我会尽量保持冷静。")。重要的是要以"我可以尝试……"或"我将致力于……"作为*指导性句子*的开头,以强调努力的重要性,而不是结果的重要性(Howley & Arnold, 2005)。

标准8:审查句子比率。因为社交故事的目标是描述多于指导,所以*描述性句子*的数量至少是*指导性句子*的两倍(Gray, 2015)。虽然社交故事中*描述性句子*的数量可以无限,但*指导性句子*的数量应该限制在一到两个。在编写社交故事时,教育工作者应确保句子符合社交故事公式(Gray, 2015):

描述性句子/指导性句子≥2

标准9:实施前进行审查和修改。社交故事编写完成后,教育工作者应该花时间进行审查和修改。这可能包括将社交故事分发给教育团队和(或)照料者,并征求他们的反馈意见。这样做的目的是提供一个机会来听取其他人(即负责教育学生的人)的意见,并找出是否存在可能妨碍学生理解故事的障碍,或者学生是否需要额外的资源或准备才能有效地使用社交故事。

标准10:实施和监控。在修订之后,学校工作人员应考虑向孩子呈现社交故事的方式。选择最合适的技术取决于学生的个人能力和需求(例如,如果阅读是一个困难领域,就应该使用基于视频的方法)。社交故事可以:(1)独立阅读或由他人阅读(White 等,2018);(2)以听觉方式或通过歌曲呈现(Fees, Kaff, Holmberg, Teagarden, & Delreal, 2014);(3)与视频搭配(Sansosti & Powell-Smith, 2008);

(4)通过计算机或移动设备呈现(Kim,Blair,& Lim,2014)。无论采用何种实施方法,都需要对理解力进行评估(Gray,2015)。可以使用检查表、开放式问题或通过角色扮演来评估理解力,以展示在下次情况发生时他或她将做什么。评估理解力后,建议制定实施计划(Gray,2015)。实施社交故事时,最重要的考虑因素可能是在引入社交故事后监控学生的进步。应收集数据,为教育团队提供过程性评价和总结性评价。鼓励对ASD学生特定的信息和(或)数据收集过程感兴趣的读者使用桑索斯蒂等(Sansosti等,2010)描述的数据表格。

二、个案研究

(一) 背景介绍及分析

1. 背景信息

费利佩(Felipe)是一名四年级学生,就读于拉维洛派恩斯小学(Ravello Pines Elementary School)。查阅费利佩的记录发现,他从小就有语言、社交和行为障碍。因为语言发育迟缓、社交能力差和脾气暴躁,费利佩4岁时被诊断出患有ASD。随后,费利佩通过为ASD学生提供的全日制公立学前教育项目接受早期干预服务。6岁时,费利佩被认为在学业和社交方面都为进入普通幼儿园做好了准备。从那时起,费利佩一直在普通教育班级接受教育,所有学科成绩都及格。之前的评估结果表明,费利佩的认知和学业能力一般。

尽管费利佩取得了积极的学业进步,但他的老师卡普托(Caputo)因为担心他在遵从指令和完成学业方面存在问题,还是推荐了费利佩。

2. 问题行为描述

学校心理老师对卡普托老师进行了一次问题识别访谈。她表示,她对费利佩的主要担忧是他难以完成作业,有时还拒绝遵守老师的指令。大家共同确定,遵循指令可能是费利佩专注的关键行为。遵循指令被定义为费利佩在10秒内对一步或两步的指令做出身体反应,并在15秒内完成要求。遵循指令的示例包括参与要求的指令或询问与指令相关的问题。反例包括发表不专注于课程的话语、离开教室或口头拒绝。

卡普托老师指出,如果费利佩不知道某件事的重点,他通常不会完成作业,而且他似乎在阅读活动中表现出最大的困难。

在与卡普托老师访谈之后,心理老师进行了几次课堂观察。这些观察分别发生在独自作业、大班阅读教学和大班数学教学期间。在这些观察中,心理老师使用了桑索斯蒂等的 A-B-C 检查表(2010)帮助识别费利佩行为中的反应模式。通过对收集到的数据进行定性分析发现，当被提出要求或请求时，费利佩要么不参与活动，要么几次拒绝参与。当卡普托老师口头上或肢体上重新引导费利佩时，他有 80% 的时间参与其中。然而，当卡普托老师对他的行为置之不理时，费利佩的行为就会升级（说话，跺脚），直到卡普托老师重新引导为止。有一次，费利佩把他的书扔到教室后面，导致失去玩电脑的特权。

除了收集 A-B-C 数据之外，一名学校心理学实习生还使用某种手机版本的学生在校行为观察(BOSS, Brief Observation of Student Behavior System)应用程序（美国皮尔逊教育公司，2016），分别收集了费利佩与同龄人相比，在任务内和任务外行为的频率数据。学生在校行为观察(BOSS)是在小组阅读教学期间收集的，时长约为 15 分钟（分为 50 个 15 秒的时间间隔）。对该观察结果的分析表明，费利佩积极参与的频率低于同龄人，并且他做任务外行为的频率很高，包括玩他桌子上的东西、四处张望，以及随意翻书本而不是阅读。值得注意的是，这一观察是在一项活动中进行的，与传统教学相比，它的结构更不完善，这可能是导致费利佩较高的任务外行为比率的原因。

3. 问题分析

收集到的信息验证了之前对费利佩行为的描述。具体来说，费利佩表现出难以遵循指示，这导致作业无法完成，有时还会出现问题行为，尤其是在阅读教学期间。通过对可用数据的分析，教育团队假设费利佩的行为是由成人的关注和帮助维持的。对 A-B-C 数据的分析表明，在费利佩不听从指令的大多数情况下，他会得到卡普托老师一对一的直接帮助，无论是通过口头还是肢体引导。一旦卡普托老师帮助他并改变了他的行为，费利佩经常会以与他的同龄人相似的速度保持参与和完成任务。与此相关的是，假设费利佩可能需要被反复提醒注意课堂的期望和规则。

（二）干预计划及实施

1. 干预目标

心理老师和卡普托老师审查了收集到的数据和假设，并达成共识。双方都认为，虽然费利佩能够在课堂上完成学习任务，但他必须学会在第一次得到指令时就集中注意力去听从指令。鉴于教室的高度流动性，卡普托老师要求干预措施不需要花费大量时间来实施，或者可以由费利佩在上学期间的某些时段独立使用。由于费利佩拥有足够的阅读能力，因此决定用一个故事来描述遵从指令的重要性，这可能是有效解决方案的一部分。

2. 测量目标行为、收集数据、监测进度

采用基本的非实验性(AB)设计来评估干预的整体效用。尽管这种类型的数据收集不足以用于科学目的,但它被认为足以证明学生在短时间内的进步。基线(A)阶段为期两周。在基线阶段,费利佩的老师使用行为记录表收集数据,学校心理学实习生使用某种手机版学生在校行为观察(BOSS)应用程序进行了至少四次观察(每周两次)。在此期间未实施任何干预。在收集基线数据后实施干预阶段(B),为期六周。在开始干预之前,卡普托老师和课堂辅助专业人员与心理老师一起审查了社交故事和实施程序。心理老师还与费利佩会面,以检验社交故事并评估其理解情况。具体来说,心理老师向费利佩询问与故事相关的问题来评估其对内容的理解。一旦开始实施,费利佩每天早上都会复习他的社交故事。费利佩的老师或课堂辅助专业人员继续使用行为记录表收集数据,学校心理学实习生每周进行三次学习参与时间(AET,Academic Engagement Time)观察。干预阶段持续了六周。

社交故事干预的效果以两种方式进行评估。首先,为教师制作一份行为记录表(参见附录A),用于记录费利佩在白天任何时候没有遵循指令和(或)不遵守规定的时间。此表格由卡普托老师或课堂辅助专业人员填写。其目的是对费利佩不遵循指令的时间进行基本的频率统计,并作为持续的形成性信息来识别可能的触发因素(是否有某些科目触发了不服从指令的情况?)。其次,AET的百分比被用作总体结果变量,并被定义为费利佩在课堂上主动或被动参与的任何时间。

例如,费利佩参与被指派作业的时间段,如接触、书写或与教师或同学讨论制定材料的时间,以及费利佩被动参与的时间段,如听教师讲课、看作业、在教学过程中看教师。AET数据由学校心理学实习生使用某种手机版BOSS应用程序采集,并以费利佩主动和被动参与的时间百分比表示。对费利佩行为的观察是在包括教师主导的教学在内的结构化阅读活动中进行的。如果费利佩在15秒的间隔内出现任何目标行为,观察者就会记录下相应的反应(例如,主动)。数据每周采集两次,平均时长为15分钟。

3. 干预计划

学校心理老师和心理学实习生创建了一个"遵循指令"的社交故事(故事中包含的句子参见表20.1)。这个故事是根据格雷(2015)的建议编写,并使用PPT制作的。每张幻灯片都是黑色的,在幻灯片的中心有一个白色方框。故事的每一页都有一到两句话,用14号Times New Roman字体呈现在页面底部附近,以便使用图片。社交故事采用课堂 iPad 呈现。费利佩每天早晨在座位上的独自作业（早自习）中复习社交故事。卡普托老师或课堂辅助人员负责确认费利佩每天早自习时都复习了这个故事。预计到六周结束时，费利佩将在 80% 的时间里第一时间遵循指令。

表 20.1 遵循指令的社交故事（每个项目符号对应一个页面）

第 1 页： 遵循指令。
第 2 页： 当我在学校时，我的老师给我指令。
第 3 页： 有时，我的老师似乎一次告诉我很多事情。我感觉我的老师很刻薄。我会感到愤怒或不安。
第 4 页： 我的老师给了我指令，帮助我学习和成长为一个好学生。我的老师的指令可以是排队，下一步做什么，如何完成我的工作，以及我的选择是什么。我试着记住我的老师正试图帮助我。
第 5 页： 希望我听从老师的指令。当我听到一个指令，我会尽我所能，尽快做到老师要求的。如果我感到困惑，我可以举手，我的老师会帮助我理解该怎么做。
第 6 页： 我知道当我遵循指令时，我会让我的老师感到自豪。我会努力第一时间遵循指令，让我的老师感到自豪。
第 7 页： 如果我遵循指令，我的老师会在放学前让我有空闲时间在 iPad 上玩。

4. 干预保真度和评分者一致性

使用"我的社交故事日志"表格评估干预的保真度（见附录 B）。这个表格是由费利佩每次在课堂上复习社交故事时填写的。之所以选择这种方式，是因为费利佩可能在干预的特定时间内不止一次地复习了社交故事。保真度的计算方法是将费利佩复习社交故事的天数除以干预阶段的总天数乘以 100。学校假期（例如春假）不包括在此计算中。卡普托老师表示，干预措施在大多数日子里都进行了实施，尽管由于日程安排的变化，在有些早晨实施很困难。总体而言，治疗保真度被计算为 94%；因此，被视为有效实施。

在 25% 的干预条件下，心理老师对 AET 测量的 IOA 进行了评估。心理老师使用相同的某种手机版 BOSS 应用程序，并与学校心理学实习生同时进行观察。IOA 的计算方法是将评估者同意的数量除以同意的数量加上不同意的数量，然后乘以 100。在整个干预阶段,IOA 始终高于 80%,这表明数据是可靠的。

(三) 干预结果及分析

1. 干预结果数据和干预效果总结

(1) 遵循指令

表 20.2 列出了费利佩在基线和干预阶段遵循指令的平均发生率。在干预之前,费利佩经常不听从老师的指令,需要老师重新引导和(或)关注才能参与学习内容。特别是,费利佩平均表现出 4.3 次不遵循指令,并多次出现不当行为(例如,跺脚、将书扔到地板上)。实施干预后,费利佩的平均遵循指令率增加到平均 13.71 次。此外,在六周的干预期间,不当行为也有所减少。

表 20.2 费利佩各阶段遵循指令和不当行为的平均比率

变量	遵循指令				不当行为			
	平均数	最小值	最大值	行为变化百分比	平均数	最小值	最大值	行为变化百分比
基线	4.3	2	8	—	2.3	0	6	—
干预	13.71	5	20	218.83	0.42	0	3	−81.74

(2) 学习参与时间

图 20.1 显示了社交故事干预对增加费利佩课堂参与时间的效果。在干预之前,费利佩的 AET 率相对较低。干预措施实施后,参与时间稳步提高。各阶段平均水平的整体变化表明,费利佩的行为有所改善。基线期间,费利佩在 12 分钟间隔内的 AET 总体平均值为 3.4 分钟。在整个干预阶段,他的表现水平在 12 分钟间隔内平均提高到 7.1 分钟,百分比变化为 108%。这些数据表明,费利佩在干预阶段的功能得到了增强。

2. 干预可接受性

在干预阶段结束时,对干预的可接受性进行评估。具体而言,卡普托老师填写了一份问卷,该问卷旨在获取有关接受干预措施的信息(见附录 C)。总的来说,卡普托老师非常同意干预对孩子有益。特别值得注意的是,卡普托老师非常同意这种干预与课堂环境中使用的干预一致,并认为大多数教师会认为这种干预是合适的。

(四) 干预注意事项

本章介绍的个案研究展示了社交故事在提高 ASD 学生的学业参与度方面的临床效用。尽管研究结果是积极的,但这种干预措施并未体现出实验控制的作用,因此不

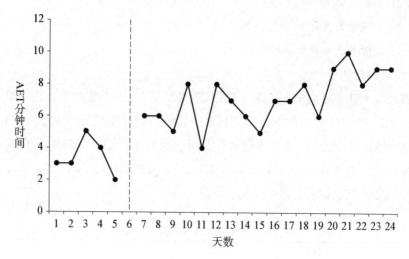

图20.1 在选定的教学活动中参与的分钟时间（学业参与时间）

能认为社交故事是大部分行为改变的原因。然而需要注意的是，所观察到的行为变化对教育工作人员很有意义，并且似乎有助于费利佩理解遵循指令和坚持完成任务的重要性。因此，本个案研究可以作为学校工作人员如何协同工作以提高学生表现的范例。

社交故事最常用于患有 ASD 的学生。然而，它不一定只适用于这一人群。因为社交故事的主要着眼点是教导学生对自己的期望，所以大多数学生会觉得这种方法很有吸引力。因此，社交故事既可用于个人，也可用于系统层面，来帮助所有学生。教育工作者可以将社交故事融入系统的、多层次的教学方法中，以教授各种技能（即社交、行为和学习技能）。例如，在本个案研究背景下的课程中，遵循指令是学生必须掌握的一项技能。

然而，教育工作者经常评论他们的学生"不听"或"不按我的要求做"，也许这样的观察是课堂期望教育失败的结果。就像其他技能一样，课堂行为（遵循指令）可以通过全班范围内的社交故事的大团体教学来引导。对于可能需要额外支持的学生，可以组织小组讨论来复习和示范社交故事内容。最后，可以编写更详细、更个性化的社交故事（如本个案研究中所述），为一些学生提供具体和更直接的行为指导，帮助他们理解和应对复杂的社会世界。

三、结论

社交故事被认为是帮助患有 ASD 学生的有效方法(美国自闭症中心,2015)。虽然系统研究仍在继续检验社交故事的真正功效,但其在学校中的使用已被教师、家长、倡导者和学生欣然接受。本章的个案研究展示了如何使用社交故事来促进 ASD 学生的知识和学习,以及降低课堂不当行为的发生率。本案例报告的结果支持了之前关于社交故事使用的研究,并展示了研究在实践中的应用。预计本案例分析可以作为制定类似干预措施的基础。

附录A:行为记录表

学生:	日期:
观察员:	开始时间:
活动:	结束时间:

学生是否第一时间遵循了教师指导的指令?	是	否
如果否,提供了什么重新引导?		
重新引导后,学生是否遵循了指令?	是	否

学生是否有任何不当行为?	是	否
不恰当的行为是什么?(用积极的术语描述)		

片段	行为开始	行为结束	持续时间
不当行为的总持续时间			
显示不当行为的时间目标百分比(持续时间/总时间)			

改编自 *High-functioning autism/Asperger syndrome in schools: Assessment and intervention*, by F.J., Sansosti, K.A. Powell-Smith, & R.J. Cowan, 2010, P.223。

附录B:费利佩的社交故事日志

今天的日期:_____ 时间:_____
我读了我的故事叫:_____

我读了它 在家	在公共汽车/汽车上	在操场上	午餐时	其他:
我读了它和: 一个朋友	只有我	一个成年人	其他:	
A故事让我: 快乐	悲伤	疯狂	困惑	

附录C:干预可接受性问卷

此问卷的目的是获取有关您接受干预的信息。这些信息将有助于未来为学生选择课堂干预措施。请使用下面的比例圈出最能说明您同意或不同意每项陈述的数字。

	1 非常 同意	2 同意	3 有些 同意	4 有些 不同意	5 不同意	6 强烈 反对
对于学生的困难来说,这是一个可以接受的干预。	1	2	3	4	5	6
我喜欢这次干预中使用的程序。	1	2	3	4	5	6
干预是解决学生困难的好方法。	1	2	3	4	5	6
这种干预与我在课堂环境中使用的那些一致。	1	2	3	4	5	6
干预改善了学生在我课堂上的行为。	1	2	3	4	5	6
我对干预的总体效果感到满意。	1	2	3	4	5	6
大多数教师会发现这种干预适合在他们的课堂上使用。	1	2	3	4	5	6
我建议对其他人使用这种干预。	1	2	3	4	5	6

(肖君政 译)

参考文献

Barry, L., & Burlew, S. (2004). Using social stories to teach choice and play skills to children with autism. *Focus on Autism and Other Developmental Disabilities, 19*, 45–51. doi:10.1177/10883576040190010601.

Benish, T. M., & Bramlett, R. K. (2011). Using social stories to decrease aggression and increase positive peer interactions in normally developing pre-school children. *Educational Psychology in Practice, 27*, 1–17. doi:10.1080/02667363.2011.549350.

Fees, B. S., Kaff, M., Holmberg, T., Teagarden, J., & Delreal, D. (2014). Children's responses to a social story in three inclusive preschool classrooms: A pilot study. *Music Therapy Perspectives, 32*, 71–77. doi:10.1093/mtp/miu007.

Gray, C. (2015). *The new social story book: Revised and expanded.* Arlington, TX: Future Horizons.

Howley, M., & Arnold, E. (2005). *Revealing the hidden social code.* London: Jessica Kingsley.

Kim, M., Blair, K. C., & Lim, K. (2014). Using table assisted Social Stories™ to improve classroom behavior for adolescents with intellectual disabilities. *Research in Developmental Disabilities, 35*, 2241. doi:10.1016/j.ridd.2014.05.011.

Leaf, J. B., Oppenheim-Leaf, M. L., Leaf, R. B., Taubman, M., McEachin, J., Parker, T., ... & Mountjoy, T. (2015). What is the proof? A methodological review of studies that have utilized social stories. *Education and Training in Autism and Developmental Disabilities, 50*, 127–141.

McGill, R. J., Baker, D., & Busse, R. T. (2015). Social Story™ interventions for decreasing challenging behaviours: A single-case meta-analysis 1995–2012. *Educational Psychology in Practice, 31*, 21–42. doi:10.1080/02667363.2014.975785.

National Autism Center. (2015). *Findings and conclusions: National standards project phase 2.* Pearson Education. (2016). *BOSS™-Behavioral observation of students in schools* (Version 1.2.0) [Mobile application software].

Reynhout, G., & Carter, M. (2009). The use of social stories by teachers and their perceived efficacy. *Research in Autism Spectrum Disorders, 3*, 232–251. doi:10.1016/j.rasd.2008.06.003.

Reynhout, G., & Carter, M (2007). Social story efficacy with a child with autism spectrum disorder and moderate intellectual disability. *Focus on Autism and Other Developmental Disabilities, 22*, 173–182. doi:10.1177/10883576070220030401.

Sansosti, F. J., & Powell-Smith, K. A. (2008). Using computer-presented social stories and video models to increase the social communication skills of children with high-functioning autism spectrum disorders. *Journal of Positive Behavior Interventions, 10*, 162–178. doi:10.1177/1098300708316259.

Sansosti, F. J., Powell-Smith, K. A., & Cowan, R. J. (2010). *High functioning autism/Asperger syndrome in schools: Assessment and intervention.* New York, NY: Guilford.

Sansosti, F. J., Powell-Smith, K. A., Kincaid, D. (2004). A research synthesis of Social Story interventions for children with autism spectrum disorders. *Focus on Autism and Other Developmental Disabilities, 19*, 194–204. doi:10.1177/10883576040190040101.

White, J., Caniglia, C., McLaughlin, T. F., & Bianco, L. (2018). The effects of social stories and a token economy on decreasing inappropriate peer interactions with a middle school student. *Learning Disabilities: A Contemporary Journal, 16*, 75–86.

第二十一章 功能分析

一、前言

功能分析是在功能性行为评估（FBA，Functional Behavioral Assessment）的大框架内进行的行为评估程序，用于识别确定目标问题行为的特定强化物（Mueller，2004）。通过提供精心安排的测试和控制条件，模拟真实世界中转介环境中的前因和后果，功能分析是唯一允许评估者用因果关系（与相关关系相反）判断某一特定变量是否作为强化物发挥作用的 FBA 方法（Lerman & Iwata, 1993）。

即使是严重和破坏性的行为，也会被极少数变量强化，包括获得成年人或同伴的关注、获得喜欢的有形物品或活动、逃避或回避要求，以及对于某些行为的感觉和（或）自动强化（Mueller, Nkosi, & Hine, 2011）。这些变量中的任何一个都可能强化破坏性或危险行为。FBA 的目标是确定其中哪些起到了强化物的作用。然而，在课堂上进行 FBA 时，可能会在行为发生之后同时出现多个潜在的强化物（例如，注意力、逃避等）。由于多种不同的潜在强化物同时出现，并且其中任何一种都可能单独强化该行为，描述性评估方法（例如，直接观察、教师报告、A-B-C 数据收集等）无法确定哪些潜在强化物实际上是强化物，但功能分析可以。

功能分析的逻辑和一般方法是以受控方式，呈现不同的环境安排（称为"条件"），一次一种，只允许观察一种强化物的效果。如果行为被正在测试的特定变量强化，这些条件为目标行为的发生创造了一个理想的机会。例如，如果假设学生的自伤会因获得有形物品而得到强化，那么你将创造一种学生拥有偏好有形物品的情境。然后，你将限制有形的物品，来创造行为动机证明自伤是否因获得（有形物品）而得到加强。如果发生自伤，物品将被退回。在这种情况下，不会给予学生任何关注，也不会对学生提出任何任务要求。只观察拿走和随后归还物品对自伤的影响。为任何可能的个体强化物创设条件,以确保每次仅观察一个变量的影响。为了测试强化物是否可能来自工作人员的关注,工作人员会限制然后完全保留关注,从而为被关注强化的行为提供证明的绝佳机会。在证明了目标行为后,工作人员会短暂地给予关注,然后再次停止。不会提供任何有形物品。为了分析逃避是否是强化物,将对学生提出困难或非首选的要求,从而激发学生表现出通过逃避非首选任务而得到强化的行为。如果目标行为发生,学生将在要求中稍作休息。不会给予任何关注,也不会提供任何实物。

创建功能分析条件的逻辑是,只有在某一特定变量对行为产生强化作用的情况下,才会对行为产生激励作用。在前面的示例中,限制学生首选物,这不会引起因逃避工作或获得关注而强化的行为。限制对物品的获取只会激发导致获得物品的行为。不给予关注也不会引起让学生逃避工作或获得喜欢的东西的行为。向学生提出高难度的任务要求,并不能为其获得关注创造条件。它只会为那些可以逃避这些要求的行为创造条件。每个单独的条件都被设计为仅通过单个强化物唤起行为(参见 Mueller, Moore, & Sterling-Turner, 2005; Sarno 等, 2011, 有关在功能分析中测试的多刺激变量的示例)。

对于每个测试条件,都必须有一个控制条件。控制条件是指测试中的潜在强化物不是偶然提供的(Fahmie, Iwata, Querim, & Harper, 2013)。关注的控制条件是在整个过程中自由提供关注。对于有形物品,控制条件是在整个过程中可用的首选项目。对于逃避,则在整个过程中不提出任何要求。在对关注和有形物品分别进行测试的功能分析中,控制条件将在整个过程中提供有形物品和关注。其逻辑有两个方面。首先,如果强化物是工作人员的关注,并且工作人员的关注在整个控制条件下被提供,那么目标行为就没有动机去证明获得已经存在的关注。如果强化物可用,目标行为就会失去功能。其次,在测试条件下,目标行为是获得强化物的唯一途径。如果获得强化物的唯一方法是展示目标行为,那么目标行为就会被展示出来。

在功能分析中,测试和控制条件会在短时间内出现,通常为 5—10 分钟(Wallace & Iwata, 1999),顺序为随机或半随机。每个条件都在重复任何条件之前呈现。使用多元素设计时,每种条件类型至少需要进行两次(Kazdin, 2011)。在测试条件和控制条件被明确区分之前,每个环节都要以这种方式进行。每个不同条件下的目标行为水平都要与其他测试条件和对照条件下的目标行为水平进行比较。

(一) 常见功能分析条件的基本方法

1. 注意

注意条件检验的假设是,目标行为受到关注的正向强化。在这种条件下,学生只有在从事目标行为时才能获得注意。在干预开始前,治疗师通过轻松对话和互动游戏提供关注。开始干预时,治疗师会给出指令,例如:"你可以做任何你喜欢的事情;我这里还有些工作要做。"然后治疗师转过身去,避免直视学生,默默地做其他事情,如假装做文书工作或阅读。除非目标行为得到证明,否则治疗师不会对干预过程中发生的任何事情提供口头关注。每次出现目标行为时,治疗师都会给予简短的训斥(例如,"不要打我。请举手。"等)。关注传递后,治疗师再次转身离开。

2. 逃避学业要求

逃避条件测试的假设是,目标行为会通过逃避或回避学业任务而得到负强化。这种条件造成了一种情况,即只有通过展示目标行为才能摆脱学业任务。治疗师提出较高的要求,让他们参与一项困难或非首选的任务。通常使用三步提示程序,包括言语提示、手势提示和肢体提示,每隔5秒钟进行一次,以确保服从。展示目标行为后,任务要求中断10秒。在10秒的休息后,治疗师使用三步提示程序提出另一个任务要求,并重复该过程。

3. 有形物

有形物测试的假设是,目标行为会通过获得首选物品或活动而得到正向强化。这种条件创建了一种情境,即只有通过目标行为的展示才能重新获得受到限制的首选物或活动。在开始这个训练之前,先让学生接触非常喜欢的物品或活动两分钟。然后,治疗师限制该物品,再开始干预。治疗师在目标行为发生后归还该物品10秒。干预在10秒钟的接触时间结束后,该物品将被限制,整个过程重复进行。

4. 控制条件

控制条件是一种实验控制,用于平衡测试条件中的所有强化物。在这种情况下,学生可以使用其他条件下存在的所有强化物。目标行为不产生任何程序化后果。

(二) 功能分析逻辑

上述情况在实践中是最常见的。然而,逻辑允许测试任何正或负强化物。对于任何正强化物,强化物都是在干预开始前提供的。当该强化物被扣留或限制时,干预开始。在目标行为发生后,强化物被非常短暂地提供,然后再次被扣留或限制。为了测试任何负强化物,都要应用所谓的厌恶或不想要的变量(例如,某个人的接近程度、噪声、视觉效果、学业要求、非学业要求等），并且该变量仅在目标行为发生时被短暂移除。您只需呈现您认为学生可能正在逃避的任何内容，并且只有在目标行为出现时，才允许学生逃避。

本章提出了一个个案研究，描述了功能分析在公立学校环境中的实施，以及根据这种分析结果对基于功能的治疗方法进行评估的情况。虽然本章的重点是功能分析，但需要注意的是，这些分析始终是作为更广泛的咨询过程的一部分和更广泛的 FBA 的一部分进行的。所采用的咨询模型是学校行为分析咨询(BACS, Behavior Analysis Consultation in Schools)模型，其中功能分析只是八个步骤之一（Mueller & Nkosi, 2007, 2009）。功能分析之前发生的 FBA 咨询步骤和描述部分为有关功能分析的决策提供信息。功能分析之后的步骤则为行为干预选择、教师培训和有效性评估提供了信息。

二、个案研究

(一) 背景介绍及分析

1. 背景信息

科迪(Cody)是一名 9 岁的男生，他因对学校工作人员和同伴的身体攻击行为而被转介进行 FBA。科迪被诊断患有唐氏综合征，这是一种言语和语言障碍，目前在学校里的大部分时间都在一个独立的特殊教育教室里上课。尽管科迪具有完全融入普通教育课堂的认知能力，但由于他对学校工作人员和同伴有严重的身体攻击行为，他每周只能在普通教育课堂上接受 9.5 小时的共同教学。科迪以打人、踢人和咬人的形式对工作人员和同伴进行了严重的身体攻击。在转介时，科迪的目标行为在频率和强度上都在增加。

2. 问题行为描述

观察到的各种形式的身体攻击定义如下：打——用张开或闭合的手从六英寸或更远的距离接触治疗师身体的任何部位；踢——用脚从六英寸或更远的距离接触治疗师的身体；咬——或用上牙和下牙开合下颌接触治疗师身体的任何部位。在对科迪的攻击性进行功能分析之前，使用了间接和直接 FBA 方法（见 Asmus, Vollmer, & Borrero, 2002）。这些方法包括记录审查[例如，个别化教育计划(IEP, Individualized Education Programs)、教师从课堂上收集的行为数据、心理评估]、教师访谈[教师的功能评估信息记录（The Functional Assessment Informant Record for Teachers;

Doggett, Mueller, & Moore, 2002; Edwards, 2002)]和直接的课堂观察[A-B-C观察(A-B-C observations; Bijou, Peterson, & Ault, 1968)],从而可以产生关于可能维持科迪攻击性行为的环境变量的假设。从这些方法获得的信息还让我们以生态学上有效的方式创建功能分析条件,以确保测试环境尽可能类似于转介环境。

通过对科迪老师的访谈,我们发现了几个潜在的强化物。例如,据报告,当科迪坐在课桌前时,如果老师要求他完成数学作业单,他通常会拍打她的手臂作为回应。这种行为的后果导致老师斥责他并收走数学作业单。在这个例子中,在科迪逃避任务的同时,他的老师通过发表诸如"不要打我"和"请举手"之类的言语来表达关注。在这样的行为序列中,任何一个变量(逃避或关注)都可能加强了科迪的攻击行为。

前因—行为—后果(A-B-C)观察作为科迪描述性的FBA程序的一部分完成。A-B-C记录技术的目标是确定先于科迪攻击行为的具体前因事件以及随后作为这些行为后果的事件。A-B-C观察让我们能够在科迪的自然课堂环境中,实时地识别和记录发生在科迪攻击行为之前和之后的直接事件。A-B-C观测结果的样本如表21.1所示。

表21.1 科迪的A-B-C观察结果

A-B-C观察		
前因	问题行为	后果
任务要求	拍打老师的手臂	注意/逃避
任务要求	踢老师和扔铅笔	注意/逃避
任务要求	说"不"时用拳头打老师	注意/逃避
任务要求	拍老师的手臂	逃避/有形物
任务要求	扔键盘	注意
任务要求	踢坐在他旁边的同伴	逃避
忽略	大喊"我想要我的东西"	注意/有形物
任务要求	用闭合的拳头打老师	注意/逃避
任务要求	把所有东西都从老师的桌子上推开	注意/逃避

A-B-C观察结果显示,教师的高度关注跟科迪的问题行为有关。观察结果还表明,科迪的攻击行为常常导致他逃避任务要求,偶尔也能获得首选的有形物品。

3. 问题分析

根据收集到的 FBA 数据,科迪攻击性的强化物可能是获得关注、逃避任务要求或获得首选的有形物品。无论有多少次观察到多个潜在强化物同时出现在目标行为之后的情况,都无法获得关于哪些事件(即关注、逃避、获得)可能是强化物的额外信息。请记住,这三种潜在的强化物包含了可能强化某种行为的每一类社会强化物。由于 FBA 过程旨在缩小可能性范围并最终确定单一强化物,因此科迪的 FBA 结果与描述性 FBA 中常见的结果一样,无法帮助确定三种潜在强化物中的哪一个维持了他的攻击性行为。在 A-B-C 观察之后,需要进行功能分析以确定科迪为何对他的老师和同伴具有攻击性。

(二) 干预计划及实施

1. 功能分析方法

我们使用最初由岩田、多西、斯利弗、鲍曼和里奇曼(Iwata, Dorsey, Slifer, Bauman, & Richman, 1982/1994)描述的方法(本章前面也有介绍),对科迪的攻击性进行了功能分析。基于科迪的 FBA 的间接部分和描述性部分的结果,获得关注、逃避要求和获得首选有形物品都是需要测试的假设。所有条件均在科迪学校内一间空闲教室内呈现。数据记录器使用的是每分钟身体攻击率记录系统。所有环节的持续时间均为 5 分钟,每个环节分为 30 个 10 秒间隔。"每分钟的攻击率"是通过将攻击实例的总数除以环节的时长并乘以 100 获得的。在对科迪的攻击行为进行功能分析期间,针对问题行为的以下特征进行了后果分析:打人、踢人和咬人。在分析过程中,我们咨询公司的一名行为分析师担任了所有情境的治疗师。他在每种情境下都会呈现或扣留前因变量(例如,提出要求、取消关注、限制接触有形物品等),并针对每种情境施加特定后果(例如,取消作业、给予关注或有形物品等)。在科迪的功能分析中,使用的条件是关注、有形物品、逃避学习要求和控制。

功能分析结果

图 21.1 描述了科迪的功能分析结果。可以看出,攻击性行为只发生在逃避过程中,这表明他的攻击性行为因任务要求的消除而得到了负强化。在所有其他测试和控制环节期间没有发生攻击性行为。

2. 干预目标

在进行功能分析之前,我们与科迪的老师合作,以确定她与科迪的目标行为相关的预期行为目标。对于首要目标行为——攻击行为,我们的期望是在功能分析期间攻

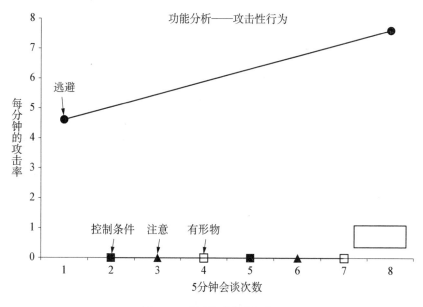

图 21.1　科迪的功能分析结果

击行为发生率最高的情况下,攻击行为至少降低 50% 的发生率。老师相信,科迪攻击行为发生率的降低将使他的行为在课堂上更易于管理。

3. 干预计划

功能性沟通训练(FCT, Functional Communication Training)是解决逃避维持行为的一种策略。在 FCT 期间,通过功能分析确定为维持问题行为的强化物取决于替代的交流反应,而问题行为被置于消退状态。对于科迪来说,他的老师和言语治疗师都认为 FCT 的选择是一种非常可取的行为干预措施,因为它既能减少他的问题行为,又能同时教他一种更合适的替代性交流反应,以逃避困难的任务要求。

在进行功能分析后,通过 ABAB(逆转)设计对使用 FCT 进行干预评价。与功能分析类似,所有的干预都是在科迪学校的一间闲置教室里进行的。所有干预分两天进行,每五分钟干预之间休息五分钟。在第一天,基线阶段之后是 FCT 训练试验和治疗阶段。第二天,恢复到基线,随后恢复到治疗阶段。

(1) 基线

基线条件与功能分析的逃避条件相似。据科迪的老师报告,他很难完成高水平任务要求。在这种情况下,治疗师使用了一个三步提示程序,包括每隔五秒的口头、手势和身体提示,以确保遵守。如果表现出问题行为,则任务要求中断10秒钟。在10秒的休息之后,治疗师使用三步提示程序提出另一个任务要求,并重复该过程。

(2) 功能性交流训练追踪

在基线之后、开始干预阶段之前,我们进行了训练试验,教科迪一种替代的交流反应,以引起对任务要求的逃避。科迪的替代行为是口头回应"请休息"。这种交流反应是根据科迪的语言表达能力以及他的老师和言语治疗师的意见而选定的。为教授替代性交流反应,我们对科迪进行了5分钟的训练。在前三次训练过程中,治疗师每隔20秒就会口头提示科迪发出要求休息的交流短语,而身体攻击不再导致科迪休息或逃避任务要求。在过去的两次训练过程中,科迪都能独立地要求从任务要求中休息一下。

(3) 功能性沟通训练

FCT阶段类似于基线阶段,但有以下例外。如果科迪发出替代反应(即"请休息"),治疗师会让他休息10秒,以满足任务要求。如果科迪出现问题行为,则不会产生任何后果(即消退)。在FCT期间,数据收集器将每个交流反应的发生记录在一个由30个10秒间隔组成的5分钟数据表上。

4. 干预保真度和评分者一致性

治疗师使用FCT中涉及的步骤记录表记录了所有疗程的干预保真度,保真度达到100%。第二位观察者记录了17次疗程中4次的攻击行为和交流数据,每次干预期间的攻击率和交流反应率均为100%。

(三) 干预结果及分析

1. 干预结果数据

治疗评估的结果如图21.2所示。在第一个治疗基线条件下,科迪的问题行为率很高(M=5.7次/分钟),类似于在功能分析的逃避条件下观察到的攻击率,并且没有发出任何替代的交流反应。然而,在FCT试验之后,在第一次实施FCT期间观察到科迪的问题行为显著减少(M=0.2次/分钟),同时,他对替代交流反应的使用显著增加(M=5.4)。返回基线后,问题行为率(M=5.3)相对于初始治疗基线略低,但问题行为率仍然较高,而替代交流反应率仍然较低(M=0.7)。然而,重新引入FCT后,与基线相比,问题行为总体下降(M=0.2),替代交流反应增加(M=5.7)。

2. 干预效果总结

根据以上讨论的治疗评估结果,在实施FCT期间,科迪的攻击行为显著下降。在

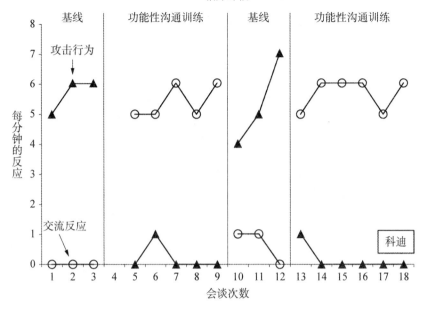

图 21.2 科迪治疗评估期间每分钟的反应

FCT 治疗的两个阶段,科迪对替代交流反应的使用也同时增加,这使他能够通过更适当的方式逃避困难的任务要求。对科迪攻击行为的有效干预措施的成功确定和实施得益于治疗前的功能分析。功能分析表明,科迪的攻击行为是由逃避任务要求的负强化维持的。有了这些知识,我们不仅能够使用 FCT 减少他的问题行为,而且还能增加他对更合适的交流反应的使用。

我们从功能分析和治疗选择到治疗评估的整体方法受到科迪的老师和言语治疗师的好评。用于评估科迪问题行为及其治疗的基于功能的方法表明,可以轻松地减少他的问题行为,同时提高他在遇到困难任务需求时更适当地根据自己的需求进行沟通的能力。

3. 干预可接受性

在治疗分析之后,科迪的老师收到了描述功能分析和治疗分析结果的行为图表。当被问及她对治疗分析结果的满意度时,科迪的老师表示对结果印象深刻,并希望对她和同事的课堂上出现问题行为的所有学生进行相同类型的系统分析。科迪的老师表示,治疗干预的效果令人非常满意。

(四) 干预注意事项

这些结果突出了与 FBA 相关的三个要点。首先，如果我们只依赖描述性信息，那么行为干预将需要针对每个建议的强化物——获得关注、获得首选有形物品和逃避要求。这样一来，干预就会变得不必要地强大，并且包含几个无关紧要的功能来解决不靠谱的问题。其次，变量不一定仅仅因为它出现在一种行为出现之后就是强化物。与科迪的情况一样，许多经常伴随他的攻击行为的变量，例如获得关注和获取更多的首选物品，对于增加他的攻击性是中性的。也就是说，这些变量跟随他的攻击行为出现，但并没有像强化物那样产生任何增加行为的效果。第三，由于基于功能分析的结果，有些变量被排除在强化物之外，因此这些变量实际上可以用于行为干预。例如，如果获得关注强化了科迪的攻击行为，那么在他的攻击行为出现之后，将禁止以任何方式使用关注，因为这会使攻击行为变得更糟，而不是更好。从功能分析结果中得知，关注对科迪的攻击行为没有强化作用，因此在设计他的行为干预计划（BIP, Behavioral Intervention Plan）时考虑了语言策略，并最终制定了 FCT 干预计划。

三、结论

包括功能分析的 FBA，为问题解决团队提供关键信息，为有效的干预计划提供依据。通过制定基于假设或验证功能的干预计划，团队提高了所选干预措施产生预期效果的可能性。这样做，干预小组还可以提高解决问题的效率，并避免制定过于复杂的、可能包括与问题行为无关的成分的干预计划。

（肖君政　译）

参考文献

Asmus, J. M., Vollmer, T. R., & Borrero, J. C. (2002). Functional behavioral assessment: A school-based model. *Education and Treatment of Children*, 25, 67-90.

Bijou, S. W., Peterson, R. F., & Ault, M. H. (1968). A method to integrate descriptive and experimental field studies at the level of data and empirical concepts. *Journal of Applied Behavior Analysis*, 1, 175-191. doi:10.1901/jaba.1968.1-175.

Doggett, R. A., Mueller, M. M., & Moore, J. W. (2002). Functional assessment informant record: Creation evaluation and future research. *Proven Practice: Prevention and Remediation Strategies for Schools*, 4, 25-30.

Edwards, R. P. (2002). Functional assessment informant record for teachers. *Proven Practice: Prevention and Remediation Solutions for Schools*, 4, 15-24.

Fahmie, T. A., Iwata, B. A., Querim, A. C. and Harper, J. M. (2013), Test-specific control conditions for functional analysis. *Journal of Applied Behavior Analysis*, 46, 61-70. doi:

10.1002/jaba.9.

Geiger, K. B., Carr, J. E., & Leblanc, L. A. (2010). Function-based treatments for escapemaintained problem behavior: A treatment-selection model for practicing behavior analysts. *Behavior Analysis in Practice, 3*, 22–32. doi:10.1007/BF03391755.

Iwata, B. A., Dorsey, M. F., Slifer, K. J., Bauman, K. E., & Richman, G. S. (1994). Toward the functional analysis of self-injury. *Journal of Applied Behavior Analysis, 27*, 197–209. (Reprinted from *Analysis and Intervention in Developmental Disabilities, 2*, 3–20, 1982). doi:10.1901/jaba.1994.27-197.

Kazdin, A. E. (2011). *Single-case research designs: Methods for clinical and applied settings* (2nd ed.). New York: Oxford University Press.

Lerman, D. C., & Iwata, B. A. (1993). Descriptive and experimental analyses of variables maintaining self-injurious behavior. *Journal of Applied Behavior Analysis, 26*, 293–319. doi:10.1901/jaba.1993.26-293.

Mueller, M. M. & Nkosi, A. (2007). State of the science in the assessment and management of severe behavior problems in school settings: Behavior analytic consultation to schools. *The International Journal of Behavioral and Consultation Therapy, 3*, 176–202.

Mueller, M. M. (2004). Functional analysis. In T. S. Watson & C. S. Skinner (Eds.). *The comprehensive encyclopedia of school psychology* (pp. 121–125). New York: Klewer/Plenum.

Mueller, M. M., Moore, J. W., & Sterling-Turner, H. E. (2005). Towards developing a classroom-based functional analysis condition to assess escape-to-attention as a variable maintaining problem behavior. *School Psychology Review, 34*, 425–431.

Mueller, M. M., Nkosi, A., & Hine, J. F. (2011). Functional analysis in public school settings: A review of 90 functional analyses. *Journal of Applied Behavior Analysis, 44*, 807–818.

Mueller, M. M., & Nkosi, A. (2009) *Behavior analytic consultation to schools*. Marietta, GA: Stimulus Publications.

Sarno, J. M., Sterling-Turner, H. E., Mueller, M. M., Dufrene, B., Tingstrom, D. H., & Olmi, D. J. (2011). Escape-to-attention as a potential variable for maintaining problem behavior in the school setting. *School Psychology Review, 40*, 57–71.

Wallace, M. D., & Iwata, B. A. (1999). Effects of session duration on functional analysis outcomes. *Journal of Applied Behavior Analysis, 32* (2), 175–183. doi:10.1901/jaba.1999.32-175.